modern death

by Haider Warraich

How Medicine Changed the End of Life

作者／海德・沃瑞棋
選書、翻譯／朱怡康

二十一世紀生死課

各界好評

海德・沃瑞棋以科學家的冷靜之眼、醫生的人道心腸，細心檢視死亡在現代社會的樣貌，歷史、解剖學和公共政策在他精湛的敘事中合而為一。對於如何好好活到人生最後一刻，這本書提供了溫暖而全面的指引。

——艾倫・古德曼（Ellen Goodman），普立茲獎得主，專欄作家，《我懂你的意思》和《存參》（*Paper Trail*）作者

沃瑞棋研究扎實，除適時補充親身經歷的故事之外，對文學、神學、統計數據、法學理論及科學知識亦信手捻來。文詞誠摯動人，佐證資料充足，全書深具說服力……真誠而全面地檢視了這個常被忽視的課題。沃瑞棋學養豐富，言詞懇切，本書誠為認識死亡議題不可或缺之作。書中對於死亡的跨學科研究十分出色，作者對於該如何增進（而非迴避）死亡議題亦深具洞見。文字曉暢易讀，資訊新穎即時。

——《書架情報網》

內容充實、反省深刻的好書，巧妙融合歷史事實、統計數據及人文關懷，並展現極為傑出的敘事技巧。主題豐富精彩，我讀得津津有味，幾乎忘了它的主題是死亡。非常感謝沃瑞棋醫師送給讀者這麼好的禮物，一本深具啟發的好書！它的確是難得之作，我非常喜歡，也推薦大家閱讀。

——桑吉夫．邱普拉（Sanjiv Chopra），哈佛醫學院醫學教授

身為心臟科醫師，海德．沃瑞棋日日與死亡交手，時時見證喪親之慟，也因此能細膩觀察近年臨終照顧的變化。他的成果相當豐碩，小至細胞之死，大至死亡對社會的衝擊，都在一個個重症案例、醫學軼事和科學事實間串聯起來。

——《自然》

醫學進展已然挪移生與死的界線，同時為醫師和病患帶來極具爭議的問題。在這本書中，沃瑞棋醫師不但精心探究這些議題，也為醫學史補充了生死邊緣的可貴記錄，這些故事縱然讓人時而不安，時而困惑，卻也發人省思，深具啟發意義。

——《今日心理學》

從最微觀的細胞之死，到生命與死亡的哲學大哉問，海德．沃瑞棋邀請讀者一同思索死亡與臨終的寓意與事實。沃瑞棋帶領我們穿越現代死亡的「醫療化」，重探我們似乎已經遺失的深厚人性。他

的文筆、聰慧、勇氣與謙虛，造就出這本不可多得的好書。這本書內容豐富，筆觸優美，我讀得欲罷不能。

——艾娃．約瑟夫（Eve Joseph），《夾縫之間》（*In the Slender Margin*）作者

兼具史家的好奇、醫師的透徹與詩人的靈魂，海德．沃瑞棋為今日死亡繪出一幅驚人的畫像。現代社會企圖解開痛苦之謎，但諷刺的是，這項探索撞上我們內心深處最古老的恐懼。沃瑞棋醫師冷靜爬梳，揭開科學如何改變了我們對死亡的理解，但在此同時，他也謙卑接受我們無法克服死亡的基本事實，同時坦誠接受：在死亡面前，我們只是凡人。

——拉斐爾．康柏（Rafael Campo）醫師，哈佛醫學院助理教授，著有《另類醫學》

既冷靜剖析細胞與身體之死的已知與未知，也敏銳掌握臨終議題的文化變遷，例如病患開始在社群媒體上貼文，公開分享自己的最後一段路。沃瑞棋以深具同情的筆調記下他所見證的故事，娓娓道出現代社會裡的人如何面對死亡。

——《科學人》

沒有議題像死亡這樣人人在意，卻也人人不安。想了解這個諱莫如深的課題，海德．沃瑞棋的這本書是必讀之作，他清晰地點出死亡對當前美國的意義，也勸告我們追求更合理也更溫和的結局。

——丹妮耶蕾・歐弗里（Danielle Ofri）醫師，藥學博士，著有《病人說的是什麼，醫生又聽見什麼》

我相信每一個人都能從這本書獲益。沃瑞棋醫師兼具智慧、熱情與研究精神，為人生在世最陰暗的議題帶來光亮。這本書內容廣博如百科全書，每一頁都充滿啟發。

——史蒂芬・奇爾南（Stephen P. Kiernan），著有《最後的權利》和《蜂鳥》

我現在的主要工作是「安寧療護與生死學」的社會教育，總覺得大眾對於臨終關懷與安寧療護的常識極度缺乏，閱讀這本書可以對照台灣民眾的社會觀念。死亡在日常生活中從四面八方包圍著我們，「死」不是「生」的反義詞，而生與死是一條連續線。

——許禮安，高雄市張啓華文化藝術基金會執行長，台灣安寧照顧協會理事

死亡，並不是生的反面，死亡是生命的一部分。透過認識死亡，我們更知道如何好好生活。誠摯推薦這本書。

——朱為民，老年醫學、安寧緩和專科醫師

目錄

謝詞……15

我的病人躺在床上進入彌留，他的家人都圍在身邊。我是房裡年紀最輕的一個，但每個人都望著我等我發話。他們的人生閱歷遠勝於我，但對於死亡，他們所知有限。為了他們，為了無數容我陪伴度過生命中最痛苦的時刻的人，為了我自己，也為了其他醫護人員，但願這本書能讓我們更有準備，更知道如何幫助他們。但願它好好講出了一個故事——一個我們時代無比重要的故事。

第一章……19
細胞之死

生醫的進展，使我們對死亡的認知在上個世紀經歷了劇烈演進。目前已知細胞的死亡機制主要有三：凋亡、壞死，以及自噬；三者都有重要的形上意涵。細胞和我們一樣抗拒老化，但損害已難以彌補時，它們更懂得審時度勢，汰舊換新以延續生命；細胞層次的「長生不死」就是癌症。促成死亡的許多機制，對維繫生命也同樣不可或缺，對個體來說是如此，對整個生態系來說也是。我們與老化、疾病與死亡的對抗，帶來的後果就跟細胞企圖不死一樣，它們已深深撼動了經濟與社會結構。

第二章……49
抗死延生的戰爭

一八五〇年代之後，隨著細菌感染知識的增長、公衛系統的建立，以及麻醉與疫苗技術的發展，死亡的神祕色彩逐漸淡去，醫學終於成了一門科學，它澈底顛覆了人類的經驗，目前看來也不會走上回頭路。世界各地的預期壽命已長足

增加，我們與慢性病共存的失能歲月卻也逐漸拉長。現在，美國人大多是被慢性疾病一點一滴磨蝕殆盡——大多數慢性病恐怕不是因為醫學未能阻擋死亡，反而是因為醫學防守得太成功。人瑞是現今全球成長最快速的年齡組，這個現象也引起一些相當有趣的演化課題。

第三章 死亡今何在……73

如今安逝於自家臥榻已是難得的福份。死亡「醫院化」是大多數工業化經濟體的普遍現象，這已被世界衛生組織和聯合國列為重要問題。這種趨勢的成因複雜，涵蓋經濟、社會、人口、環境、心理等諸多層面，只有少數和醫學、健康或疾病本身有關。死於何處與疾病性質和失能部位有關，也深受婚姻狀態影響，另外醫療服務取得容易也是把雙刃劍。以往儘管死亡機構化的辯論進行得如火如荼，卻看不到病人和他們的觀點，如今在家去世的呼求和玉成其事的努力，漸漸在促進醫療品質的過程中發揮了重大作用。

第四章 拒絕急救的一課……95

一九五〇年代，伊布森為了幫助小兒麻痺症患者呼吸，設計出一套人工呼吸器，他在醫學期刊發表這項成果後，全球醫院爭相仿效，它也成為加護病房照顧呼吸困難病患的標準程序。一九六〇年，庫文霍芬、裘德和尼克鮑克發表論文，一舉整合現代ＣＰＲ的三項要點（供氧、體外去顫與按壓胸口），此後不僅急診醫療如虎添翼，連大多數人生命結束的方式都發生改變。然而，醫學固然強化了我們的生存能力，卻也開始侵犯人類死亡的權利。凱倫・安・昆蘭的父母為了讓醫師停止治療，提出訴訟，這件時代大案成了「死亡權」運動的先聲。

心臟向來被視為生命之所繫，但新的技術進展（如呼吸器和心肺復甦術）嚴重挑戰死亡的定義。二十世紀上半葉，探索生命跡象的重心從心肺轉向大腦，但一九二〇年代漢斯．伯格記錄下人類第一份腦電波圖後幾十年，腦電波圖透露的生死線索始終無人能識。安慰劑效應研究先驅亨利．畢契爾曾撰文探討「無望恢復意識之病患」的倫理議題，論及死亡時間該怎麼訂，爾後受哈佛醫學院之邀成立委員會，該團隊發表的結論對死亡在社會、法律、醫學、哲學等各層面帶來深刻影響，並且讓「腦死」一詞舉世皆知，不過部分委員會成員與諾貝爾獎得主約瑟夫．默里都因「腦死」一詞可能引發爭議，表明反對……

隨著麻醉技術和衛生條件有所進展，外科醫生獲得夢寐以求的珍寶——時間，爾後手術領域大幅拓展，連移植人體器官都不再是空中樓閣。這不僅顛覆自古以來的死亡概念，也迫使醫師重新思考該如何客觀地界定死亡，並面對隨之而來的倫理與法律後果。由於器官越是新鮮，移植手術就越可能成功，為了保障病人不受外科醫生覬覦，也為了防止死亡扭曲為器官爭奪戰，美國於一九六八年通過的《統一器官捐贈法》和後續修訂都明確宣告：只能從已經死亡的人身上取得器官（死後捐贈原則）。

雖然乍聽之下相當違反直覺，但死亡在過去難以預測，反倒使人更不懼死。如今在已開發國家，絕大多數人都能活到過去認定的高壽，於是人們也開始依照現代預期壽命規劃人生，這可能使現代人比以往任何時代的人更恐懼死亡。醫學在短短幾十年內迅速疏離化和世俗化，它促成的死亡生態變化，是人類比以前更恐懼死亡的另一原因。雖然年齡、性別、病情、種族和社經條件都會影響病人的決定，但宗教信仰往往一枝獨秀，獨立於其他因素而直接左右思考方向。若想化解對死亡的恐懼，便不能不談宗教與靈性追求的作用。

不過幾十年前，慢性病並不普遍，長期失能的人極少，照顧老人和臨終病人並不是什麼負擔。然而隨著平均壽命延長，會有越來越多人得陪伴至親走向苦候已久的死亡。根據美國的調查，五分之一的照顧者最後決定辭去工作，在志願照顧過程中耗盡大半積蓄的人則多達三分之一。在這段步步煎熬的過程中，照顧者逐漸化為「隱形患者」，其需求也常無人聞問，還必須面對另一大考驗：很多病人即使大限將至，仍不願好好談談臨終選擇。所幸已有越來越多人領悟：關於臨終選擇的對話，其實是大多數人一生中最重要的對話。

「醫生，如果這是你媽媽，你會怎麼辦？」這是病人的至親能向醫師提出的最精明問題之一，卻也是最沒幫助的。設立醫療代理人制度的目的，正是希望能藉助他們對病患的認識，了解病人在個人、靈性、醫療、倫理等各個面向的偏好與價值觀，從而試著判斷病人在當前情境中可能作何選擇。代理人的立場之所以艱難，常常是因為病人自己都不曉得該怎麼處理將來的問題。代理人就像資源、情感與智慧的槓桿，集眾人之力推動醫療進程。只是每個家庭都不一樣，最能看出彼此分歧的時刻，莫過於協調其中一員該如何走完最後一程。

醫師與病患家屬衝突是相對晚近的問題，從某個面向來看，它甚至堪稱病患自主與共同決定革命的最大成就。醫病之間種種扞格裡，很高比例的摩擦與應否採取維生治療有關。對於是否該讓病患接受更具「侵襲性」的治療，代理人傾向接受的比例是醫師的六倍，他們經常偏離自己的角色，不以病患的心願為己任，反而用自己認定的最佳利益和價值觀來下判斷。醫生熟悉倫理原則，理論上也應該更為客觀，但他們為什麼還是時常提油救火激化衝突呢？主要原因常常是溝通技巧不足。

十九世紀之後，安樂死議題才從哲學家的講壇走向病榻，然而關於死亡權的論辯也摻入另一個邪惡得多的概念：殺人權。率先鼓吹積極安樂死的一直不是醫生，但當時醫界卻進行更敗壞世風的勾當——優生計畫。優生運動在二次戰後歸於沉寂，但這段歷史讓很多人一聽「安樂死」就想起「優生計畫」。於是，關於安樂死的論辯時常變成宣傳戰，一方不斷給安樂死扣上「優生」、「催命」的帽子，另一方則千方百計撕下安樂死的標籤。荷蘭是現代安樂死的聖地，該國幾十年來的研究與調查，讓我們有機會一探普遍接受安樂死的社會是什麼樣子，其經驗彌足珍貴。

一九九七年《尊嚴死法案》通過後，奧勒岡州衛生部持續進行調查，嚴謹收集數據，十六年後發現，當初的很多疑慮實屬多心。安樂死合法化後，臨終照顧反而更受重視，醫師也比以前更意識到自己對臨終病人的責任。現在，醫師已逐漸能把臨終過程處理得平和順暢，一大原因是：對安樂死等議題的關注，已逐漸轉向如何幫助病人好走。

一九八九年四月，魯迪·里納瑞帶著手槍衝進兒童加護病房，想讓他受盡折磨的兒子獲得解脫。魯迪後來被以謀殺罪起訴，但在公眾輿論的法庭上卻成了英雄，他對提醒大眾臨終照顧議題重要性的貢獻，可能遠遠超過大多數生命倫理學家。像魯迪這般戲劇性的事件，在八〇年代晚期屢見不鮮，那是革命的年代，美國人起身反抗的，是能讓自己永生不死的機器。有位醫師的話精準點出了時代氛圍：「『維持生命』成了『延長死亡』，病人康復不了也死不成，他們成了科技的囚徒。」

我們醫界的人總在嘗試新器具、新處置和新藥，對新溝通方式一直卻步不前，結果是：病人能徵詢醫生的唯一管道就是掛號求診，甚至等到病重了才被送進醫院。現在，大眾已開始用社群媒體和網路等全新工具，分享自己對死亡最私密的看法。雖然醫生私下也會使用社群媒體，但很少有人把新媒介用在工作上。不論怎麼評價數位連結對社交生活的影響，數位科技的確對臨終者具有潛在益處，醫界目前才剛剛開始感受到社群媒體的好處，也逐漸發現這種新媒介有益於協助末期病人。

獻給吾妻菈貝兒（Rabail）
我人生中最美好的歲月皆出於你

謝詞
Acknowledgements

我站在病房，我的病人躺在床上進入彌留，他的家人都圍在身邊。我是房裡年紀最輕的一個，但每個人都望著我等我發話，好像他們進了餐廳卻看不懂菜單，也從沒吃過這種料理。他們的人生閱歷遠勝於我，但對於死亡，他們所知有限。我就在那時動了寫這本書的念頭，為了他們，為了無數容我陪伴度過生命中最痛苦的時刻的人，為了我自己，也為了其他醫護人員，但願這本書能讓我們更有準備，更知道如何幫助他們。

感謝麻州波士頓貝絲・以色列女執事醫療中心（Beth Israel Deaconess Medical Center），寫作本書時我還在那裡工作，那段日子給我很多啟發，也讓我知道人道醫療應是如何。若我如今稍解醫者真義，很大部分該歸功於那裡的經驗。感謝艾琳・雷諾茲（Eileen Reynolds）對我的信心，讓我有機會在美國頂尖的訓練計畫裡受訓。感謝凱瑟琳・史旺・金斯伯醫學人文獎助計畫（Katherine Swan Ginsburg Humanism in Medicine），此獎助計畫是為紀念凱瑟琳・史旺醫師而設，她才華洋溢，卻在三十四歲那年因子宮頸癌英年早逝。雖然我未能認識凱瑟琳，但在她家人身上我見證了高貴的人性，藉著他們，凱瑟琳的精神將繼續嘉惠後人。接受獎助期間，我開始固定為《紐約時報》撰稿，也因此認識托比・畢蘭諾（Toby Bilanow）和克萊・瑞森（Clay Risen）兩位編輯，感謝他們幫助我改善寫作技巧，若非他們協助，我做夢也想不到能與這麼多讀者分享想法。

我想凡事都像醫療一樣，需要眾人合作，無法一個人獨力完成，這本書也不例外。我向妻子提到這個念頭的時候，她原本有些懷疑，畢竟我光是在醫院受訓和作研究就已經夠忙了，還想寫書簡直是癡人說夢。但我真的開始構思、動筆之後，也是她給了我時間和信心堅持下去。我每每下班回家就開始寫作，獨據我們波士頓小公寓裡的雙人餐桌。沒有她的體諒和支持，我一字一句都不可能完成，罔論出書。

初稿完成之後，我開始找願意冒險啟用新手作者的經紀人。我欣賞唐・費爾（Don Fehr）先生的經驗，直接找上了他。雖然我們素昧平生，他一天左右就回覆了我：他喜歡這份書稿，而我短暫的尋找經紀人之旅也畫下句點。

聖馬丁出版社（St Martin's Press）編輯丹妮耶菈・瑞普（Daniela Rapp）和我合作無間，要找合作夥伴，我想像不出還有誰能比她更好。她不但對這個主題深感興趣，也就敘事、鋪陳提出可貴建議，我對此銘感於心。在唐和我開始找出版社之前，他已預告丹妮耶菈是極為出色的編輯、我們一定能合作愉快，事實證明他講得再中肯不過。我對聖馬丁出版團隊的專業精神也深感敬佩，是他們讓出版過程順暢、愉快又有效率。對於每一位撥冗閱讀書稿並慨然推薦的前輩，我也想在此深深致上感謝。

這本書雖是在波士頓完成，我還是想感謝我在北卡羅萊納州德罕（Durham）的新家——杜克大學（Duke University）。他們非常支持我繼續寫作，不論是心臟科或醫學系的同事和職員，也都讓我充分體驗南方的好客之情。當然，還有太多人我未能一一致謝，是他們讓這本書從構想化為現實。

我忘不了醫院那天肅穆的一刻，更想不到當時閃過的一個念頭，現在真的付梓成書。但願它好好講出了一個故事，一個我們時代無比重要的故事。

CHAPTER
1

細胞之死
How Cells Die

那是幾個月來最漫長的一天，從最好和最壞的意義上來說都是。布羅克頓（Brockton）位在波士頓南方，開車一個半小時就到得了，但這小鎮在很多方面卻像另一個世界。離開波士頓時隨處看看，你會見到不少橋梁、招牌和消防栓鏽跡斑斑。不過，就如銀髮自有一番恬雅風度，波士頓也有其歷盡滄桑的氣韻。且看後灣（Back Bay）聯邦風格的紅磚公寓，它們很多是在殖民時期建的，雖有斑駁，卻斑駁得恰到好處，濃淡之間別具情致，隱隱流露深沉渾厚的底蘊。既然復興風格和喬治風格的建築櫛比鱗次，波士頓自然無處不可入鏡。布羅克頓就不一樣了，這個小鎮早已沒落，美式足球場雜草叢生不說，連球門都無精打采地歪著，恐怕幾十年也沒辦過比賽。更糟的是鎮上毒品氾濫，暴力犯罪層出不窮。

布羅克頓的地區醫院，很多層面都與其所服務的小鎮類似。我的住院醫師訓練計畫裡的人，都會去那裡的加護病房訪問實習，一趟下來往往得使上十八般武藝。醫療轉診中心不缺人手，幾乎不鬧醫師荒或護理師荒，我們也對人力充裕習以為常。不過布羅克頓的加護病房不一樣，那裡主要由住院醫師擔綱，可是病患的情況常常嚴重得多。在我接受培訓的綜合醫院裡，外科、神經科、心臟科、創傷外科等諸多專科都有加護病房，然而布羅克頓只有一間加護病房，各式各樣急重症病患的照護責任，全落在住院醫師和指導醫師身上。

那天是星期天，而且是超級盃星期天，也是我在布羅克頓實習的最後一天。因為愛國者隊前一個禮拜輸了，所以我也興致大減，但無論如何，那可是超級盃星期天。算算時間：我的班排到晚上七點，加上回波士頓一個鐘頭，我到家時比賽都過了大半。不過，那個星期天平靜得出奇，大家才中午就把事情做完了，而且接下來也沒有新病人入院。由於氣氛實在輕鬆得很，我做了之前想都沒想過的事——我問那天得值班過夜的同事：如果接下來也一樣平順，我可不可以早點叫車回家？他們爽快地答應了。到了三點，急診室依然風平浪靜，病人們的情況都算穩定，病房也沒出什麼新狀況。於是，我再次跟同事們打了一輪招呼，確認沒問題後，我撥電話請計程車五點來接我。我也趕緊打給太太，請她找幾個朋友來家裡開超級盃星期天派對。她早就想作東招待大家了，知道我可以早點回去，她開心得不得了。

怎知我才掛上電話，呼叫器便嗶聲大作——有病房出事了！我趕忙拿起聽診器，匆匆走向發生緊急情況的病房。我才剛轉過走廊，排泄物的惡臭便撲面而來。一名護理師帶我到其中一間病房，只見門口已滿滿是人。我撥開人群往裡頭擠，發現浴室裡已有三名護理師埋頭苦幹。那名病人似乎已不省人事，全身赤裸歪在馬桶座上，浴室地板全是黑中帶紅的排泄物。浴室很小，但那病人起碼有六呎半高、三百磅重，護理師們使盡全力也抬他不起，另外幾個人想把病床推過來，可是試了半天還是挪不進去。病房裡一片混亂，大家都不知道接下來該怎麼辦。

病人已幾乎沒了呼吸，但還是量得到脈搏。我霎時想清了兩件事：第一，病床是不可能推進浴室的；第二，就算病床推進來了，我們還是沒辦法把他抬上去。我請其中一位護理助理拿張輪椅來，等他推到門口之後，我請護理師們一起把病人從馬桶挪到輪椅上。看他情況這麼嚴重，我暗忖恐怕沒時間給他做完整檢查。我先請大家讓出一條通路，好讓我們能把輪椅推出浴室，盡快把病人送到加護病房去。護理師反應很快，見他光著身子，順手就拿床單往他身上一扔。我們忙不迭地往加護病房移動，一路上他始終耷拉著腦袋，口水淌得胸前都是。輪椅所經之處腥臭難聞，汙血和糞便抹了一地。沒人見過這種場面，和我一道的住院醫生忍不住掏出手機，給這怵目驚心的走廊拍了一張。

到加護病房後，我們總共出動六個人才把他從輪椅搬上病床。其中一名護理師先前照料過他，現在也跟著到了加護病房。她告訴我們這名病人四十多歲，昨晚因為直腸出血入院，不過問題不大，他之前也沒有出現類似症狀。事實上，病房醫療小組原本打算稍晚就讓他出院，護理師也打過電話通知他太太了，後者應該正在路上。

病人原本相當昏沉，此時卻開始甦醒，不過，這不是什麼好事——他神智恍惚也驚恐萬分，不但劇烈扭動，還把點滴從手上扯了下來。因為他人高馬大也孔武有力，我們得一個人各按住他一隻手腳，才能勉強將他按回床上。我們很快發現他極可能窒息，要保持氣管暢通，恐怕只能盡快插管並接上呼吸器。

我擠到床頭，一隻手把他的頭放平。他怔怔盯著我的雙眼，一邊無助地呻吟，我們在他嘴裡塞了條毛巾以防他咬到舌頭。他的血壓劇烈下滑，流的血已將近總血量一半，狀況非常、非常凶險。我從他身上移開視線，匆匆掃視四周，到處找幫他插管的工具。我看到了：那個綠箱子就在病房另一頭的護理師手上，寬大厚實得像防空洞裡會出現的東西，我需要的工具它裡面都有。監督我的主治醫師已站到我身旁，我挑出尺寸合適的喉鏡葉片（laryngeal blade，基本上就是金屬製的大型壓舌片），迅速打開成L形，腦中飛快閃過接下來要做的每個步驟。我以前是幫病人插過管，但情況並不像現在這樣混亂。我的主治醫師剛好是麻醉師，插管技術好得像絕地武士，可是他定定站在我旁邊，完全沒有接手的意思。遇上這種場面，大多數主治醫師會沉不住氣，趕忙在住院醫師搞砸前代打插管，不過，我的主治醫師不是如此。

把管子插進一個人的咽喉，實際上比聽起來困難得多。最令插管者尷尬的狀況，莫過於管子沒進通往肺部的氣管，反而滑入食道、直下胃部（偏偏這種狀況時常出現）。最先擋住去路的是舌頭，因為它的長度比大多數人想像的更長；第二關是會厭軟骨，這個組織雖然小，卻像活蓋板一樣屏蔽氣管，防止食物在我們說話或呼吸時滑進去。過了會厭軟管還沒結束，氣管頂端還有聲帶張閉開闔，像個搖曳的布幕一樣阻擋異物。

我站在床頭，上下顛倒看著那人的臉。一名護理師已經拿著注射器就位，裡頭是乳白色的麻醉劑異丙酚（propofol），我點頭示意請她注入。雖然這時兵荒馬亂，她還是一樣謹慎細心，先用生理食鹽水沖過點滴管才注射進去，接著再清洗一遍。異丙酚注入後，我們繼續按著病人，等他全身肌肉放鬆。兩分鐘過去了，我們知道得用更強一點的藥，於是又注入一次麻醉劑。他的頭總算後仰，不再頂著我的手臂，他的眼睛終於渙散地望著天花板，不再死盯著我。我們收了力氣，讓他直挺挺地躺下。他呼吸停止，呼吸治療師透過面罩給他氧氣，一等他血氧濃度（oxygen levels）到達百分之百，我就得快馬加鞭把管插好——在他血氧濃度掉下來之前，我只有幾秒鐘的時間。

我讓喉鏡葉片通過他的舌頭，並順勢把舌頭壓下，接著把病人的下巴抬高，希望能順利看見我的目標——聲帶。可是他的舌頭實在太厚，我怎麼扭轉手腕都看不到。我另一隻手拿著氣管內管，心裡十分著急，但更不願盲目亂插。到了這時，我的指導醫生已經有點不耐煩了，直跟我說我手腕還彎得不夠。我越過肩膀瞥了一眼監視器，他的血氧濃度已經掉到八十。我定一定神，把葉片又往裡探了一些，幾乎把他的頭帶離床面，總算找到粗厚的聲襞，灰白有如乾裂的嘴唇，周圍是一層布滿微血管的膜。我抓起J形氣管內管，一口氣彎進病人的喉嚨，往聲帶中的黑孔一伸——成功！我把仍呈J形的金屬通條抽出，呼吸治療師立刻把氧氣面罩重新戴上，為內管中的氣囊充氣以防空氣溢入。大家屏氣凝神，留意是否有內管通入胃部而非肺部的跡象。呼吸治療師隨即擠壓甦醒球，謝天謝地，隆起的是胸部，而不是腹部。一名護理師把聽診器按上病人腹部，確認沒有聽見氧氣罩傳來的氣音。雖然病人此時遠遠沒有脫離險境，但他至少氣管暢通了。我鬆了口氣，抬眼一瞧，護目鏡已起了層霧，手術帽也已浸滿汗水。我脫下手套往外一望，另一批人提著一袋袋全血、血小板、凝血劑，等著接手。[1]

我還沒踏出病房，呼叫器又響了。我沒來得及看，頭上的擴音器已大聲宣告：「藍色代號。醫院大廳。」

我一下子愣住了，不知道該顧哪一邊。轉頭看看另一個住院醫師，他叫我趕快下去，加護病房這個陣地就由他來守。

在醫院裡奔跑也有規矩。我自己幾乎任何情況都不跑，因為這可能讓別人感到驚慌，也讓自己難以保持鎮定。我給自己的但書是在樓梯間可以跑，畢竟那裡沒有病人或病患家屬，可是在走廊絕不能跑。於是我一出病房便找樓梯，找到之後便直奔下樓。

我從大廳一頭的樓梯間衝出來，醫院門口已聚了一大批人，我直直往那兒走去。大多數人似乎是來探病的家屬，也許是聽到喧鬧聲才停下來看熱鬧。走近一點，我聽到一位女性哭喊哀嚎的聲音，但圍觀人群像是道牆，我一時看不到發生了什麼事。離大門越近我越是忐忑，不敢想像接下來得處理什麼場面。不料，我還沒看清情況，就先聽見一個孩子大聲哭喊：「我媽咪會死嗎？」

就在醫院入口的雙扇門前，有名年輕婦人躺在地上，看起來已經失去意識。一名急救人員跪在她身旁，一看到我便立刻說明狀況：她剛剛心臟病發，但目前還量得到脈搏。那名婦人蜷曲側臥，明顯看得出來懷了孕。我念頭一閃，推測有可能是子癇症（eclampsia）。我先讓她平躺在地，好讓她能順暢呼吸。這招奏效了，可是場面還是混亂不堪。因為這位女士的母親完全失控，不斷尖叫，還扯她的頭髮，弄得沒人敢靠近她。好在來幫忙的醫護人員漸漸就位，婦人此時也奇蹟似地穩定下來。她的母親反倒更引人側目，不但惹來更多人圍觀，還干擾一名急診室醫師治療她女兒。最後，總算有醫護人員幫大家講了重話：「太太，拜託一下，冷靜點！」

我把那名年輕婦人送到急診室，確認有人會接手照顧之後，算是卸下了救兵的責任。臨時危機已經擺平，是回防主戰場的時候了。我拿出手機一瞧，密密麻麻全是簡訊和未接來電。回加護病房的路上，我趕忙打電話向外頭等候的計程車司機道歉，跟他解釋我有個病人情況危急，我得等他穩定一點才好回家，如果他能等我一陣子，我會非常感謝。

我一進加護病房，就直奔我十五分鐘前插管的那位病人的床位。護理師立刻遞給我全套中心靜脈導管工具組，因為他需要的血液製劑太多，點滴管不夠用了。另一個住院醫師正忙著照顧其他病人，我別無選擇，伸手接過工具組再次上陣。我們從腹股溝的股靜脈注射管裝起，接著在胸部又加一根，最後在手腕再裝一根動脈注射管。我在住院醫師訓練期間學到的所有技術，這一天好像得全部用上。裝完以後我有種感覺：這名病人不太可能甦醒了。的確，他的心臟還在跳動，他也還能靠呼吸器呼吸，可是我們已無法確認他是活著？腦死？還是介於兩者之間？

我剛開始當住院醫師時很放不下工作，總不放心讓別人接手自己照顧的病人——他們只是來值夜或代班的，對病人的狀況怎麼可能有我清楚？即使偶爾放假，醫院裡只要一來電話或電郵，都會讓我有種置病人於不顧的愧疚感。負責照料病人時，你會覺得世上沒有人能比你把他們照顧得更好，畢竟了解他們最深的人是你。

可是，我這時已是第三年住院醫師，我已學會什麼時候該放下。當然，我想在醫院裡待多久都沒問題，但這樣並改變不了結果。只是看看眼前的病人，我心裡還是感慨萬千：他昨天的生活還完全正常，現在身上卻接了十根管子，連熬不熬得過今晚都成問題。相較之下，我耿耿於懷的那些事簡直是笑話。是啊，超級盃大賽我錯過了一大半，但想想這位病人的妻子吧，我離開醫院時，正好瞥見她在等候室。這一晚，世界上揪心煎熬的人顯然很多、很多。

大廳比我上次過來時平靜多了。我走過穿堂，看到一輛黑色林肯轎車等在外頭，是我叫的計程車。

我鑽進車裡，剛拿出沙拉準備吃，便聽司機問道：「他挺過來了嗎？」

我抬頭望向後視鏡，司機也正看著我。我有點驚訝，但並不覺得被打擾，便隨口回問：「誰挺過來了沒？」

「你跟我在電話裡說的那個，你說他情況危急。」

我頓時想起我跟他講過我會遲到。

「嗯……很難說。」

他的視線從後視鏡移開，轉回路面。

「很難說？死這個概念……不是很簡單明瞭嗎？」

最常和死亡交手的職業非醫生莫屬。醫生見識死亡的機會比消防隊多、比警察多，甚至也比軍人更多。可是對我們醫生來說，死亡非常具體，絕不是什麼抽象「概念」。死亡是表格上的一欄，是圖表上的紅色長條，是臨床實驗的成敗結果。死亡屬於塵世，它意味心血付之東流，一去永不復返，而且它跟醫學裡的很多現象不一樣，它黑白分明，沒有模糊空間。死亡更像具體的事實、決絕的終點，而不是抽象的概念或未盡的旅程。

現在想想，那位司機先生說得也沒錯。死亡的很多面向確實簡單明瞭，最簡單明瞭的或許是我們面對它的方式——我們大半輩子總想否認它的存在，絕大多數人恐懼它，把它當成某種不自然的時空斷裂。每當有人談到死，桌上的食物似乎變得難以下嚥，窗外的天氣彷彿變得陰沉，氣氛頓時冷卻，心情也變得悶悶不樂。每當我們想到死，我們好像總是抑鬱難當，以致無心去想更有意義的事。於是，很多家庭要到親人進了加護病房、全身上下掛的儀器比鋼鐵人還多，才不得不勉強開口討論死亡。

我動念想寫本關於死亡的書時，曾興沖沖地和太太討論。她不是醫生，似乎十分困惑我為什麼會有這個想法，事實上，她光是聽到「死」這個字都渾身不自在。相對地，我對她的反應也相當驚訝。但從那之後，我對類似的反應也見怪不怪了。

人類社會一直有很多禁忌，不論在哪個時代，總是有某些主題被刻意迴避。我們最先想到的也許是性；在很多場合，錢也是不宜放在檯面談的事情。不過無論是性還是錢，隨著文化和時代演進，它們的禁忌程度似乎也漸漸淡化。可是討論死亡不一樣，時無分今昔，地無分東西，死亡始終是最碰觸不得的話題。

為什麼討論死亡這麼困難？原因部分來自社會成規，部分則源於傳統。死亡本身的神祕特質帶來不確定感，不確定感又助長恐懼。不過，和一般人以為的不一樣，以前的人並不像現代人這麼恐懼死亡。歸結言之，死亡變得越醫療化，人在去世前孱弱的日子就越久；死者越是與生者隔絕，死亡就變得越為駭人。在上個世紀，大多數人都得到壽命延長的厚禮，但預期壽命增加的結果，是讓人更難接受猝然降臨的萬一。知道自己年命不永的人，往往覺得被現代醫學的高壽許諾騙了。要真正改變對死亡的成見，除了破除恐懼之外別無他法。唯有如此，我們才不至於一談起死亡與臨終，便一味膽怯畏縮，躑躅不前。

到目前為止，對死亡的討論常常是空泛而脫離現實的。死亡常被用來當成挑動選民恐懼的政治武器，而非所有生物無可迴避的終局。雖然在這個世紀之前，我們對死亡的過程幾乎一無所知，可是人們屢屢操弄對死亡的恐懼，用它來挑起戰爭、建立宗教，或是讓社會裡的少數人擁有超乎應得的財富。雖然我們對死亡並不了解，卻總是敢提出五花八門、相互矛盾的見解，結果是直到今天，我們對死亡的認識仍停滯不前。

從這個角度切入，那位司機先生顯然低估了死亡的複雜性。死亡一點也不簡單明瞭。沒錯，死亡就跟生命一樣古老，你甚至能說死亡先於生命。（畢竟，誰知道怎麼形容生命誕生前的狀態呢？）然而在上個世紀，我們對死亡的認知經歷了劇烈的演進與變形，變化之大遠遠超越歷史上任何一段時期。生醫進展不僅改變死亡的生態學、流行病學及經濟學，連最抽象的死亡氛圍（ethos）都不同於以往。生死之間的界線變得更為曖昧，完全稱不上「簡單明瞭」。在今天，不做上一長串檢驗，我們甚至無法確定一個人是生是死。死亡也許是基本概念，但「死亡」在現代社會究竟意味著什麼？大多數人恐怕不甚了了。我有很多話想對那位司機先生說，可是那天，我選擇靜靜坐著聆聽。

✢ ✢ ✢

幾千年來，死亡的面貌大致上靜止不變，可是在短短一個世紀之內，它的意涵起了翻天覆地的變化。現代人認知的死亡甚至跟僅僅幾十年前都不一樣。連死亡的原因、地點、時間、方式這些最基本的面向，都與上個世紀之交截然不同。

要了解我們為什麼會死，最好先從最細微的層次認識我們怎麼活著。人體是由各式各樣細胞組成的，數量以十億計。每一個細胞都有生命，不過並不是具有意識的生命。我們身上的細菌數量更如天文數字，大多數位於腸道。事實上，人身上的細菌數量平均是人體細胞的十倍[2]。我們現在也知道，人類和細菌至少有四十個基因相同，所以儘管關係怪異，但終究算是遠親[3]。因此，我們每一個人都像是一艘母船，承載著數不勝數的人體細胞和細菌，它們共同組成了一個互依互賴、功能完善又有感知能力的殖民地，在存在意義和生理機制上俱為一體。

雖然死亡看似比生命單純，可是我們對於細胞如何生成的認識，比對細胞如何死亡的探索早了至少一百年。一八八二年，德國醫師科學家華爾特．弗萊明（Walther Flemming）首次描述了細胞分裂的過程——一個細胞分裂為兩個一模一樣的子細胞，謂之有絲分裂（mitosis）。一八八七年，西奧多．博韋里（Theodor Boveri）和奧古斯特．魏斯曼（August Weismann）兩名德國人則發現減數分裂（meiosis），亦即細胞分裂成兩個不一樣的細胞以進行生殖[4]。換言之，早在十九世紀末期，科學界已相當關注新細胞如何生成。

對細胞死亡的研究要到相當晚近才開始，有緣見識細胞死亡過程的人也非常少。病理學家、微生物學家等各種背景的人，莫不死盯著顯微鏡想一探究竟，可是觀察到細胞死亡過程的極少（至於細胞生成，載玻片上倒是經常看得到）。堅實的證據難尋，大膽的推論好做：細胞之所以不斷死亡，應該是為了配合一直生成的新細胞吧？直到最近，細胞生物學的發展終於推進了我們對細胞死亡的認識。細胞死亡研究的突破性進展，甚至比細胞生物學領域的其他發現更為亮眼，更有助於我們了解細胞的生命。

有趣的是，現代生物學最令人驚豔的研究成果之一，竟然得自於一種極不起眼的小生物——秀麗隱桿線蟲（*Caenorhabditis elegans*）。秀麗隱桿線蟲屬於線蟲動物門，是線蟲裡最小的一種，通體透明，長度僅一毫米[5]。秀麗隱桿線蟲大多數時間待在土裡，自安天命，主要以細菌為食，從不寄生在人身上。牠雖然沒有心臟和肺臟，但大型動物的很多器官它也都有（例如神經系統），它的生殖系統也很完備，有子宮、卵巢，甚至還有相當於陰莖的器官。特別的是，一千隻秀麗隱桿線蟲裡，有九百九十九隻都是雌雄同體，只有一隻是「真雄性」。雌雄同體的生物其實並不需要雄蟲授精，但如有選擇，它們還是偏好雄蟲的精子，而非仰賴自體受精或另一個雌雄同體族類的精子。如果沒有遇上重大意外，秀麗隱桿線蟲能活兩至三週。它算是生命力極為強韌的生物，二〇〇三年二月哥倫比亞太空梭爆炸時，機上的實驗用秀麗隱桿線蟲竟然倖免於難[6]。當生命走到盡頭，這種小蟲會噴出藍光，隨即死去，退場華麗有如戲劇。

這種小蟲之所以對科學研究很重要，是因為它們生長過程特殊但相對單純。它們的特色之一是「定數細胞」(eutely)，亦即成蟲的細胞數固定，而且數量是該物種獨有的。幼蟲誕生之後，先是以細胞分裂的方式成長，但細胞數達到一〇九〇時便停止細胞分裂，接下來只靠既有細胞體積增大維持成長。如果是雌雄同體的成蟲，少數特定細胞會自動終結。我們目前知道的是：這種身長一毫米的生物，基因裡已註定有廿六個細胞要犧牲。這項事實讓我們得以一探細胞如何決定（或被敦促）該自殺。

對於這種線蟲細胞的生命週期和死亡機制，相關研究先是在英國劍橋進行，後來又在美國麻州劍橋持續。南非生物學家悉尼・布雷內（Sydney Brenner）在英國劍橋設立發育生物學實驗室之後，與約翰・薩爾斯頓（John Sulston）攜手合作，致力分析秀麗隱桿線蟲的整組基因型[7]。一九七二年，差不多就在布雷內和薩爾斯頓鑽研線蟲的同時，「凋亡」（apoptosis）這個詞也被引入生物學討論，提出者是約翰・克爾（John Kerr）、安德魯・懷利（Andrew Wyllie）和阿拉斯泰爾・柯里（Alastair Currie）三位科學家。他們特地選了一個希臘文詞彙，來解釋這種「迄今鮮受關注」的細胞死亡現象[8]。「Apoptosis」的發音是APE－oh－TOE－sis，在希臘文裡形容的是葉子從樹上落下，或是花瓣從花上凋落。布雷內和薩爾斯頓後來又邀請羅伯特・霍維茨（Robert Horvitz）加入團隊，霍維茨後來又在麻省理工學院建立實驗室，繼續他在大西洋彼岸開始的研究。二〇〇二年，布雷內、薩爾斯頓和霍維茨三人共同獲頒諾貝爾生理醫學獎。他們的研究成果不僅深刻推進我們對生命的了解，也大幅拓展我們對死亡的認識。

我們目前知道的細胞死亡機制主要有三：凋亡、壞死（necrosis），以及自噬（autophagy）[9]。三種機制都有重要的形上意涵。

細胞最難看也最不優雅的死法是壞死。「necrosis」取自希臘文「nekros」，意思是「屍體」。細胞突然喪失營養和能量時，便立刻走向壞死。在血流受阻時（例如中風後的大腦或心臟病發的心臟），細胞隨即開啟壞死過程。細胞膜的可滲透性開始變高，細胞外的液體大量湧入細胞內部，將細胞及其內容物灌得腫脹，乃至爆裂，導致細胞的內容物飛濺到細胞外的空間。這種凶殘的自毀是有目的的：第一批壞死的細胞就像信號，能警告身體其他部分敵軍來犯，不論造成威脅的是創傷、極熱、極冷或有毒物質[10]。我們知道，免疫系統不斷在監視人體，不斷在搜尋造次闖入的外來者。而細胞的內容物就像「內在自我」（hidden self），理應關在細胞裡頭，一旦它們越界跑進血清，立刻會被當成不速之客。由於身體極少看到這些分子跑出細胞，馬上會對這群殘兵敗將產生警覺，從而派出免疫細胞加強防衛。

免疫系統行動後，救援、修復和回收程序隨之展開。雖然壞死的細胞沒救了，但免疫系統能進行災害控管，不讓損傷擴大到其他部分。我們原本以為壞死是偶然而無法控制的死亡形式，但最新研究發現：壞死也經過一番精心安排，可以透過分子途徑選擇性地啟動和停止[11]。

自噬是細胞吞噬（-phagy）自己（auto-）或自己一部分的過程。自噬雖是死亡的前兆，但它對生命就像對死亡一樣重要。在資源匱乏時，細胞能藉由自噬點石成金，將自身有缺損或多餘的部分轉換成營養。自噬與壞死不同，壞死是在營養供給完全停止（如心臟病發）之後出現，自噬則是在供給相對匱乏之時（如心臟衰竭）發生。養料斷絕之時，細胞開始壞死；而當食物有限、但並未斷絕時，細胞會關閉非必要的部件，或製造自噬體（autophagosomes）以擺脫受損的部分。自噬體是含有毒性物質的小囊泡，會吞沒細胞想淘汰的部件或物質，將它們轉換為有用的營養。但可以想見的是，如果出現大規模細胞自噬現象，細胞也會死亡。

說起來，自噬是細胞阻擋死亡的重要手段，因為它能用來滌除細胞受損的部分，如粒線體（粒線體狀如渦輪，能為細胞將氧氣轉換為純能量，但破裂時也會加速細胞死亡）。若自噬功能無法執行，實際上會加快而非延遲細胞死亡。

最後，讓我們談談凋亡。這種細胞死亡機制或許是三者中最重要、也最有趣的一種。壞死發生時，最早顯露的徵兆之一是細胞膜出現缺損，但細胞凋亡時，細胞膜直到最後仍保持完整。凋亡機制雖然複雜，可是過程卻比有絲分裂快上許多——大約快了二十倍，我們之所以較少在顯微鏡下觀察到細胞凋亡，這可能也是主因之一。整個細胞凋亡過程約幾個小時。

在細胞即將凋亡時，它的外觀會變得圓滑，也會悄悄躲開其他細胞。細胞界的催命魔王叫TNFα——腫瘤壞死因子α（tumor necrosis factor alpha）。在TNFα靠近細胞，並沾上細胞膜上的受體後，細胞便聽命自行了斷。TNFα這輕輕一觸，可說是分子版的死亡之吻，這啟動了所謂「死亡受體途徑」（death receptor pathway），細胞隨即恭順地接受命運，釋出凋亡蛋白酶（caspases）。凋亡蛋白酶平時就活在細胞之內，協助清掃、修復等工作，但受死亡信號召喚時，它們會誘發一連串反應，導致細胞在自身之中默默死亡。除了TNFα發催命符之外，啟動細胞凋亡的方式還有另一種：粒線體要是偵測到細胞面臨損害，會在細胞內釋放特定蛋白質，示意啟動細胞凋亡機制。其中一種蛋白質名字取得好，叫「魔鬼」（diablo），它招來「殺手」凋亡蛋白酶，敲響細胞的喪鐘。

細胞凋亡的關鍵特徵是細胞器開始收縮。在凋亡過程中，細胞膜始終維持完整，不會像壞死那樣讓細胞內容物濺出，因此不會驚動免疫系統。不過細胞膜會冒出小囊泡，細胞也會逐漸分解成幾小塊。細胞凋亡常被喻為大樓的「控制式拆除」，要拆的樓必須夷為平地，但周遭的建物也必須絲毫無損[12]。透過某種複雜的機制安排，一旦細胞被賜死，吞噬體（phagosomes）也會立刻收到警報，準備出馬收拾殘局。吞噬體是負責消化細胞部件的小細胞，它跟自噬體不一樣：自噬體吃的是自身源出的細胞，吞噬體的目標則是其他細胞。總之，這時釋出的訊號是將準備凋亡的細胞與「真我」（true self）區別開來，讓凋亡細胞成為不具禁忌的潔淨食物（kosher），不致引發連鎖反應。

在人體最為基本、屬於細胞層次的生與死，遠比人體層次的生與死更複雜、更動態也更平衡。看待一個人的生與死時，我們總認為兩者之間涇渭分明，兩不相涉。可是只要我們還有一口氣，身體裡的細胞便不斷生滅，有的傳遞生命，有的受命就死。因此，即使我們活著，部分的我們也持續死去。事實上，要是細胞停止凋亡，每個人一輩子活下來得扛著兩噸骨髓，腸子也會長達十五公里。即使在個別細胞層次，啟動與阻擋凋亡的因子也在隨時拉鋸。換句話說，我們體內的每一個細胞，都在或近或遠地與死亡周旋。從巨觀層面來說，我們同時是由誕生與死去的細胞所組成的，從搖籃到墳墓都是如此。當凋亡的力量超過有絲分裂的力量時，我們就離死亡更近了一步。

細胞的幾種死亡方式值得我們深思，想一探細胞的生命與文化，這些是很好的參考。與人類相比，細胞或許無法感受或表達情緒，也不會思考倫理或道德問題，可是細胞死亡的生態與機制，卻正好凸顯了生與死的關係多麼緊密。要是細胞真的「忘記」死亡，它反而會變成拖垮整個生物的禍患——癌症就是這種細胞造成的。

半數癌症是因凋亡程序出錯而起。正常細胞都有一名哨兵看守，叫p53腫瘤蛋白（TP53，tumor protein p53）。當TP53在正常細胞中發現缺損，便會派出Puma、Noxa、Bax等因子誘發凋亡。在細胞受輻射、毒素或其他物質傷害時，TP53會立刻調遣Puma、Noxa和Bax應變，澈底執行死亡任務，好讓其他細胞能繼續存活。不過發生癌變就不一樣了，以慢性骨髓性白血病為例，由於TP53產生突變，BCL2這類蛋白質變得異常活躍，妨礙身體循例執行淘汰任務，以致養成長生不死的癌細胞。慢性骨髓性白血病的化療藥imatinib，就是為抑制BCL2蛋白家族研發的。其他癌症藥物則透過其他機轉誘發癌症細胞凋亡：有一些是活化死亡受體，也有一些是攔截存活素（survivin，一種癱瘓凋亡蛋白酶的細胞蛋白）。簡言之：死亡對細胞無比重要，阻礙細胞死亡的舉動雖然看似讓細胞存活，實則是逐步削弱細胞的力量，而苟活下來的細胞常被稱為「殭屍細胞」[13]。

然而可以想見，細胞凋亡規模太大也不是什麼好事，亨丁頓舞蹈症、帕金森氏症、阿茲海默症和肌萎縮性側索硬化症（漸凍人症）就是如此。在這些病症中，毒性錯誤摺疊蛋白（toxic misfolded proteins）堆積在神經細胞裡，過早啟動細胞死亡過程。但透過服用能強化自噬行動的化療藥物，可以增進細胞消滅這些壞蛋白質的能力。

對於細胞凋亡的洞察，加深了我們對細胞社會生活的認識。死亡並非孤立事件，也很少毫無預兆地發生。在《自然》（*Nature*）期刊上，蓋理・梅林諾（Gerry Melino）這樣說：「在複雜的多細胞網絡中，這種對於生與死的社會控制極其重要。」他也問道：「社會控制是否必然意味著：生命必須在相互衝突的訊號中探索前行？」[14]細胞的社會沒有個人主義，它們的使命就是好好維護多細胞生物，也就是細胞的家園。細胞老化後總順從天生的設定，毫無懸念地死得乾乾淨淨。我們延長細胞壽命的努力，往往只是讓它們苟延殘喘地活著，羅伯特・霍維茨在諾貝爾獎頒獎演講裡也說，這種狀態只稱得上「不死」而已[15]。我曾請教霍維茨博士：以我們目前對生物死亡方式的認識，如果想從中思索存在與形上意義，我們能得到什麼收穫呢？他說：「我研究細胞死亡很多年了，令我意外的是，在你之前，只有人找我談這種存在性問題一次。關於我們對細胞死亡的認識和人類存在有什麼關係，關於生死議題，之前只有人問過我一次。」霍維茨博士認為，程序性死亡絕非偶然，我們也一定能從中汲取經驗，領會怎麼做對維持物種延續最好：「生物學是門複雜的學問，而演化已選擇了複雜漸進的解決方案。我們也許能以此類推：如果我們這個物種想生存下去，就得確保自己不會做出無可挽回的傷害，導致人類無法繼續生存。」

促成死亡的許多機制，對維繫生命也同樣不可或缺，對個體來說是如此，對整個生態系來說也是如此。秋日的落葉終將化為春泥，永遠遺愛生養它的樹木。對細胞來說，唯一一件比忘記怎麼活更糟的事，就是拒絕赴死。

✢ ✢ ✢

了解細胞之死並非無端發生之後，科學家接下來想問的問題是：細胞是怎麼跌出生命的傳輸帶而被指定犧牲？只是純屬偶然，還是受到更大的力量驅策？細胞全都是命運的奴隸嗎？抑或環境和它們本身的行動也得為結果負責？細胞表現年齡的方式和多細胞生物一樣嗎？（比方說，和人類一樣嗎？）還有，我們有沒有可能救細胞一命，幫它們把死神擋在門外？

雖然長生不死只是概念，但以此為起點，還是能好好思考人為什麼無法長生不死。疾病顯然是首要原因。儘管人們老愛拿「生命的目的」當談資，但歸根究柢，絕大多數生物只在意一個目的——生存。生命要能發揮基本功能，有賴於生理機制流暢運作，這是一場精心編排的舞蹈，而疾病說穿了，就是這支舞裡出現的大差小錯。但持平而論，在我們與疾病的漫長戰爭裡，疾病只是我們延長生命的小阻礙，它也許行蹤詭祕，也許刁滑難纏，但並不是毫無破綻的對手。真正讓人無計可施的大敵是另一個，它就內建在生命之中，也時不時在背後放幾支冷箭，讓我們坐立難安，它是——老化。

一八二五年，數學家班傑明．岡珀茨（Benjamin Gompertz）將人的死亡因素歸納為兩種[16]：一種是外部事件，例如受傷或患病；另一種是內部衰敗，他稱為「違和之種」（the seeds of indisposition）。老化是人類最頑強的敵人，它將頭髮變白、讓聲音變低沉，也把反應能力降低。老化就像拍擊絕壁的波浪，就像削蝕峽谷的河川，它不動聲色地侵蝕身體，即使我們想出預防、治療、管制疾病的對策，它還是能一點一滴掃空所有成果。

我們目前對於細胞壽命的認識，得從一個挺不一樣的場景說起。法國總統卡諾（Marie François Sadi Carnot）在里昂（Lyon）遭無政府主義者刺殺時[17]，亞歷克希．卡雷爾（Alexis Carrel）正在那裡讀醫學院。卡諾的血管受創嚴重，但當地外科醫生無力縫合，終於宣告不治。這件事刺激卡雷爾勤練血管縫合，他還為此找上手藝極巧的里昂刺繡師——樂胡迪耶夫人（Madame Leroudier），請她傳授一身絕活[18]。於是，卡雷爾將縫製最精緻華服的手藝，轉化為獨步群倫的外科技巧，人體血管與器官的連結方式也從此邁入新頁。不過，雖然他以這份新技術達成亮眼的臨床成果，他的表現反而招來妒忌，不但未能飛黃騰達，反而多次失去升遷機會。屢遭挫折令他心灰意冷，他決定離開醫界前往加拿大，「忘了醫學養牛去」[19]。

沒想到才搬到加拿大幾個月，他的才幹便備受賞識，芝加哥大學也立刻向他招手。接下來差不多十年的時間，卡雷爾不斷推動外科進展，貢獻之大，同時代的人無人能望其項背。《美國醫學會雜誌》（*Journal of the American Medical Association*）有篇文章向他致敬，列舉他的部分成就，說他「重新結合血管與內皮、內皮與內皮；接合動脈與動脈、靜脈與靜脈、動脈與靜脈，不論是端對端、邊對邊、邊對端，他都駕輕就熟。他對補片移植（patch grafts）、自體移植（autografts）、同種移植（homografts）得心應手，也輕鬆駕馭橡膠管、玻璃管、金屬管，以及可吸收式鎂合金管……他移植過甲狀腺、脾臟、卵巢、四肢、腎臟，甚至心臟，證明移植器官在外科上不但可行，而且輕而易舉[20]。」一九一二年，卡雷爾獲頒諾貝爾醫學獎，這也是該獎項第一次落在美國。卡雷爾法蘭西祖國那些心高氣傲的詆毀者，聽到消息想必無比扼腕。

卡雷爾以巧手一雙克服無數挑戰，似乎沒什麼事難得倒他。他縫得好公認縫合不了的血管，移植得了沒人相信可以移植的器官。他不斷開拓醫學事業，也開始研究怎麼能讓人體器官永久維持機能。畢竟，想擋下人類的死亡進程，讓器官永保青春是必要步驟。當時，在體外培養細胞的技術才出現沒多久，而卡雷爾認為「細胞分裂有其限度」的理論是錯的。提出這個理論的人是奧古斯特·魏斯曼，也就是我們前面提過的那位細胞分裂發現者。在卡雷爾決心提出挑戰時，這是最廣為接受的通說[21]。

一九一二年，卡雷爾於《實驗醫學期刊》（*Journal of Experimental Medicine*）發表〈組織於有機體外的永生〉（The Permanent Life of Tissues outside of the Organism），並宣稱這項實驗能找出「完整的解決方案」[22]。在他這個著名的實驗裡，卡雷爾從雞的胚胎中取出心臟組織，放在玻片上，接著設好溫度，把組織片擺進特製培養基裡培養。據他說，這些取出體外的心臟組織狀況極佳，不像正常雞心那樣必有一死，反而可以持續搏動很多、很多年，估計可以「永遠」活下去。

卡雷爾認為：老化和死亡是因「代謝物質沉積和培養基耗盡」而起，兩者都是可以預防的。他甚至相信：老化和死亡是外部刺激所致，並不是細胞本身已預先設定死亡機制。換句話說，只要條件控制得當，細胞和組織絕對可以擺脫死亡的桎梏。在資源不虞匱乏的環境下，永生並不是問題。卡雷爾吸引不少有力人士相挺，當時的世界首富約翰・洛克斐勒（John D. Rockefeller）贊助他，首位獨自飛越大西洋的飛行家查爾斯・林白（Charles Lindbergh）也支持他。於是，卡雷爾的雞心跳動了三十四年之久——甚至在他死後，還是持續由實驗室助手維持搏動[23]。

拜卡雷爾的實驗之賜，永生似乎比過去認為的還容易達成，而且照他的實驗成果看來，成功彷彿已近在眼前。只是，並不是每個人都有長生不死的資格，對卡雷爾來說，很多人甚至不該來到世上。在他的暢銷書《人，未解之謎》（*Man, the Unknown*）裡，卡雷爾寫道：所有罪犯和那些「在重大事務上誤導大眾的人，都該送進小型安樂死機構，供應足量毒氣，以人道而經濟的方式處理掉」[24]。女人更是卑劣又沒用，「當媽媽的居然把孩子往幼稚園一扔，就為了去開創事業、社交應酬，享受肉體之歡，追求文學藝術興趣，甚至就只為了打牌。」

卡雷爾對未來雄心萬丈，無奈二次大戰將他的計畫全盤打亂。他返回法國建了一座戰地醫院，病床數高達一百。可惜他的法國金主投降，他只好照維琪（Vichy）政府的規矩維持醫院運作，結果被法國抗德人士目為通敵。德國占領時期他一邊打理醫院，一邊靠戰時配給過活，健康迅速惡化，法國光復之前便兩度心臟病發。維琪政府被推翻後，他和妻子立刻遭法國新政府軟禁。美國得知後試圖介入，希望能保護他不受法國過度反應之累。然而，他沒來得及等到恢復名譽，就在一九四四年十一月溘然長逝，享年六十八歲。雖然他死在祖國，卻被剝奪了一切榮銜，蒙羞離世。

優生學的浪潮隨著納粹德國戰敗而退卻，卡雷爾也帶著他整頓人類素質的野心進了墳墓，不過，他已翻轉一整個世代對細胞壽命的看法。諷刺的是，他留給世人最耐久的遺贈，還是他從樂胡迪耶夫人那兒學來的活計，因為他為細胞生物學樹立的里程碑，終究經不起時間的沖刷與考驗。

✣ ✣ ✣

一九二八年，當生物學家雷納德．海弗利克（Leonard Hayflick）出生之時，卡雷爾實驗室裡的雞心已搏動了十六年，他的主張也已人盡皆知。雖然有人試著複製他的實驗，但都以失敗收場。即使如此，調查者仍未挑戰他的看法，反而假定培養組織的過程出了問題[25]。

海弗利克原本也是這樣想的。他小心翼翼把人類胚胎細胞擺進培養皿，滿心期待它們能永久存活，豈料鎩羽而歸，他想自己一定是哪個環節沒做對。在賓州大學拿到博士學位後，他興致沖沖做了一連串實驗，將人類胚胎細胞放在癌細胞萃取物裡，希望能誘導人類細胞發生癌變。可是他發現：細胞經過特定次數的分裂之後，就不會再繼續增生。他不確定這是因為培養皿裡某種資源耗盡，還是因為冒出某種有毒物質。但他也留意到一件事：把老年男性和年輕女性兩組細胞結合後，老年細胞還是死得較早，年輕細胞則在同一份培養基裡持續分裂，最後只剩女性細胞。事實上，在只有男性細胞的控制組裡，男性細胞的死亡率也是一樣的。在後續實驗中，海弗利克證實：細胞壽命和時間長度的關係，並不如與DNA複製次數的關係來得深——他先低溫冷凍一組細胞樣本，在重新回溫後，那組細胞複製了同樣的次數[26]。這種現象，後來由澳洲諾貝爾獎得主麥克法蘭·伯內特（Macfarlane Burnet）命名為「海弗利克限度」（the Hayflick limit）。這項觀察澈底證明一件事：細胞天生具有某種令自身停止生長的要素[27]。

海弗利克的發現，顛覆了卡雷爾在二十世紀上半樹立的信條。雖然早在一八九九年，魏斯曼就已首先提出細胞分裂是有限的，但卡雷爾的雞心實驗把這理論掃出科學界。然而進一步的調查顯示：卡雷爾的實驗有造假之嫌，而且他自己可能也清楚得很[28]——他每次往培養皿注入萃取液時，裡頭都含有新的胚胎細胞，而他剛開始實驗時用的那些細胞，其實幾個月後就死光了。無論如何，海弗利克限度目前已是定論。在認知到這項事實之後，我們要問的是：為什麼會有這個限制呢？如果能回答這個問題，我們不但能釐清細胞為何老化，也能進而解開人類老化之謎。

DNA是藏身於細胞內的迷你雙螺旋密碼，纏繞聚合後形成染色體。每個人體細胞都有二十三對染色體，精子和卵子則只有二十三個染色體，兩者結合之後才構成二十三對。在海弗利克提出他的發現後，科學家們開始研究造成細胞老化的機制。他們一著手分析細胞中的老化效應，便立刻注意到染色體的末端大有文章。

科學家們發現：染色體中段的DNA序列十分獨特，同一物種的每個細胞的DNA序列都相似，細胞必須參照DNA序列才能製造關鍵物質，可是染色體末端的DNA序列不太對勁。首先，細胞無法完整複製DNA鏈末端的序列[29]。其次，細胞中的DNA鏈長度不一，這點之所以奇怪，是因為DNA向來極其一致。

一九七八年，伊莉莎白・布雷克本（Elizabeth Blackburn）年方三十，正在耶魯大學進行博士後研究。她的研究主題之一是原生動物（protozoa）的染色體末端（這種生物是單細胞生物，以鞭毛移動）[30]，而她的發現十分耐人尋味：染色體末端和染色體其他部分不一樣，染色體其他部分的DNA序列是隨機的，可用以指揮（print）蛋白質並發揮其他細胞功能；染色體末端的DNA序列則是重複的，不但沒有特別的程式目的（programmatic purpose），而且各個物種都是如此。該序列重複次數隨細胞而不同[31]，人體細胞也有同樣的現象[32]。

染色體末端重複的DNA序列叫端粒（telomere）。後續研究發現：不但每個細胞的端粒長度都不一樣，更重要的是，端粒似乎會隨每一次細胞分裂變短[33]。這些現象強烈顯示：端粒正是造成海弗利克限度的原因，因為端粒太短的時候，細胞會變得很不穩定，從而誘發凋亡。

一九八五年，布雷克本與高足卡蘿・格萊德（Carol Greider）再下一城，發現了端粒酶（telomerase），這是一種合成與延展端粒的酵素[34]，能額外複製重複序列（printing extra copies），從而加長細胞內的端粒長度。後續研究也顯示：為正常細胞添加端粒酶，能大幅增加它們的壽命[35]。最近的一項研究甚至發現：對於因端粒酶關閉而早衰的老鼠，若重新活化牠們的端粒酶，牠們的很多老化現象可以逆轉[36]。早在一九三〇年代，科學界便注意到端粒不會捲入染色體融合，時至今日，端粒已被公認為細胞存亡的關鍵、生死平衡的鑰匙。

從某個層面來說，端粒就跟年輪一樣，以相當視覺化的方式呈現出求生歷程。當端粒變得過短，細胞將無法繼續複製而不遺失重要的DNA物質。不穩定的狀態導致細胞受損，最後死亡。DNA受損是細胞老化的特徵，而在端粒變短之外，也還有其他機制會造成細胞老化。舉例來說，細胞「引擎」粒線體受損時會放出有毒物質，加速細胞凋亡。

目前已知限制飲食及熱量攝取能延長壽命[37]。人年紀越大，生長激素和胰島素生長因子的活性就越低（人類和許多生物的生長都與這兩種激素有關）。如果刻意減少二至四成的飲食來降低這兩種激素的活性，可以促使生物進入求生模式。細胞一旦感覺到營養供給變少，就會放慢生長、降低新陳代謝、減少複製，以減低錯誤發生的機會，於是壽命也跟著延長。人老化後，持續供應新細胞的幹細胞也枯竭殆盡，死亡細胞的空位不再有新血填補。

細胞老化就像細胞生命的其他層面一樣受到精心控管，這顯示老化是有意完成的目標，而非偶然發生的巧合。細胞老化並被取代的原因，恰恰體現出微型世界的運作法則：汰舊換新以延續生命。細胞和我們一樣抗拒老化，它們抵擋老化的修復機制也極其強韌，但當細胞損害已難以彌補時，它們更懂得審時度勢。當勢不可為，細胞會自行淘汰老化的細胞，以保護更高層次的有機體不致失控死亡或壞死。端粒酶雖能幫助細胞走向永生，看似現代版的賢者之石，但它也有幽暗、扭曲的一面。它絕非生命的象徵，反而是死亡的預兆，幾乎所有窮凶惡極的癌症都受它操控[38]。為了不斷生長擴張，癌細胞會一再以端粒酶延長端粒——能推遲死亡一天，就能再坐大一日。

在細胞層次，長生不死已亮出名號也現出原形——它就叫癌症，模樣一點也不端莊。端粒酶既是延年益壽的萬靈丹，卻也是惡性細胞的護身符，在諸多防止細胞衰亡的計策裡，這個弔詭顯得再清楚不過。我們延長生命的嘗試，帶來的後果就跟細胞企圖不死一樣，而這些策略已經造成影響，改變了死亡在現代世界的生態與樣貌。我們與老化、疾病與死亡的對抗，已深深撼動了經濟與社會結構。

註釋

1 譯註：這一段關於插管用具及過程的細節，是參考以下兩個網頁：（1）消防署《消防電子報》：goo.gl/iGlZ1Q；（2）馬偕醫院醫學教育部：goo.gl/ys09Vv。

2 Wenner M. Humans carry more bacterial cells than human ones. *Scientific American*. 2007.

3 Salzberg SL, White O, Peterson J, Eisen JA. Microbial genes in the human genome: lateral transfer or gene loss? *Science*. 2001;292(5523):1903–6.

4 Everson T. The Gene: A Historical Perspective. Greenwood Publishing Group; 2007.

5 Tuck S. The control of cell growth and body size in Caenorhabditis elegans. *Exp Cell Res*. 2014;321(1):71–76.

6 Miriam Kramer. How worms survived NASA's Columbia shuttle disaster. Space.com, www.space.com/19538-columbia-shuttle-disaster-worms-survive.html. 2013.

7 Sulston JE, Brenner S. The DNA of Caenorhabditis elegans. *Genetics*. 1974; 77(1):95–104.

8 Kerr JF, Wyllie AH, Currie AR. Apoptosis: a basic biological phenomenon with wide-ranging implications in tissue kinetics. *Br J Cancer*. 1972;26(4):239–57.

9 Hotchkiss RS, Strasser A, McDunn JE, Swanson PE. Cell death. *N Engl J Med*. 2009;361(16):1570–83.

10 Lotze MT, Tracey KJ. High-mobility group box 1 protein (HMGB1): nuclear weapon in the immune arsenal. *Nat Rev Immunol*. 2005;5(4):331–42.

11 Festjens N, Vanden Berghe T, Vandenabeele P. Necrosis, a well-orchestrated form of cell demise: signalling cascades, important mediators and concomitant immune response. *Biochim Biophys Acta*. 2006;1757(9–10):1371–87.

12 Taylor RC, Cullen SP, Martin SJ. Apoptosis: controlled demolition at the cellular level. *Nat Rev Mol Cell Biol*. 2008;9(3):231–41.

13 Narula J, Arbustini E, Chandrashekhar Y, Schwaiger M. Apoptosis and the systolic dysfunction in congestive heart failure. Story of apoptosis interruptus and zombie myocytes. *Cardiol Clin*. 2001;19(1):113–26.

14 Melino G. The sirens' song. *Nature*. 2001;412(6842):23.

15 Horvitz R. Worms, life and death. In: Frängsmyr T, ed. *Les Prix Nobel*. Stockholm; 2003.

16 Gompertz B. On the nature of the function expressive of the law of human mortality, and on a new mode of determining the value of life contingencies. In: *Philosophical Transactions of the Royal Society of London.* 1825;115:513–83.
17 Caserio at the guillotine. *New York Times.* August 16, 1894.
18 Comroe JH Jr. Who was Alexis who? *Cardiovasc Dis.* 1979;6(3):251–70.
19 Moseley J. Alexis Carrel, the man unknown: journey of an idea. *JAMA.* 1980;244(10):1119–21.
20 Moseley, Alexis Carrel.
21 Weismann A. *Essays upon Heredity and Kindred Biological Problems.* Poulton EB, Schönland S, Shipley AE, eds. 2nd ed. Oxford: Clarendon Press; 1891–92.
22 Carrel A. On the permanent life of tissues outside of the organism. *J Exp Med.* 1912;15(5):516–28.
23 Friedman DM. The Immortalists: Charles Lindbergh, Dr. Alexis Carrel, and Their Daring Quest to Live Forever. Ecco; 2007.
24 Carrel A. *Man, the Unknown.* Halycon House; 1938.
25 Witkowski JA. Dr. Carrel's immortal cells. *Med Hist.* 1980;24(2):129–42.
26 Hayflick L. The limited in vitro lifetime of human diploid cell strains. *Exp Cell Res.* 1965;37:614–36.
27 Shay JW, Wright WE. Hayflick, his limit, and cellular ageing. *Nat Rev Mol Cell Biol.* 2000;1(1):72–76.
28 Carrel, Man, the Unknown.
29 Watson JD. Origin of concatemeric T7 DNA. *Nat New Biol.* 1972;239(94):197–201.
30 Blackburn EH, Gall JG. A tandemly repeated sequence at the termini of the extrachromosomal ribosomal RNA genes in Tetrahymena. *J Mol Biol.* 1978;120 (1):33–53.
31 Cooke HJ, Smith, BA. Variability at the telomeres of the human X/Y pseudoautosomal region. *Cold Spring Harb Symp Quant Biol.* 1986;51: 213–19.
32 Moyzis RK, Buckingham JM, Cram LS, Dani M, Deaven LL, Jones MD, et al. A highly conserved repetitive DNA sequence, (TTAGGG)n, present at the telo- meres of human chromosomes. *Proc Natl Acad Sci U S A.* 1988;85(18):6622–26.
33 Harley CB, Futcher AB, Greider CW. Telomeres shorten during ageing of human fibroblasts *Nature.* 1990;345(6274):458–60.
34 Greider CW, Blackburn EH. Identification of a specific telomere terminal transferase activity in Tetrahymena extracts. *Cell.*

1985;43(2 Pt 1):405–13.
35 Bodnar AG, Ouellette M, Frolkis M, Holt SE, Chiu CP, Morin GB, et al. Extension of life-span by introduction of telomerase into normal human cells *Science*. 1998;279(5349):349–52.
36 Jaskelioff M, Muller FL, Paik JH, Thomas E, Jiang S, Adams AC, et al. Telomerase reactivation reverses tissue degeneration in aged telomerase-deficient mice. *Nature*. 2011;469(7328):102–6.
37 Lopez-Otin C, Blasco MA, Partridge L, Serrano M, Kroemer G. The hallmarks of aging. *Cell*. 2013;153(6):1194–217.
38 Kim NW, Piatyszek MA, Prowse KR, Harley CB, West MD, Ho PL, et al. Specific association of human telomerase activity with immortal cells and cancer. *Science*. 1994;266(5193):2011–15.

CHAPTER 2

抗死延生的戰爭
How Life (and Death) Were Prolonged

約翰・葛蘭特（John Graunt）生於一六二〇年，人生閱歷豐富。他開過服飾店，從過軍，也曾進入議會為民喉舌。等他一頭栽入調查倫敦人喪命的各種原因後，他又成為史上第一位系統化研究這項課題的人[1]。葛蘭特身處的倫敦和今天沒什麼不同：人口擁擠，交通繁忙，隨時都有大批移民湧入。經濟發展有多需要掌握生者的人口數量，就也多需要了解死者因何而逝。在〈民數記〉第一章一到三節，上帝命令摩西調查以色列成年男性人數，目的既是為了收取獻金建造會幕（猶太人出埃及時可拆卸移動的上帝住所），也是為了評估一旦發生戰事，以色列能動員多少兵力。同樣地，當亨利八世的重臣克倫威爾（Thomas Cromwell）引入堂區登記制（parish registers）時，他的意圖之一是迎合商人，讓他們能輕易掌握各地有多少潛在顧客，瘟疫時又有多少人沒能逃過一劫。

直到一六六一年，亦即堂區登記制實施一百二十年後，約翰・葛蘭特才開始有系統地爬梳死亡紀錄，並將研究成果公開發表[2]。為完成《死亡名冊觀察紀要》（*Observations on the Bills of Mortality*），他搜羅了幾十年份的死亡名冊[3]，藉此分析各堂區死亡人數以及死因。雖說葛蘭特沒有受過數學訓練，頂多只是憑直覺摸索，但他編寫出第一份現代橫斷式死亡紀錄（*cross-sectional record of death*）。這項成就讓他成為皇家學會第一位、也是唯一一位統計學家，並被譽為「統計學之父」和「統計學界的哥倫布」[4]。

葛蘭特生在科學方法剛剛萌芽的時代，現在重讀他對十七世紀倫敦死亡情形的紀錄，在讚嘆描寫生動之餘，也不免感到怪誕。《觀察紀要》裡記載的死因五花八門，有的驚悚，有的病態，也有些頗具黑色趣味。有人被狼吃掉，有人被蟲啃光，也有人嚇死或悲慟而死。有人「倒斃街頭」，有人「餓死」，有人「槍擊而死」，甚至也有人「暈在浴缸溺死」。以現代眼光來看，裡頭提到的很多疾病其實只能當閒嗑牙的話題。例如當時把頸部淋巴結結核病稱做「王疾」（King's evil），這種病會讓脖子滲出黏答答的膿，據說讓英格蘭王摸一下就會好（相傳亨利八世有一年摸四千名王疾病人的紀錄）。此外，嬰兒顱骨重疊叫「頭模擊」（Headmouldshot），經常導致痙攣和死亡。很多被列為死因的「疾病」，如膿腫、肝腫大、浮腫、口瘡等，很可能只是其他沒法診斷的疾病症狀而已。

還有些病的名稱和現在不同，例如肺結核叫「體衰」（consumption），癲癇叫「猝倒」（falling illness），性病叫「法國疹」，精神病叫「邪症」（lunatique），中風癱瘓叫「卒中」（apoplexy），百日咳叫「肺叛」（rising of the lights）[5]。另一些重大死因如「冒牙」或「胃部中止」……嗯，天知道這些可憐人到底得了什麼病。令人欣慰的是，很多疾病（如天花、鼠疫等）後來漸漸絕跡，而拜營養改善之賜，已開發國家也不再看得到壞血病、佝僂症、消瘦症等疾病。

葛蘭特在書中指出：女性平均壽命比男性更長，而人一生中死亡風險最高的是童年期。他另一項耐人尋味的觀察是：進入成年期後，死亡風險不再上升，轉為持平，二十歲的人的死亡風險就跟五十歲的人一樣。換句話說：人成年之後，死亡風險並不會隨年齡增加，這顯示人的主要死因不是與年齡有關的疾病。

在同一時間的大西洋對岸，初抵北美的歐洲殖民者同樣處境堪憐[6]。新移民紛紛因為「時疫」（seasoning）而病倒，在剛踏上新大陸的那段日子裡，有三分之一的人會在適應環境的過程中犯病。這種病發作起來得折騰一年，而且之後好一段時間都感受得到餘勁。如果「時疫」就是瘧疾的話，無怪乎當時的人會出現那麼多症狀。除此之外，新移民還有各式各樣的傳染病需要應付，例如「盂瀉」（bloudie flux，即血便）就很可能是感染沙門氏菌引發傷寒所致。在十七世紀，北美歐洲人的壽命比他們老家的鄉親短得多，他們帶來的非洲奴隸也是如此。自由的代價確實無比高昂。

十八世紀雖然巨變不斷，北美的變化又尤其激烈，可是，醫學發展和對死亡的了解似乎完全停擺。一八一二年，也就是《新英格蘭醫學期刊》（*New England Journal of Medicine*）創刊的那一年（當時叫《新英格蘭醫學與外科學期刊》），波士頓終於發行了年度死亡名冊[7]。波士頓當時才剛剛走出長期停滯，正緩步轉型為科學和知識中心。據拉爾夫．沃爾多．愛默生（Ralph Waldo Emerson）說：「從一七九〇到一八二〇年，麻州沒出過一本書，沒辦過一場演講，沒有討論，也沒有思想。」[8]兩百年前的波士頓只是小鎮，人口不過三萬三千二百五十人，它的崢嶸歲月還沒到來。

翻看波士頓一八一二年的種種死因，我又見到不少十七世紀早期的老面孔：「衰弱」、「體虛」、「縱慾」、「抽搐」等模模糊糊的「疾病」殺人無數，在總數九百四十二名的死者中，最常見的死因是「體衰」（二二一名），接著是夭折（五十七名）和死產（四十九名）。也有人死於雷擊、產褥、喝涼水、發瘋、蟲噬、壞疽或原因不明的「白腫」。死於「年老」的不到百分之三，死於癌症的大概只有百分之〇．五，可以想見當時大多數人根本活不到得癌症的歲數。就剛出生的嬰兒而言，男性的預期壽命只有二十八歲，女性只有二十五歲；如果能撐到五歲，預期壽命就能到四十二歲；但即使活到二十歲了，一個人的預期壽命也只有四十五歲，並沒有增加多少。死亡依舊猝不及防，也仍然充滿迷信。

將時間快轉一百年後，啟蒙之光總算透進了醫學，報告裡終於看不到語焉不詳的症狀。在一九一二年一月號的《新英格蘭醫學期刊》中（當時改名《波士頓醫學與外科期刊》〔*Boston Medical and Surgical Journal*〕），美國的死亡率降為每千人十四名，幾乎是一百年前的一半[9]。人們的死因不再是症狀，而是疾病──換句話說，死因是肺炎而非咳嗽，是傷寒而非瘟瀉，是結核而非王疾或體衰。癌症和「器質性心臟病」這些現代主要死因開始出現，不過數量並不多。在相關論文〈過去、現在與未來〉中，作者對前述「冒牙」、「縱慾」等紀錄大表驚異，不敢相信醫學三個世代之前「仍未脫離繈褓」。不過在這段話後面，作者的預測大膽得讓人坐立難安：「也許到了一九九三年，所有能預防的疾病都已根絕，癌症的性質和療法已經破解，優生學也代替演化擔起淘汰不適者的任務，我等後輩屆時翻閱吾等文章，心中生起的優越感恐怕更勝我輩。」

讀讀十七、十八世紀的人因何而死，我只覺得更加謙卑，談不上什麼優越感。不論在哪一個時代，要高高在上地挑剔前人錯誤並不難，可是要推測未來進展、從而看出當前的問題何在，就沒有那麼容易了。從幾千年前一直到十九世紀中葉，死亡總是披著厚重深沉的面紗，可是一八五〇年代之後不一樣了，隨著細菌感染知識的增長、公衛系統的建立，以及麻醉與疫苗技術的發展，死亡的神祕色彩逐漸淡去。在生活環境和營養條件快速改善之後，醫學終於成了一門科學，它澈底顛覆了人類的經驗，目前看來也不會走上回頭路。

✢ ✢ ✢

雖然傳染病的氣燄在二十世紀初期極為猖狂，但隨著醫療技術進步、抗生素和疫苗的研發，以及對公共衛生與疾病傳染關係的認識加深，傳染病的鋒芒大為頓挫。傳染病受到控制之後，改善最大的是兒童健康狀況，這項改變也大幅降低了童年期的死亡風險。人類預期壽命之所以能在上個世紀快速提高，這些方面的改進是主要原因。

儘管發展中國家裡罹患結核病、痢疾、痲疹和肺炎的人數仍相當可觀，但根據美國疾病負擔調查小組（US Burden of Disease Group）收集的資料，這些疾病在已開發國家造成的死亡已越來越少[10]。在美國，肺炎雖是致死率最高的傳染病，但在死因排名上只排到十一；致死率第二高的傳染病是愛滋病，在死因排名上也只排到二十四。而且從一九九〇年開始，死於愛滋病的人數已減少百分之六十四。隨著愛滋病治療與照護技術日益提升，愛滋病在死因排名的名次可望繼續下降。

現在，美國人大多不是死於傳染病、暴力或其他迅速致死的原因，而是被慢性疾病一點一滴磨蝕殆盡。慢性病不像閃電那樣一擊斃人性命，卻會在大限到來之前蠶食人的心智與身體。在美國，造成早死（premature death）的十大死因裡有八個是慢性病，分別是心臟病、中風、肺癌、大腸癌、慢性阻塞性肺病、糖尿病、肝硬化和阿茲海默症。令人扼腕的是，罹患這些疾病的人不減反增，從一九九〇年起，糖尿病患者增加六成，阿茲海默症患者更暴增三．九二倍。到二〇〇五年，美國成年人有半數罹患至少一種慢性病[11]，其中又有四分之一的人因病導致至少一項生活限制[12]。在二〇〇〇年出生的美國人裡，預估將有三分之一的人罹患糖尿病[13]。因此，世界各地的預期壽命雖已長足增加，我們與慢性病共存的失能歲月卻也逐漸拉長。

我們怎麼會陷入這場暗黑版的打地鼠遊戲？為什麼擊退某些疾病的結果，卻是一頭撞上其他健康問題[14]？當然，有些問題是因後天失調而起，例如飲食習慣不佳、吸菸、濫用藥物等等；有些疾病是隨新診斷標準而浮現，例如高血壓、高膽固醇、憂鬱症和某些精神疾病；也有一些疾病確實是前所未見的新挑戰，例如愛滋病。不過，大多數慢性病恐怕不是因為醫學未能阻擋死亡，反而是因為醫學防守得太成功，畢竟我們的弔詭是活得夠久，久到能得這些慢性病。

該怎麼理解這尷尬的新現象？我們或許可以從兩位美國總統的經歷看出端倪。一九二三年八月二日，沃倫．哈定（Warren Harding）死於舊金山皇宮酒店總統套房[15]，只在總統位子上坐了兩年。不少人認為哈定是美國史上最差的總統（當然，也有人覺得比他糟的多得是），因為他屢傳貪腐，緋聞不斷，而且飲酒無度。哈定扶搖直上的契機讓人啼笑皆非——他在路邊等著擦鞋，剛好被哈利．多赫蒂（Harry Daugherty）相中。多赫蒂是俄亥俄州共和黨大老，一眼就覺得哈定「有總統相」[16]，先是將他送進參議院，又一手為他鋪平往白宮的路。他們的經歷戲劇性十足，連HBO都把他們的故事拍成影集《海濱帝國》（*Boardwalk Empire*）。不過他們的下場都不好：多赫蒂任司法部長期間爭議不斷，最後終於自毀前程，因收賄及意圖詐欺美國政府而遭到起訴。至於被他一路扶上總統寶座的哈定，歷史公評也沒有手下留情[17]。

哈定也是美國史上最不健康的總統之一[18]。早在與世長辭之前很多年，哈定便已出現好幾個心臟病典型跡象：胸痛、呼吸短促以及腿部浮腫。可是哈定無視警訊，繼續抽菸、喝酒、暴飲暴食。最令人匪夷所思的是：他明明有一整個醫療團隊當後盾，卻偏偏對順勢治療師查爾斯．索耶

（Charles Sawyer）言聽計從（索耶則堅信哈定的問題出在蟹肉中毒，是蟹肉導致他產生這些症狀，害他英年早逝[19]）。當時的史丹福大學校長雷・李曼・威爾伯（Ray Lyman Wilbur）也是名醫，曾在哈定最後的一段日子參與照顧，哈定死時他也在場，他在回憶錄裡寫道：「總統身子突然一抖，連呻吟都來不及就死了[20]。」雖然官方公布的死因是中風，但哈定很可能是死於心臟停跳，原因可能是心臟病發或心律不整。由於哈定夫人採納索耶的建議拒絕驗屍，陰謀論也甚囂塵上，謠傳哈定是因外遇而遭妻子毒死。

哈定有名符其實的國家級醫療團隊，然而一旦病發仍群醫束手，他要是生在今日，應該沒那麼容易一命嗚呼。現在不但急救技術大為進步，治療方式推陳出新，連醫療院所都隨處可見。雖然心臟病仍是美國和世界上最常見的死因，心臟病發的致死率已大幅降低[21]。現在的總統只要一有胸痛，馬上會有人量血壓、做心臟掃描、檢查生命徵象、抽血送實驗室檢查，然後由醫師會商後續處理方法。在今天，收縮壓公認該控制在一二〇以下，而哈定的平均血壓是一八〇——不論從什麼標準來看，這都高得不像話。即使這些預防措施全部失敗，哈定也還是心臟病發，現在的心導管治療和手術依然能發揮作用。總之，今天只要心臟病發後能及時獲得治療，就能免於一死，如果哈定享有現在的醫療照顧，他八成能帶著顆衰竭的心臟活下去。而心臟衰竭，正是他的美國同胞目前最常見的入院原因。

醫學的演進改變了疾病的本質。把哈定的病情和另一個政治人物比較，這一點顯得更為清楚。前副總統迪克・錢尼（Dick Cheney）心臟病發了五次，現在還是活得好好的。他的病歷厚度在全國可能名列前茅，也是說明醫療照顧如何改寫生死定義的絕佳教材[22]。錢尼家族有早發性心臟病史，他第一次心臟病發作才三十七歲。在此之前，他已當了二十多年菸槍，每天都抽好幾包菸。雖然他心臟病發後總算戒菸，但為時已晚，醫生能幫他做的也不多了。一九八四年，他第二次心臟病發。一九八八年三度病發後，醫生為他動了冠狀動脈繞道手術，從他身體其他部位取出四條血管，另外搭建為心臟供應血液的通道——因為他原本的血管都堵住了。二〇〇〇年，錢尼四度心臟病發，這次他接受了心導管手術，讓醫師從手腕或鼠蹊部放進導管，直通心臟，置入兩個金屬支架撐開血管。

差不多也是在這段時間，錢尼歷盡滄桑的心臟終於師老兵疲，衰弱到無法滿足身體的需求。心臟筋疲力盡之後的最後一程是衰竭，無法順利唧出血液，也只能坐視血液在肺部、腹部和四肢淤積。心臟無能輸送血液到重要器官的結果，是造成暈眩、神智不清、低血壓、四肢冰冷和腎臟衰竭。而由於心臟無法緩和鬱血，連鎖反應也一一出現：肺部積血造成呼吸困難，腹部積血導致肚子膨脹及飽脹感，四肢積血則引發水腫。

心臟衰竭通常會以兩種方式奪人性命：一種是惡性心律不整，另一種是收縮力衰竭。惡性心律不整也叫心搏停止，往往是突然發作，導致心臟停跳。收縮力衰竭則是心臟逐漸失能的結果，可看作心臟衰竭的進一步惡化。為避免心律不整而死，錢尼在胸部裝上植入式心律去顫器（ICD，implantable cardiac defibrillator），透過輕微電擊防止惡性心律不整。這番防範真的派上用場：二〇〇九年，錢尼倒車出車庫時突然胸口一緊，發生心室顫動。如果錢尼沒裝ＩＣＤ，他當時恐怕難逃一死。這個小儀器充分發揮功能，儘管車子爆衝撞上車庫大門，它還是透過電擊控制住心律不整。只是，錢尼雖然沒因心律不整而死，心臟收縮力終究再也沒能恢復。於是，他裝上左心室輔助器（left ventricular assist device）這種持續幫助心臟唧出血液的植入式幫浦。一般人的心臟是自行規律收縮唧出血液，錢尼則是靠輔助器唧出血液。換句話說，在他裝上輔助器並等待換心的這段時間，他根本沒有脈搏。二〇一二年三月，在移植名單上等待兩年之後，錢尼終於在維吉尼亞州換上新心[23]。

錢尼幾乎享盡心血管醫療進展的一切成果，但代價是在加護病房待上好幾個月（其中幾週還離不開人工呼吸器），恢復正常生活又花了更多時間，但他畢竟活下來了。沃倫・哈定死得早、死得快，可能也死得並不痛苦；錢尼和很多美國人就不一樣了，他們得經年累月地和慢性病鏖戰。一百年前，心臟衰竭沒在任何一份死亡名冊上出現；而現在，美國九張死亡證明裡就有一張寫的是它。因心臟衰竭入院的病患每年高達一百萬名，人數比其他疾病都多[24]。

癌症，我們這個時代裡最有故事可說的疾病，同樣也因預防和治療的進展而坐收漁利。在一八一二年的波士頓，因癌症而死的人不到百分之〇・五，但現在，癌症已成為美國第二大死因[25]。拜癌症篩檢與治療方式進步之賜，現在更多人能在初期就獲得確診，並透過治療完全緩解。美國目前有一千一百萬人與癌症共存，人數仍在持續增加之中。值得一提的還有先天性心臟病。這是最常見的先天性疾病，曾經無異於宣判一個人死刑。可是相關治療方式的發展已改寫疾病進程，如今身患先天性心臟病但與它共存的成人人數（在美國約一百萬人），已經比患有這項疾病的病童人數還多[26]。

慢性病的攀升全然改變了死亡對人類的意義。對大多數人來說，死亡不再像野火驟然燎原，更像是文火漫長煎熬。事實上，與這項變化交鋒過的醫生也感慨地說：死前風燭殘年的日子根本是

「前死亡階段」（pre-death）[27]。在一九一七年《刺胳針》（*Lancet*）的一篇文章裡，作者群直率地寫道：「很多歲數大的人像是進入『前死亡階段』，他們的壽命超過身體的活力，也超過大腦的智慧。達爾文後的世紀出現了全新的生物學現象：不適者生存。」

✛ ✛ ✛

一八七五年二月廿一日，香恩・露薏絲・卡蒙（Jeanne Louise Calment）在法國小鎮阿爾（Arles）哇哇墜地[28]，當時艾菲爾（Alexander Graham Bell）還沒開始建他著名的鐵塔，貝爾（Alexander Graham Bell）還沒發明電話，人類也還沒發現細胞是怎麼生成的。香恩賣彩色鉛筆給梵谷（Van Gogh）時才十三歲，與二堂兄成婚時廿一歲，此後專心理家，日子也過得還算愜意。但隨著年紀漸長，身邊的人也一個個離她而去。香恩五十九歲時，獨女依芳（Yvonne）因肺炎病逝；六十九歲時，丈夫去世（原因可能是吃到與壞櫻桃同煮的魚）；八十八歲時，連唯一的孫子都在交通事故中喪命。雖然香恩繼續抽菸、吃巧克力、大啖用橄欖油做的油膩食物、騎腳踏車，生命還是看不到盡頭。一九八八年，她成為全世界最年長的人。接下來九年又七個月，她一直穩坐全球最老人瑞的寶座，先是成為全世界第一位一一五歲的人瑞，後來又創下一二〇歲的紀錄。一九九七年八月四日，她終於走完了漫長的人生路。到目前為止，她仍是有紀錄可徵的最年長人瑞。

歷史上不乏頑抗死神的男男女女，最有名的例子也許是挪亞的祖父：瑪土撒拉。他最近還出現在戴倫・艾洛諾夫斯基（Darren Aronofsky）的電影《挪亞方舟》裡，由安東尼・霍普金斯（Anthony Hopkins）飾演。瑪土撒拉據說活了九六九歲，成了長壽的代名詞，他的死也讓上帝毫無懸念地降下大洪水[29]。

最近，不但死亡的原因和過程不同以往，連死亡何時到來都起了變化，而且可能變化最大。在人類大約八千個世代的歷史裡，過去四個世代壽命大幅延長，而且不論和哪一種生物比較，這樣的增幅都史無前例[30]。人類壽命增加主要是從一九〇〇年開始的，驚人的是：不但實驗室外的生物從未發生這種跳躍性成長，連在人為控制的實驗裡，都沒有任何細胞或生物達成這項成就。在過去約莫一百二十五年裡，人類的演化速度突飛猛進，我們超越漁獵時代的老祖宗們多少呢？這樣說吧：漁獵時代一名卅二歲獵人的死亡機率，就跟現代日本七十二歲的老人一樣。事實上，我們老祖宗的壽命更接近黑猩猩，而不是我們這些子孫。在我繼續講下去之前，請先稍稍思考這一點。

古往今來，人類壽命一直相當穩定。「人」（*Homo*）這個類屬大約兩百萬年前出現，智人（*Homo sapiens*）則是到二十萬年前才在非洲現蹤[31]。接下來十九萬年左右，人類組成小團體和部落共度漁獵採集生活，學會農耕和畜牧技術則是更後來的事。農業社會雖然孕育出文明，人類健康的改進卻十分有限。當時的生活比現在刺激得多，但也充滿不確定性。能平安活過童年期的人很少，但即使是這些少數幸運兒，人生路上仍然充滿不測風雲，無論你是十多歲的少年或五十來歲的成人，每一天的死亡風險都差不多。生產是人所面對最危險的事之一，因此女性的死亡率也遠遠高於男性[32]。

然而，儘管生命旅途艱險處處，人類壽命還是緩慢增加[33]：公元前五千年到一千年，猶大列王的平均年齡才五十多歲；公元前四五〇年到一五〇年，希臘詩人和哲學家的平均壽命到了六十多歲[34]。但持平而論，這個變化應該是統計機率使然，未必表示人為努力起了作用。

公元一八〇〇年左右，全球人類平均壽命約二十八、九歲[35]。雖然看起來不過爾爾，但與一萬年前的農業社會已略有不同——那時的平均壽命才二十到廿五歲。在此之前，每一年的人類平均壽命變化很大，人口曲線像地震時的震波圖一樣起伏劇烈。不論對個人或整體人口來說，死亡都純屬隨機。壽命長短和收入多少完全沒有關連，富人的預期壽命並不比窮人長，富國的平均壽命也不比窮國高。

可是從一八〇〇年起，平均預期壽命史無前例地開始穩定成長，每年增加三個月左右[36]。雖然所有國家都出現這種現象，但有些國家表現得特別好，日本和北歐國家就是如此。從大約一八四〇年開始，一點一滴的轉變終於匯為直線上沖，不但平均壽命增加，最長壽命也一再突破紀錄[37]。如果平均壽命以這種速度持續下去，幾十年後，人口結構將從傳統的金字塔形變為長方形，而青年多、老年少的底寬頂尖結構也將走入歷史。

我們究竟是怎麼做到的？預期壽命增加的最大功臣，是兒童死亡數大幅減低。在公共衛生層次上，諸如生產過程消毒、衛生要求增加、公衛環境與營養攝取改善，以及母親教育程度與健康提升等等，都有助於降低兒童死亡率。另一方面，隨著抗生素和疫苗問世，已開發國家也漸次消除傳染病威脅，從最根本的日常生活中維護兒童健康。預期壽命增加的第二個原因，是中年人的罹病率和死亡率獲得控制，尤其是大幅減少心血管問題和暴力所造成的死亡。降低兒童和中年人死亡率的影響極為可觀，影響有多大呢？如果我們完全不計五十歲以下的死亡人數（在美國，約占死亡人口的百分之十二），平均預期壽命只會增加三．五年而已[38]。

要到一九七〇年代之後，我們才顯著減少更年長的人的罹病與死亡風險，從而讓最長壽命增長率迅速提高。和前幾十年相比，一九六九年後的最長壽命增長率幾乎暴增三倍[39]。於是，生物學家、人口學家和生態統計學家開始熱烈討論一個問題：我們可不可能讓預期壽命繼續維持幾何成長？更重要的是：人體也有海弗利克限度嗎？

有些科學家認為：從人類壽命持續增長來看，人類壽命沒有上限已殆無疑義。不過，主張人類壽命有上限的科學家還是較多，其中也包括雷納德．海弗利克本人。他說：「老化過程是所有分子（及大多數原子）的共通特性，橫加干預老化過程可能破壞基本物理法則。[40]」此外，科學界很多人開始相信：我們可能正邁入延長生命的高原期。據推測，即使能將心臟病、癌症、糖尿病等問題全部除去，平均預期壽命還是不會超過九十歲[41]。因此很多科學家認為：人類若能完全沒有疾病，平均壽命是八十五歲[42]。照數學模型推估，人所能達到的最長壽命是一百二十六歲[43]。

過去認為人的壽限是一百二十歲，香恩．卡蒙不但打破了這個限制，還幾乎達成科學家在她死後才算出的新壽限，現在也還有很多人正挑戰這條新邊界。人瑞是全球成長最快速的年齡組，據聯合國估計：在二〇一〇年，全世界的人瑞約三十萬名；到二〇五〇年，這個數字預估將增加十倍[44]。有趣的是，人類現在之所以能延長壽命，完全是因為外部因素日益好轉，例如環境衛生改善、疾病控制能力提升等等。這就好像我們仔細淨化了細胞生長的培養皿，卻沒有真正改變細胞本身。換句話說，雖然在短短一百五十年間，人類預期壽命從四十歲延長到八十歲，整整增加了一倍，可是遺傳因素的影響微乎其微，生命展延的功勞泰半不歸基因[45]。

對我們這個物種來說，全球長者倍增是相對新穎的經驗，這個現象也引起一些相當有趣的演化課題。在人類歷史上很長的一段時間裡，大多數女性並沒有活到停經之後。從演化生物學的角度來看，停經應該是很嚴重的缺陷，畢竟，無能生殖又無助於繁衍物種的生物，到底有什麼用呢？科學界一度認為只有人類會存活到停經之後，但我們現在已經知道這是錯的[46]。虎鯨、秀麗隱桿線蟲和峇里島八哥，都和生育曲線呈鐘形的人類女性一樣，會一直活到生育期結束之後[47]。

不過人類畢竟不同，拜人類壽命大幅增長和生產死亡率銳減之賜，人類女性在停經後還會活上好一段時日。此外，女性一直比她們耀武揚威的男性同胞活得更久，而且年齡越長，男女存活率的差距也越大。事實上，在一百一十歲以上的超級人瑞裡，女性占壓倒性多數——女性有卅五位，男性只有區區一位[48]。

雖然有人認為女性存活到停經之後是演化的異常現象，可是演化生物學家已經發現：人類壽命延長其實和停經後的女性息息相關。我們之所以能長壽，很可能該歸功於家中阿嬤。怎麼說呢？在漁獵採集社會和更晚近的社會裡，祖母能協助年輕媽媽採集資源給新生兒，分擔她們的養育責任，讓她們能放下後顧之憂，更安心地繼續生更多孩子。事實上，科學家已透過數學模擬演算驗證了「祖母假說」。這個假說於一九六六年提出[49]，咸信是人類壽命增長的主因之一。拜祖母之賜，我們的壽命不但遠遠超越人猿，還不斷增加到現在的長度[50]。進一步的研究也顯示：虎鯨祖母協助養育孫輩也延長了該物種的壽命，這種哺乳動物的平均壽命已與人類不相上下[51]。

一再將死亡拒於門外不僅讓老年階段不斷延長，也深深影響人生另一端的童年期發展。人口學家已經確認：父母早逝的孩童人數已經減少[52]。由於人類曾經一輩子都面臨高死亡風險，孤兒院是人類歷史必然出現的救濟機制，不只存在於狄更斯筆下的英格蘭而已。生物學家一向好奇：人類的童年期為什麼特別長？人類孩童不成熟、需要依賴成人的階段，為什麼比其他物種都要來得久？從斷奶到生育下一代，人類得花十四年以上的時間。相較之下，與我們在演化上關係最近的黑猩猩，差不多只要八年就能成熟。

科學家提出的初步假設是：由於人類大腦較大，謀生方式（如打獵）也更為複雜，為了把謀生本事學好，所以進入成熟期需要更長時間。可是，人類學家的調查結果十分令人意外。他們尋找世界各地仍以漁獵採集為生的部落，仔細觀察他們的狩獵和採集行為，結果發現：不論是澳洲旁邊梅島（Mer）上的部落[53]，或是坦尚尼亞的哈茲達族（Hazda）[54]，他們孩童的採集能力其實都和成人相去不遠。即使孩童有時表現得略遜於成人，但那主要是因為他們個子較小、力氣較弱，並不是他們技巧不如大人。另一方面，我們也無法確定技巧好壞和練習多少是否有關。因為有些哈茲達兒童明明不常練習，卻表現得十分老練。這也顯示童年期拉長和熟悉謀生本領並沒有關係。

因此，關於人類兒童依賴期為何較長的問題，目前的主流看法是：這可能與人類壽命變長不無關係。對於不同物種的研究顯示：壽命長短和受孕年齡大小有關。母親懷第一個孩子時年紀越大，後代的生命就越長，而且這種現象不只在人類社會觀察得到，其他物種也是如此。社會學家認為，從「繼承—資產」的角度來解讀這個現象確實講得通：父母既以更長的時間累積技術和資產，當然更能為孩子提供良好生活品質。不過，也有人從沒那麼利他的角度解釋人類童年期何以更長：成人之所以不讓孩童儘早成年以分擔勞務，是為了減少競爭，好讓自己能充分發揮演化優勢。換句話說：老祖母們之所以把孫輩照顧得無微不至，不讓他們盡快獨立自主，並不是為孩子好，而是為了保持自己的地位。

雖然科學家們對應否試圖延長壽命仍各執一詞，很多人也以為隨著社經條件的發展，現在活到七、八十歲已是理所當然，然而並不是每個人的生命都獲得延長。即使在美國，由於現代科學成果和醫療照顧的分配嚴重不均，各地平均預期壽命的落差還是十分懸殊。與經濟合作暨發展組織（OECD，Organization for Economic Cooperation and Development）裡的其他國家相比，美國不但平均預期壽命偏低，而且與其他國家的差距還在擴大。美國女性平均壽命比智利和斯洛維尼亞的女性都短，但後兩個國家不但人均健康費用低於美國，人均收入也比美國低[55]。更耐人尋味的是，美國平均壽命偏低，顯然不是因為缺乏醫療資源：從人口來說，匹茲堡只算是美國第六十一大都市，可是匹茲堡的磁振造影儀數量比全加拿大加起來還多[56]——儘管如此，美國人的平均壽命還是比加拿大人短，而且不分男女都一樣。

在美國，有些城鎮的預期壽命比日本和瑞士還長，但另一些城鎮幾乎與第三世界無異，情況跟阿爾及利亞和孟加拉差不多。舉例來說，維吉尼亞州費爾法克斯（Fairfax）和西維吉尼亞州麥克道威（McDowell）僅隔三百哩，但前者是全美男性平均壽命最長的城市（八十二歲），後者則恰恰敬陪末座

（六十四歲）。從社經角度切入或可看出端倪：費爾法克斯的家庭收入中位數是一〇九三八三元[57]，麥克道威則是二三九七二元[58]。種族與平均壽命的相關性也很大：二〇一〇年，非裔美人的平均壽命比美國白人少三．八年。雖然和一九七〇年相差的七．六年相比，情況確實有所改善，但這種差距還是令人搖頭[59]。此外，雖然收入和種族向來關係極深，哪個因素對平均壽命影響更大也有待討論，但值得注意的是：麥克道威的居民高達八成九是白人，費爾法克斯的白人居民只占五成三。

若能稍加探究這些影響健康照顧的社經差距，可以發現一個驚人的事實：它們都是現代社會的產物。對於各國預期壽命的研究起於十九世紀初，根據這些紀錄：在十九世紀時，一個人活得是長是短，跟他們藏在金庫裡的銀兩多少關係不大[60]。事實上，這種落差是到二十世紀才浮現的，而且差距越來越大，不僅富國和窮國之間是如此，各國國內也是如此，就像剛剛舉的美國的例子一樣。

因此，死亡在現代的最大特色就是不平等。布羅克頓這個赤貧小鎮雖與波士頓只有短短一個半小時車程，但很多居民的死法還是相當老派。他們來醫院前沒有病歷、沒有檢查、甚至沒吃過藥，離去時躺在擔架上，白布蓋上雙眼。死亡到了現代已改頭換面，既受社會變動和經濟變遷影響，也因醫學進展而改變。

也許，我們從顯微鏡觀察死亡所引發的思索，就和我們分析死亡名冊而觸動的反思一樣重要。對我來說，研究細胞的意義絕不止於開發新標靶藥物或抗老仙丹。了解並深思細胞的死亡機制，其實相當有助於提升社會意識。細胞死亡絕不是孤立事件，它的死一定通盤牽涉手足同胞。細胞也很少自行決定赴死，一股更大的、與整個有機體相連的力量會代它判斷，在它繼續存活可能有害自己或左鄰右舍時，這股力量會通知它時辰已到。細胞，其實比我們人類更懂賴著不走有失禮數。人類渴望長生不死，但對細胞來說，長生不死才是最可怕的詛咒。

抗死延生的戰爭正進行得如火如荼，但這場拉鋸戰的後果卻很少有人深思。在現代社會裡，死亡最為人知的面向不是原因何在，也不是何時到來，而是我們會在何處與它短兵相接。今天，大多數人死時聞著消毒水的味道，穿著鬆垮的病人服，聽著醫護人員吐出長串縮語，伴著嗶嗶作響的機器警示聲。在人類歷史上，我們從未像過去幾十年這樣，讓死亡離家如此遙遠。

註釋

1 Clark A, ed. Aubrey's Life of John Graunt (1620–1674). Oxford at the Clarendon Press; 1898.

2 Jones HW. John Graunt and His Bills of Mortality. *Bull Med Libr Assoc.* 1945; 33(1):3–4.

3 譯註：死亡名冊（*Bills of Mortality*）原由倫敦各教堂自行編印，每週發行一次，主要目的是掌握疫情。一六一一年起由堂區教士禮拜會（Worshipful Company of Parish Clerks）統籌印行。（goo.gl/scWwP9）。

4 Smith R, lecturer. John Graunt, the law of natural decline and the origins of urban historical demography. Part of conference: Mortality Past and Present: John Graunt's Bills of Mortality—Part One. Barnard's Inn Hall, London. November 29, 2012.

5 Robine JM, Allard M. The oldest human. *Science.* 1998;279(5358):1834–35.

6 King JA, Ubelaker DH, eds. *Living and Dying on the 17th Century Patuxent Frontier.* Crownsville, MD: The Maryland Historical Trust Press. www.jefpat.org /Documents/King, Julia A. & Douglas H. Ubelaker-Living and Dying on the 17th Century Patuxent Frontier.pdf.

7 Abstract of the Bill of Mortality for the Town of Boston. *N Engl J Med Surg.* 1812:1:320–21.

8 Howe HF. Boston and New England in 1812. *N Engl J Med.* 1962;266:20–22.

9 Death-rates for 1911 in the United States and its large cities. *The Boston Medical and Surgical Journal* 1912;CLXVI(2):63–64.

10 The state of US health, 1990–2010: burden of diseases, injuries, and risk factors. *JAMA.* 2013;310(6):591–608.

11 Hsiang-Ching Kung DLH, Xu J, and Murphy SL. *Deaths: Final Data for 2005.* National Vital Statistics Report. Centers for Disease Control and Prevention; 2008.

12 Bodenheimer T, Chen E, Bennett HD. Confronting the growing burden of chronic disease: can the U.S. health care workforce do the job? *Health Aff* (Millwood). 2009;28(1):64–74.

13 Narayan KM, Boyle JP, Thompson TJ, Sorensen SW, Williamson DF. Lifetime risk for diabetes mellitus in the United States. *JAMA.* 2003;290(14):1884–90.

14 Jones DS, Podolsky SH, Greene JA. The burden of disease and the changing task of medicine *N Engl J Med.* 2012;366(25):2333–38.

15 Ziv S. President Harding's mysterious S.F. death. *San Francisco Chronicle.* December 9, 2012.

16 Gladwell M. Blink: The Power of Thinking Without Thinking. Back Bay Books; 2007:72–75.
17 Stewart J. America (The Book): A Citizen's Guide to Democracy Inaction. Grand Central Publishing; 2004.
18 Voo J. America's 10 unhealthiest presidents. *Fitness Magazine.* January 2009.
19 Taylor M. A mystery of presidential proportions; new book analyzes Warren G. Harding's death in S.F. *San Francisco Chronicle.* August 1, 1998.
20 Wilbur RL, ed. *The Memoirs of Ray Lyman Wilbur 1875–1949.* Stanford, CA: Stanford University Press; 1960.
21 Ford ES, Ajani UA, Croft JB, Critchley JA, Labarthe DR, Kottke TE, et al. Explaining the decrease in U.S. deaths from coronary disease, 1980–2000. *N Engl J Med.* 2007;356(23):2388–98.
22 Rago J. The story of Dick Cheney's heart. *Wall Street Journal.* July 11, 2011.
23 Shane S. For Cheney, 71, new heart ends 20-month wait. *New York Times.* March 24, 2012.
24 Go AS, Mozaffarian D, Roger VL, Benjamin EJ, Berry JD, Blaha MJ, et al. Executive summary: heart disease and stroke statistics—2014 update: a report from the American Heart Association. *Circulation.* 2014;129(3):399–410.
25 National Cancer Institute, National Center for Health Statistics, Centers for Disease Control and Prevention. *SEER Cancer Statistics Review 1975–2005.* 2008.
26 Marelli AJ, Mackie AS, Ionescu-Ittu R, Rahme E, Pilote L. Congenital heart dis- ease in the general population: changing prevalence and age distribution. *Circulation.* 2007;115(2):163–72.
27 Isaacs B, Gunn J, McKechan A, McMillan I, Neville Y. The concept of pre-death. *Lancet.* 1971;1(7709):1115–18.
28 Whitney CR. Jeanne Calment, world's elder, dies at 122. *New York Times.* August 5, 1997.
29 Genesis 5:27.
30 Burger O, Baudisch A, Vaupel JW. Human mortality improvement in evolutionary context. *Proc Natl Acad Sci U S A.* 2012; 109(44):18210–14.
31 Ruse M, ed. *Evolution: The First Four Billion Years.* The Belknap Press of Harvard University Press; 2009.
32 Schwartz L. 17th-century childbirth: "exquisite torment and infinite grace." *Lancet.* 2011;377(9776):1486–87.
33 Gurven M, Kaplan, H. Longevity among hunter-gatherers: a cross-cultural examination. *Population and Development*

Review. 2007;33(2):321–65.
34 Griffin JP. Changing life expectancy throughout history. *J R Soc Med.* 2008; 101(12):577.
35 Riley JC. Low Income, Social Growth, and Good Health. University of California Press; 2007.
36 Oeppen J, Vaupel JW. Demography. Broken limits to life expectancy. *Science.* 2002;296(5570):1029–31.
37 Wilmoth JR, Deegan LJ, Lundstrom H, Horiuchi S. Increase of maximum life- span in Sweden, 1861–1999. *Science.* 2000;289(5488):2366–68.
38 Olshansky SJ, Carnes BA, Cassel C. In search of Methuselah: estimating the upper limits to human longevity. *Science.* 1990;250(4981):634–40.
39 Wilmoth et al., Increase.
40 Hayflick L. "Anti-aging" is an oxymoron. *J Gerontol A Biol Sci Med Sci.* 2004; 59(6):B573–78.
41 Olshansky et al., In search of Methuselah.
42 Hutchison ED. Dimensions of Human Behavior: The Changing Life Course. 4th ed. Sage Publications; 2010.
43 Weon BM, Je JH. Theoretical estimation of maximum human lifespan. *Biogerontology.* 2009;10(1):65–71.
44 *Ageing in the Twenty-First Century: A Celebration and a Challenge.* United Nations Population Fund (UNFPA), New York and HelpAge International, London; 2012.
45 Burger et al., Human mortality improvement.
46 Cohen AA. Female post-reproductive lifespan: a general mammalian trait. *Biol Rev Camb Philos Soc.* 2004;79(4):733–50.
47 Jones OR, Scheuerlein A, Salguero-Gomez R, Camarda CG, Schaible R, Casper BB, et al. Diversity of ageing across the tree of life. *Nature.* 2014;505(7482): 169–73.
48 Validated Living Supercentenarians Super Centenarian Research Foundation: Gerontology Research Group; 2014. supercentenarian-research-foundation.org /TableE.aspx.
49 Hamilton WD. The moulding of senescence by natural selection. *J Theor Biol.* 1966;12(1):12–45.
50 Kim PS, Coxworth JE, Hawkes K. Increased longevity evolves from grandmothering. *Proc Biol Sci.* 2012;279(1749):4880–84.
51 Johnstone RA, Cant MA. The evolution of menopause in cetaceans and humans: the role of demography. *Proc Biol Sci.*

2010;277(1701):3765–71.
52 Outhwaite RB. Population change, family structure and the good of counting. *The Historical Journal*. 1979;22(1):229–37.
53 Bird DW, Bird BB. Children on the reef. *Human Nature*. 2002;13(2):269–97.
54 Jones BJ, Marlowe FW. Selection for delayed maturity. *Human Nature*. 2002; 13(2):199–238.
55 Institute for Health Metrics and Evaluation. The State of US Health: Innova- tions, Insights, and Recommendations from the Global Burden of Disease Study. Seattle, WA: Institute for Health Metrics and Evaluation, University of Washington; 2013.
56 Whelan D. Cranking up the volume. *Forbes*. February 8, 2008. www.forbes.com /forbes/2008/0225/032.html.
57 United States Census Bureau. Fairfax County, Virginia. quickfacts.census.gov /qfd/states/51/51059.html. 2013.
58 United States Census Bureau. McDowell County, West Virginia. quickfacts .census.gov/qfd/states/54/54047.html. 2013.
59 Kochanek KD, Arias E, Anderson RN. How Did Cause of Death Contribute to Racial Differences in Life Expectancy in the United States in 2010? NCHS data brief, no. 125. Hyattsville, MD: National Center for Health Statistics; 2013.
60 Riley, *Low Income*.

CHAPTER 3

死亡今何在
Where Death Lives Now

瑪莎跟牧師說她這輩子活夠了。活到這把歲數，雖然經歷過苦日子，但好日子也過了不少，尤其令人欣慰的是五個孩子都已成家立業。瑪莎跟很多女人一樣守寡多年，但她並未因此停止享受人生。她得過大腸癌，也中風過一次，病歷厚得嚇人，你講得出的慢性病她幾乎都有：慢性腎臟衰竭、週邊血管疾病、糖尿病、高血壓、冠狀動脈疾病，以及嚴重心臟衰竭。但她是個堅強的人，從不因這些問題放慢腳步——至少直到現在都是如此。

她身上的皮疹已經出現好幾個月了，原本以為不是什麼大問題，沒想到越長越多，不但沿著脖子長了一圈，領口和褲頭附近的皮膚也長個沒完。她先去看家庭醫生，醫生認為是濕疹，應該並無大礙，只是一般皮膚病而已，便開了類固醇藥膏請她回去擦。瑪莎擦了幾個月，結果不但不見好，疹子還越出越多，蔓延到胸部、腹部都是，晚上也癢得睡不著覺。雖然類固醇藥膏對大多數皮疹療效都不錯，可是對瑪莎顯然一點用也沒有。於是她改看皮膚科，醫生這次認為疹子是對她膽固醇藥物的反應，建議她立刻停藥。瑪莎遵照醫囑停了藥，可是疹子還是繼續長，甚至長到臉上。她又回去看皮膚科，醫生發現疹子不減反增，開始覺得不對勁了，先是取了皮膚切片檢驗，又開了一週份的抗生素給她，以防感染。疹子則快馬加鞭攻城掠地，長滿瑪莎全身，連手臂和大腿都未能倖免。

瑪莎的兒子來家裡看她時，抗生素療程已經開始。沒想到他才進門，就看到瑪莎倒在地上。瑪莎說她本來坐在椅子上，一個沒注意就跌下了地，可是身體太虛，爬不回去。她兒子馬上找救護車來，救護車又把她送到家庭醫生的診間。醫生這次一看便知情況不對，立刻為她照心電圖，結果發現她是心臟病發。

急診室確認瑪莎心臟病發之後，馬上將她轉往心臟病房。我們正商量該怎麼治她的心臟病（用藥好呢？還是用侵入性心導管治療？），皮膚科的人也到了，這皮疹太怪也太猛，他們需要找出真正的原因。最後答案揭曉：瑪莎罹患的是一種相當罕見的血癌。

我們立刻著手治療。可是，她入院之後又冒出更多新問題，讓病情更趨複雜。有天晚上我剛下班回家，實習醫生就打來報告她的情況。瑪莎原本是病房裡最健談的病人，突然之間她不說話了。那位實習醫生為她安排斷層掃描，竟然發現她大範圍中風。我一早回到醫院和夜班交接，越聽瑪莎的病情心越沉，彷彿腳下的地板一點一滴瓦解。瑪莎進了神經外科加護病房幾天，回到心臟科病房時，她的部分功能是恢復了，可是她的活力也全都沒了。

和病患家屬討論也是治療的重要環節。瑪莎五個孩子都到了，穿著鮮黃色的探病衣，身邊也都有另一半陪著。我們最關心的問題是：應該讓瑪莎接受侵入性多高的治療呢？是該盡可能用上各種方法（如心導管手術），還是把主要目標放在減輕症狀？至於瑪莎自己，雖然我們一起談過很多次，但她從頭到尾只想知道一件事：「醫生，我什麼時候可以回家？」

當然，我沒有預知能力。我可以設法推測她心臟裡哪條血管阻塞、為什麼她肺部積水，或是為什麼她虛弱到跌倒了站不起來。我很願意和她敞開來談她的病情，但有件事我心裡清楚卻不忍出口：登上救護車時她已走上一條單程路，回家的希望不大了。

無論是作家、詩人或哲學家，很多時候都認為生命與死亡相互呼應，出生與臨終恰成對比。生與死不但為藝術提供了豐富的靈感，也是歷史研究裡常見的主題。在人類於洞穴裡產下後代時，他們也在洞穴裡走完人生路。從我們築屋定居之後，家除了擋風遮雨之外，最基本的功能似乎就是迎生送死。在古希臘，生了男孩要在門上掛橄欖花環，生了女孩則是在門上掛毛線。幾百年來，家是迎接新生命之處，也是人生裡最後一站。到二十世紀為止，大多數人都是在家中來到人間。

除非驟然而亡或暴力致死，大多數人原本也是在家中去世。翻翻歷史文獻，壽終正寢的紀錄隨處可見，古代人似乎個個都在家裡嚥下最後一口氣。在《面對死亡的人》（*Western Attitudes toward Death*）裡，菲利普·阿里耶斯（Philippe Ariès）寫道：臨終病榻的場景「是垂死的人自己安排的，他們是這一幕的主角，也很清楚此時此刻的規矩」，送終是「公開儀式……（在這場儀式裡，）父母、朋友和鄰居都必須在場」[1]。雖然這幅華麗的死亡場景深植人心，不論在現代文學或流行文化裡都還常常現蹤，但事實上，它在現代社會裡幾乎成了幻想。要論死亡地點，如今死於家中已是異數，安逝於自己的臥榻更是難得的福份。

其實直到一九二〇年代，大多數人還是在家中過世。在一九一二年的波士頓，雖然醫院比美國其他地方都多（直到現在也仍是如此），但約三分之二的居民是在家中去世的[2]。其他國家的情況也差不多，例如一九一二年的澳洲，全國大約五成六的人是在家裡離世[3]。不過，隨著醫療技術進步、醫療產業膨脹、平均壽命提高以及病患差異擴大，死亡地點逐漸從家中轉為醫院。到一九五〇年代，死於醫院的人已成多數，而且在醫院過世的機率隨年齡增高[4]。到一九七〇年代中期，死於醫院和家中的人數完全逆轉，在醫院過世的病患高達三分之二[5]。一項對於俄亥俄州凱霍加郡（Cuyahoga County）癌症病患去世地點的分析顯示：從一九五七到一九七四年，癌症病患死於家中的人數進一步減少，從一九五七到一九五九年的三成，降至一九七二到一九七四年的一成五[6]。

這段時間以來，不但在醫院過世的人變多，一個人去世前進醫院的次數也變多[7]。在一九六九年，大約只有百分之一的人在人生最後幾年入過院，到一九八七年，這個數字攀升到百分之五十。現在，五個病人裡只有一個能在家中過世，但不算太久以前，五個病人還都能在家中去世。這股風潮和生產地點的改變互相呼應：一九三〇年，在家生產的女性高達八成——一九九〇年只剩大約百分之一[8]。

對於醫院成為大多數人死亡地點的現象，很多評論者不以為然。在《醫療剋星：徵收健康》（*Medical Nemesis: The Expropriation of Health*）裡，社會評論家伊凡．伊利奇（Ivan Illich）寫道：「透過醫療體系，社會決定了一個人該什麼時候死，死時又該失去多少尊嚴、承受多少傷害[9]。」一九七二年，也有一位醫師投書《英國醫學期刊》（*British Medical Journal*），轉述某位臨終病人照顧者的話說：「我們希望他安詳去世，不要死在醫院[10]。」

雖然一開始是醫院將病人帶離家園，近來護理之家似乎也急起直追，越來越多病人在那裡走完最後一程。在分析凱霍加郡居民死亡地點的同一份研究裡，死於護理之家的人口比例幾乎暴增三倍，從百分之七增加到百分之二十，死於醫院的人口比率則保持穩定。據科學家推估，到二〇二〇年時，美國人約有四成會隻身死於護理之家[11]。不過，護理之家就跟它的前身老人病院一樣，公共形象不算太好。一九六〇年時，有位醫生說護理之家「光看就讓人退避三舍」，而且「大病房裡床位排得又多又密，跟旁邊一片死寂的墓園相似得詭異[12]」。

死亡「醫院化」（hospitalization）不是美國獨有的現象，大多數工業化經濟體都是如此。事實上，綜合其他過度醫療的標準來看，美國還不算情況最嚴重的國家。在家過世的人越來越少的趨勢，已被世界衛生組織和聯合國列為重要問題。在一份比較四十五國國民去世地點的分析裡，日本人在醫院去世的比例高達百分之七十八，高居全球第一；中國則位列倒數第二，只有百分之十九的國民在醫院去世，其他人是在家中過世[13]。國民在護理之家去世比例最高的是挪威，百分之四十四。值得注意的是，挪威的情況在某方面和美國很像：年紀越大，在護理之家辭世的機率越高。依照這篇分析，整體而言，全世界有三分之二的人在醫療照護機構中過世，在六十五歲以上的人裡，能在家辭世的比例大約五人中只有一人。

在美國，五個人裡也是只有一個人能在家離世。不過和英國比較之後，可以看出一些有趣的差異。在足以反映全英格蘭情況的倫敦，病患年紀越大，就越有可能在醫院去世。然而同樣是大都會，紐約就不一樣：紐約年老的病患多半在護理之家過世，八十歲以上的患者尤其如此[14]。以目前觀察到的比例推估，到二〇三〇年時，英國十個人裡只有一人能在家中過世[15]。

那麼，決定一個人在家中、護理之家或醫院過世的，又是什麼因素呢？這個問題不太好回答，因為結果是多重因素交互影響之後產生的。病患的個人因素、支持系統、經濟與健康照顧環境，乃至導致他們死亡的疾病有何特點，就像是交相傾軋的地球板塊，彼此交疊、擠壓、撞擊，在競合中拚命取得優勢。因此，即使病患本身希望在家中去世，大限到來時能否如願，還是得看這份心願是否能牽動任何一個板塊。

✢ ✢ ✢

儘管死亡機構化的辯論進行得如火如荼，相關討論卻看不到病人和他們的觀點，這好像已經成了醫界常態。對病人的調查顯示：不論在美國或世界其他地方，絕大多數的病患都希望能在家過世[16]。有份全面性研究綜合分析了十八份報告，結果發現：除了其中一份之外，其他調查裡的受訪者大多希望能在家中過世。雖然接受調查者有的是一般大眾、有的是癌症末期病患，但結果相當一致。唯一一份多數受訪者未以家為首選離世之地的調查，是在倫敦做的——那裡的病患更傾向選擇由醫院主持的安寧療護機構。

有個現象挺耐人尋味：病人似乎年紀越大、越接近死亡，在家過世的渴望也越低。雖然在上述情況下，在家去世仍是多數人的心願，但隨著照顧需求增加，還是會讓病患重新考慮該在哪裡走向人生終點。在死亡的腳步接近時，有些病人甚至連接受居家照顧的意願都降低，只不過他們重新選擇的仍舊不是醫院，而是安寧療護機構。有些調查會請病人預想：當大限將至時，自己是否會選擇在醫院去世呢？結果有意在醫院走完最後一程的不到三分之一。

這樣看來，似乎大多數病人都希望在家中離世。但遺憾的是，有機會在家過世的病人其實是少數。即使是那些有幸在家辭世的病人，往往也是去世前幾天才離開醫院。新罕布夏州（New Hampshire）有份調查顯示：在家離世的病人中，有高達三分之一的人過世前才出院七天，甚至不到七天[17]。

死亡高度機構化的問題是多面向的，但其中只有少數和醫學、健康或疾病本身有關。造成這種趨勢的成因複雜，涵蓋經濟、社會、人口、環境、心理及地理等諸多層面——只要涉及死亡，問題絕不單純。

死於何處也與病患的疾病性質和失能部位有關[18]。耐人尋味的是，癌症病患比罹患心臟病或呼吸系統疾病的病患更可能在家過世。有份研究顯示：心臟病或中風的病患在醫院去世的機會，竟然是癌症病患的兩倍[19]。這應該是因為醫生較能評估癌症的預後和嚴重性，對肺癌、乳癌或前列腺癌這些很普遍的癌症尤其如此，畢竟它們的進程多少是可預測的。一般說來，體積小又尚未轉移到週邊或遠端部位的癌症，治癒的機會比已轉移的癌症大得多。此外，與罹患其他疾病相較之下，病人往往聞「癌」色變，對相關療程和醫囑會認真配合。末期癌症病患也更常轉入安寧緩和照顧機構，而後者經常大開在家去世之門。然而，除了美國以外，癌症病患的確更常在醫院過世。

就癌症類型來說，影響血球細胞的「液態」癌症（如白血病和淋巴癌），病程較難預測，而且罹患這類癌症的病患即使到了末期，往往也還是會有治療選擇，因此，這一類的癌症病患比較可能在醫院而非家中去世[20]。病程漫長而痛苦的病患則更可能在家中去世。另一方面，護理需求高的病患，以及需要廿四小時監控或特殊儀器（如呼吸輔助器）的病患，一般而言不太可能在家中去世[21]。阿茲海默症患者在去世前會長期失智並意識混亂，在護理之家過世的可能性大於在家中或是醫院。

目前還不清楚年齡與死亡地點相關性多高，但大部分嚴謹的研究顯示：八十五歲以上的病人，大多傾向在護理之家而非家中或醫院離世。由於女性平均壽命較長，過世時的年齡往往比男性大，因此她們更常在護理之家而非醫院過世，這也加深了一般人認為護理之家都是老太太的印象。

家庭或許是最能預測一個人能否在家去世的變項之一。在二十世紀[22]，家庭結構多次遭受衝擊[23]，其中最劇烈的衝擊之一是家人分散各地[24]。在二十世紀初，美國寡婦約有六成與成年子女同住，現在則是三分之二獨居。不難推測、目前也已獲得資料證實的是：擁有堅實的人際支持不但能讓死亡較為輕鬆，也更有可能在家中安詳離世。除了病人本身的意願之外，另一個深切影響病人能否在家去世的因素是照顧者的意願。不論照顧者自己是否察覺，但他們認定受照顧者在哪裡過世更為妥當，往往會影響後者過世的地點。事實上，已有研究請照顧者回想照顧臨終親人的日子，請他們回答自己認為親人希望在哪裡去世，而他們回答「家」的比例，遠遠不及期待在家去世的病患的比例。疲憊與壓力影響甚巨，死亡越是接近，照顧者也越不樂見親人在家中去世。

婚姻狀態是另一項重要因素。令人意外的是，很多研究顯示：已婚病患在醫院過世的可能性比在家中更高。這項發現似乎挺違反直覺，何況有研究顯示人際支持與在家過世正相關。如果我們能深入探究相關問題，也會發現：守寡的病患其實比已婚病患更可能在護理之家過世。我和一些觀察者對此的解讀是：已婚病患比寡婦更可能久待在家。已婚病患的活動範圍多半是家和醫院兩個點，而不是家、護理之家、醫院三個點。

健康照顧的便利性和醫療服務的類型，也是值得留意的重要因素。雖然大多數病患希望能在家去世，而且世界各國也普遍支持這項作法，但不是每一個人都能如願在家辭世。舉例來說，罹患慢性肺部疾病的病患（如慢性阻塞性肺炎、間質性肺纖維化），也許身體其他部分的功能無礙，可是不透過呼吸器的協助就無法呼吸。極少數疾病就是如此，沒有適當的醫療資源做後盾，病人不可能舒舒服服地在家過世。有一份在華盛頓州進行的調查顯示：鄉村地區的病患更可能在家過世。這個發現令人不安，因為這代表某些地區的醫療需求無法滿足，導致那裡的人由於缺乏妥善照顧而死於家中[25]。

不過，醫療服務取得容易也是把雙刃劍。健康照顧不是一般產業，病患不是一般消費者，健康更不是一般商品。在醫療產業長長的待檢討清單上，其中一項是供給創造需求。拿波士頓來說，我以前往的地方方圓五哩之內，大型教學醫院就高達十三所。然而每一所都人滿為患，也隨時都在拚命擴大空間，以爭奪那越做越大的餅。這恰恰說明了需求彈性（demand elasticity）的概念。就拿航空旅行當例子好了：如果機場數量增加，機票費用減少，選擇搭飛機而非火車的人應該會更多。但要是機場增加，可是機票價格還是一樣高，而且飛機送你到目的地的速度並不比火車快呢？我們還是寧可忍受通關、搜身等程序也要搭飛機嗎？有趣的是，這麼基本的經濟法則竟然在醫療領域失效了。以加護病房床位為例。美國的人均加護病床數全球最高，但供給過剩的結果是：美國送入加護病房的病患，病情遠比其他國家送入加護病房的病人來得輕[26]。那麼，美國為什麼會把那麼多病人往加護病房送呢？因為這是市場需求──加護病房的保險給付比一般病房高。醫療產業之所以會發生這種事，就是因為消費者和帳單之間隔了一層。試想：如果你吃完晚餐之後去餐廳，想犒賞自己一份甜點，結果餐廳給你上了四道菜的大餐，順帶附上一張價錢令你傻眼的帳單，你會怎麼做？八成是客客氣氣拒絕吧？可是進醫院就不一樣了。正是因為美國醫療給付存在這樣的矛盾，所以即使美國加護病房的病患病情不如其他國家加護病房的病人嚴重，美國人還是比其他國家的人更可能在加護病房去世。加護病床過剩的結果值得我們深思，畢竟若是加護病房床位有限，醫生很可能會將無力回天的病人轉到監控較少、但也較為舒適的一般病房，讓他們在那裡走完人生最後一段路。

因此，需求彈性也是影響病人在何處過世的因素之一。在病床數量充足的地區，人們更有可能在醫院過世；同樣地，人均護理之家床位數越高，當地居民也越有可能在護理之家去世。其他國家也有這種現象，例如日本在醫院過世的人口比例全球最高（百分之七十八），該國不但人均病床數最高（每千人十三．七張），平均住院日數也最久（十八．五天）[27]。此外，供給也以一種十分淺顯的方式刺激需求：人死在病床的可能性，與他們住得離醫院多近直接相關，也與他們之前是否曾經住院直接相關。相對來說，類似的外部條件也左右病患在家過世的可能性：有居家照顧和居家安寧療護服務的地區，居民在家去世的可能性更高。

看過種種造成病人離家或返家的因素之後，值得我們嚴肅思考的是：病人本身的意願，究竟能發揮多少作用呢？難道病人只能受制於環境、家人或罹患疾病的特質？在這條冷硬的公式裡，他們還有沒有自主空間呢？

無奈的是，病人的「意願」並未勒石立碑，昭告天下。研究者曾訪問醫生和護士，請他們回想照顧過的病人的意願。他們記憶中的病人形形色色，有的「堅決要求在家中過世」，有的萬分不願在家油盡燈枯，再三囑咐：「把我送去安寧病院吧，我不想讓家裡人看到我這個樣子[28]。」可是，大多數病人其實很清楚自己的情況，也明白疾病對自己和照顧者帶來多大的負擔，他們很願意敞開來談後續選擇。在此同時，醫生也可能影響病人的意願，畢竟他們對怎麼處理比較妥當也自有一套看法。不過，雖然病人若是說起去世地點的問題，醫生會很樂意和他們談，但醫生往往不太願意主動提起這個話題。有些醫生甚至覺得：要是病人一心「拚到最後一刻」，和他們談死亡的事是不符倫理的。但話說回來，病人的意願大多數時候得屈從整體情況，而他們的整體情況又常常受各種偶然左右。

不過，病患一面倒地期望能在家過世，政策制定者也不是沒注意到。其實，在家去世的呼求和玉成其事的努力，在促進醫療品質的過程中發揮了重大作用。尊重病患意願的共識建立之後，實質改變也隨之而來。儘管病患在家去世的人數幾十年來不斷萎縮，但最近幾年，我們已能見到人數小幅但穩定地成長。這項改變確實令人欣慰，但請先別急著慶祝，因為需要改進但尚未浮上檯面的問題還有不少，且聽我一一道來。

✢ ✢ ✢

一七五一年五月十一日，班傑明・富蘭克林（Benjamin Franklin）和湯瑪斯・邦德（Thomas Bond）為賓州醫院破土開工。這是美國第一座醫院，志在照顧窮人、病人和流浪費城街頭的精神病患。此後，美國各地漸漸出現大小型醫院。一九六五年聯邦醫療保險與醫療補助（Medicare and Medicaid）建立後，開設和使用醫院的誘因大增。一九六五到一九七〇短短幾年之間，醫療花費便增加了百分之廿三，醫療產業從此再也沒有回頭[29]。不過，醫療大幅膨脹也帶來翻天覆地的巨變：打從建立文明之始，人類一直是在自己家中過世，而現在，大多數人是在醫院病房裡走完最後一程。

這個變化不是沒有引起反彈，而且不只公眾心生疑慮，也有醫生發出不平之鳴。在一九七六年的《美國醫學會雜誌》上，一名醫師投書寫道：「醫院不是給人等死的……只有無家可歸的人才需要在醫院裡死」[30]。雖然這句話說得很重，但也的確反映了當時醫院的問題：醫院成了濫用醫療資源的墳場，反而沒在更能受惠於醫療照顧的人身上著力。

醫界聽見了這些批評，除了盡量將末期病患轉介給同時激增的護理之家外，也開始推動微小但持續的改變[31]。在一九九〇到一九九八年間，美國人在家去世的比例從一成七提高到二成二，在護理之家去世的比例也從一成六增加為二成二。此外，一九八三到一九九八年間，在醫院過世的比例從五成四下降到四成一。到了二〇〇七年，美國人六十五歲以下在家中去世的比例上升到三成，六十五歲以上則是二成四[32]。雖然這項趨勢的確令人欣慰，但並未改變數字背後心酸的事實：時代變了，現在，在家中去世已是不平等的特權。

在一九八〇年，一個人死於何處並不受族裔影響，白人和非裔美人在醫院過世的比例一樣高。但從那之後，這兩條曲線開始分道揚鑣。今天，少數族裔比白人更可能在醫院過世，而且所有年齡層都是如此[33]。在未滿六十五歲的人裡，非西裔白人比所有少數族裔更有希望在家中去世；而在六十五歲以上的人中，他們在護理之家辭世的可能性也比其他族裔大得多。去世地點除了有種族差異之外，還有階級差異。

要推測一個人是否會在醫院過世，社經地位是最有效的指標之一——最貧困的病人也最可能在醫院去世。這一點在美國尤其嚴重。在其他已開發國家（例如英國），雖然較貧困的人在醫院去世的可能性同樣偏高，但收入的影響並不像美國這麼明顯。計算最富有和最貧困的四分之一人口在家去世的人數差距，紐約整整比倫敦高出三倍。

很多人都想釐清何以如此，也已提出幾種理論，其中一個廣獲認同的解釋是：少數族裔或許資源較少。白人接受居家照顧的比例，幾乎是非裔美人和西裔族群的四倍；非裔美人運用安寧療護服務的比例也低得多，即使排除社經條件等其他因素的影響也是如此。死於醫院的另一個指標是未納保或保險不足額，而少數族裔這類情形較多。除了資源差異之外，當然還有其他解釋，例如：少數族裔多半住在城裡，而市區醫院密度較高。總之，種種差距不但壓縮少數族裔權益，也改變了整幅健康照顧景觀。

在美國龐大的醫療開支裡，死前六個月的醫療費用占了很大一部分，但即使只觀察這一部分的費用，都能發現各族裔間落差不小[34]。與情況類似的白人病患相比，非裔美籍病患死前六個月的醫療費用高出三成二。西裔病患的臨終照顧花費甚至更高，比情況相同的白人病患高出五成六。這項額外開支與年齡、性別、社經地位、居住地點或疾病性質都無關，甚至和有沒有使用安寧療護服務也沒有關係——這筆額外花費，約有百分之八十五是花在大量採取重度照護措施（例如加護病房照顧），或是侵入性治療（例如人工呼吸器、心導管、外科手術、血液透析和心肺復甦術）。

在醫院裡接受照顧，仍是世界上很多國家不少人的奢望。在巴基斯坦或印度這樣的地方，並不是每個人都負擔得起入院接受治療。不過，發展中國家人民的差距似乎還容易理解一點，舉例來說，發展中國家的富人比較有可能肥胖。相對而言，已開發國家的情況就不太符合直覺，因為那裡反而是窮人比較容易過胖。

在工業化國家，最窮、最弱勢的族群往往在醫院過世，醫療開支也更多，這不是美國獨有的現象。我們大西洋彼岸的老友也是如此：在英國，赤貧者在醫院過世的可能性遠高於富豪[35]。然而如前所述，英國的差距遠不如美國懸殊。因此，死亡的很多面向雖然始終如一，但在今天，死亡對不同的人已顯出不一樣的面貌。死神從不慈悲，但他過去至少堅持人人平等，不論貧富，他都一視同仁揮下鐮刀。但現在，連他都開始趨炎附勢，厚此薄彼。

✢ ✢ ✢

瑪莎，我最活潑的病人，被困在醫院裡進退維谷。她和家人花了一些時間才明白：人生再也不可能恢復原狀了。她入院前向來獨立，在老人公寓過著自己的日子，從來不靠別人。到了這個時候，我們團隊只能坦白道出實情：對她現在的情況，我們能做的實在不多。我決心尊重她的最後一份心願：讓她在家去世。

她的家人工作忙碌，要全員到齊並不容易。總算全到的那天，她已經住了好幾個星期醫院。瑪莎跟前幾次會面時不同，身體十分虛弱，而且開始神智不清，不曉得大家聚在一起是為了什麼。她有五個孩子，每一個都愛她、照顧過她，也都住得離她不遠，但儘管如此，他們還是沒有一個能日夜在家陪她。我建議他們不妨輪流照顧，可是商量半天還是沒有結果。他們都沒辦法接她回家同住。

唯一一個幫她完成心願的方法，就是改善她的體能，讓她多少恢復自理生活的能力。問題是，醫院無法充分提供她所需要的復健資源。畢竟，醫院的主要目標是照顧急重症病患，雖然也有物理治療師和職能治療師，可是治療師和病人的比例遠不及護理機構。我和同一科的個案管理師到處找機構安置瑪莎，沒想到每一間都避之唯恐不及。雖然瑪莎得的明明不是傳染病，可是一聽到她病情嚴重又有皮疹，我們聯絡的機構全都拒收。我不死心，乾脆親自去跟那些機構的個案管理師談，結果一點幫助也沒有。日子就這樣一天又一天過去，瑪莎一度熱鬧的病房又重歸沉寂。我們還是繼續嘗試，直到有一天，護士一把推開工作間的大門，告訴我瑪莎呼吸停止。我丟下鍵盤急奔病房，可是瑪莎再也沒有恢復呼吸。

照瑪莎的各種條件來看，她應該很有希望達成在家過世的心願：她是白人，她是女性，她有家人支持，也有不錯的保險，最重要的是，她真的很想在家走完最後一程。然而，即使我能做的都做了，卻還是推遲不了必然的結局。她離去時，身旁沒有一個熟悉的人，手邊沒有一件家中的物品。

瑪莎的故事，還有這個國家裡幾百萬人的故事，都讓我不禁懷疑：在自己家裡走完最後一程，難道已是遙不可及的幻想、僅供憑弔的遺跡？那股將臨終病人從家中帶往醫院的潮流，現在不但已成氣候，未來也會把我們捲進更身不由己的處境。經濟壓力迫使家人四散謀生，為求糊口逐工作而居，能待在家中照料父母或長輩的人一天比一天少。經濟不平等只會讓現狀更加惡化[36]。在醫療技術進一步提升後，人雖然能活得更久，但罹患慢性病的機會也更高。換句話說，當現代人終於步入人生最後階段，自主能力很可能比以往生命即將謝幕的人低得多。

無論如何，讓人能在自己選擇的地方去世還是極其重要。對我來說，瑪莎的故事點出核心所在：人活得越老、病得越重、與死亡離得越近，也就越難掌握人生。病人心裡清楚：在家過世的意義，不只是能蓋上自己習慣的毛毯，能自由下床而不驚動大批護士，能好好吃頓早餐而不被扎針驗血。人年紀越大，日子也被回診、入院等填得越滿，飲食越來越受生的病或吃的藥限制，行住坐臥也不再能操之在我。在以前，臨終的人不至於這麼無助，他們從容準備臨別贈言，細心安排最後一幕。人生該怎麼結束，只有自己最清楚。

伊恩・麥克尤恩（Ian McEwan）的首部長篇小說《水泥花園》（*The Cement Garden*），講的是一個家庭分崩離析的故事[37]：一家之主驟逝，徒留四名子女與母親相依為命。不料母親也得了怪病，當她發現自己藥石罔效，便決定不尋求積極治療，在家度過最後的日子。她去世後，家中情況開始走調：

孩子們為了避免被送養，自行將母親的屍體埋在後院。其中一名男孩更退化到嬰兒階段，跑回幼兒床睡；長子傑克則是與他十七歲的姊姊發生性關係。情節發展讓人不寒而慄。

現在回想這部小說，我覺得最脫離現實的還不是後來的事，而是傑克的媽媽竟能如願在家去世，身邊擺著自己的雜誌，背後靠著自己的枕頭。病重者一旦離開家門，往往意味著與熟悉的人和環境訣別。不論是成人還是孩童，要探問生命與存在的意義，再也沒有什麼要比死亡和臨終能教他們更多。不算太久之前，死亡還沒被隔絕在醫院或機構，它熟門熟路鑽進衡門深巷，悄然現身在彼此熟識的人群中間。每當有人沉痾難起，左鄰右舍會來探訪；當他們撒手人寰，不只親朋故舊會來道別，也會有街坊鄰居上門弔唁。人們從村莊搬往城市之後，死亡的群體感也開始瓦解。英國名醫大衛．史密瑟（David Smithers）爵士洞燭機先，早就看出末期照護的某些環節已然鬆脫。他回憶從小成長的小鎮如何面對死亡，不無感慨地寫道：「村裡每一家人都曾失去至親，大家習以為常，每個人都見識過死亡……可是在城市就不一樣了，也許有人孤獨地死在隔壁，離你不過幾呎，可是你渾然不覺[38]。」

註釋

1 Ariès P. Western Attitudes toward Death: From the Middle Ages to the Present. Johns Hopkins University Press; 1975.

2 Boston Mortality Statistics. *Boston Med Surg J.* 1912;CLXVI(2):66.

3 Hunt RW, Bond MJ, Groth RK, King PM. Place of death in South Australia. Patterns from 1910 to 1987. *Med J Aust.* 1991;155(8):549–53.

4 Katz BP, Zdeb MS, Therriault GD. Where people die. *Public Health Rep.* 1979; 94(6):522–27.

5 Brock DB, Foley DJ. Demography and epidemiology of dying in the U.S. with emphasis on deaths of older persons. *Hosp J.* 1998;13(1–2):49–60.

6 Flynn A, Stewart DE. Where do cancer patients die? A review of cancer deaths in Cuyahoga County, Ohio, 1957–1974. *J Community Health.* 1979;5(2):126–30.

7 Cartwright A. Changes in life and care in the year before death 1969–1987. *J Public Health Med.* 1991;13(2):81–87.

8 Zander L, Chamberlain G. ABC of labour care: place of birth. *BMJ.* 1999; 318(7185):721–23.

9 Illich I. Medical Nemesis: The Expropriation of Health. Pantheon Books; 1976.

10 Distress of dying. *Br Med J.* 1972;3(5820):231.

11 Brock and Foley, Demography.

12 Where do people die? *J Coll Gen Pract.* 1960;3(4):393–94.

13 Broad JB, Gott M, Kim H, Boyd M, Chen H, Connolly MJ. Where do people die? An international comparison of the percentage of deaths occurring in hospital and residential aged care settings in 45 populations, using published and available statistics. *Int J Public Health.* 2013;58(2):257–67.

14 Decker SL, Higginson IJ. A tale of two cities: factors affecting place of cancer death in London and New York. *Eur J Public Health.* 2007;17(3):285–90.

15 Gomes B, Higginson IJ. Where people die (1974–2030): past trends, future projections and implications for care. *Palliat Med.* 2008;22(1):33–41.

16 Higginson IJ, Sen-Gupta GJ. Place of care in advanced cancer: a qualitative systematic literature review of patient

preferences. *J Palliat Med.* 2000;3(3):287–300.
17 Solloway M, LaFrance S, Bakitas M, Gerken M. A chart review of seven hundred eighty-two deaths in hospitals, nursing homes, and hospice/home care. *J Palliat Med.* 2005;8(4):789–96.
18 Gruneir A, Mor V, Weitzen S, Truchil R, Teno J, Roy J. Where people die: a multilevel approach to understanding influences on site of death in America. *Med Care Res Rev.* 2007;64(4):351–78.
19 Weitzen S, Teno JM, Fennell M, Mor V. Factors associated with site of death: a national study of where people die. *Med Care.* 2003;41(2):323–35.
20 Gomes B, Higginson IJ. Factors influencing death at home in terminally ill patients with cancer: systematic review. *BMJ.* 2006;332(7540):515–21.
21 Bell CL, Somogyi-Zalud E, Masaki KH. Factors associated with congruence between preferred and actual place of death. *J Pain Symptom Manage.* 2010; 39(3):591–604.
22 Fischer CS, Hout M. Century of Difference: How America Changed in the Last One Hundred Years. Russell Sage Foundation; 2008.
23 Silverstein M, Bengtson VL. Intergenerational solidarity and the structure of adult child–parent relationships in American families. *Am J Sociology.* 1997;
24 103(2):429–60.
25 Bianchi S, McGarry K, Seltzer J. *Geographic Dispersion and the Well-Being of the Elderly.* Michigan Retirement Research Center, University of Michigan; 2010.
26 Moinpour CM, Polissar L. Factors affecting place of death of hospice and non-hospice cancer patients. *Am J Public Health.* 1989;79(11):1549–51.
27 Gooch RA, Kahn JM. ICU bed supply, utilization, and health care spending: an example of demand elasticity. *JAMA.* 2014;311(6):567–68.
28 Broad et al., Where do people die?
29 Munday D, Petrova M, Dale J. Exploring preferences for place of death with terminally ill patients: qualitative study of

experiences of general practitioners and community nurses in England. *BMJ.* 2009;339:b2391.

30 Finkelstein A. The aggregate effects of health insurance: evidence from the introduction of medicare. *Q J Econ.* 2005;122(3):1–37.

31 Sampson WI. Dying at home [letter]. *JAMA.* 1976;235(17):1840.

32 Flory J, Yinong YX, Gurol I, Levinsky N, Ash A, Emanuel E. Place of death: U.S. trends since 1980. *Health Aff* (Millwood). 2004;23(3):194–200.

33 National Center for Health Statistics. Health, United States, 2010: With Special Feature on Death and Dying. Hyattsville, MD: National Center for Health Statistics; 2011.

34 Flory et al., Place of death. Hanchate A, Kronman AC, Young-Xu Y, Ash AS, Emanuel E. Racial and ethnic differences in end-of-life costs: why do minorities cost more than whites? *Arch Intern Med.* 2009;169(5):493–501.

35 Smallwood N. Poorest people are more likely to die in hospital. *BMJ.* 2010; 341:c4518.

36 Bigger than Marx, *Economist.* May 3, 2014.

37 McEwan I. The Cement Garden. Anchor; 1994.

38 Smithers D. Where to die. *BMJ.* 1973 Jan 6;1(5844):34–35.

CHAPTER

4

拒絕急救的一課

How We Learned Not to Resuscitate

臨終經驗會無分貴賤人人皆同，但它的面貌已因科學進展而大幅改變，與過去判然有別。千百年來的演化學習，已讓我們的大腦牢牢記下許多關於死亡的預設。現代的死亡對人來說會顯得那麼陌生突兀，原因正在於此。雖然醫學用上十八般武藝能讓人活得更好也更久，但死亡本身卻顯得比過去更煎熬，也更漫長。

我外婆是個精神奕奕、活力充沛的人，我們都叫她姥姥。她十多歲就結婚，生了八個孩子，才六十出頭就被當成老人看待。她一輩子只離開巴基斯坦一次——盡穆斯林義務去沙烏地阿拉伯朝覲。去年有一天，她在我舅舅家吃晚餐時突然胸口灼痛，她覺得可能是胃酸逆流，以為忍一忍就過了。她感到反胃，也吐了，可是灼痛感一點也沒減輕。我舅舅不太放心，把她扶上後座載去醫院。怎料才到醫院，姥姥已站不起身。我舅舅背她直奔急診室，到了那裡沒幾分鐘，我姥姥就去世了。

姥姥過世時我正在寫這本書，聽到消息我非常震驚。我完全沒聽說她身體有什麼問題，更想不到她已走到人生盡頭。每個人都驚訝她走得突然，但也沒人想得起她出現過什麼異狀。其實，死亡在巴基斯坦大多是這個樣子。以現在的標準來看，姥姥去世過程裡最不可思議的也許是：她第一次進醫院，就是在她生命最後一天。

在醫療技術突飛猛進之前，現代社會迎接死亡的方式，其實就和今日第三世界面對死亡的方式一樣。現在回想我在巴基斯坦成長時見識過的死亡，我覺得像是搭上時光機回到從前，回到死亡仍充滿神祕的時代。那時疾病是由口述和傳聞定義，而不是由診斷標準界定；大夫房裡擺的是草藥、祈禱書和各式稀奇物件，而不是針筒藥瓶和醫療儀器；至於那為數不多來就醫的人，他們對抗疼痛的方法是信仰而非止痛劑。

富裕國家以前不僅醫療過程與現在不同，生活方式和家庭結構也不一樣。由於缺乏維生治療技術，大多數人只能在家接受照顧。親族之間紐帶較強，住得也近，加上年輕人多，工作要求也不嚴苛，老人們能得到的幫助更多。發展中國家到目前為止還是具備這些條件，這些國家之所以幾乎找不到護理之家和復健機構，這是原因所在。

很多人常常把第三世界的死亡浪漫化，但他們往往只看到整幅圖像的一小部分。光是在寫作這本書的過程裡，我就失去不少很親近的人。不過，要說哪個人的去世影響我最深，一定是我無緣相見的哥哥阿布杜拉（Abdullah）。如果他活下來的話，他會是我的長兄。我媽媽懷他時才二十歲，原本似乎一切順利。我媽有七個兄弟姊妹，大家都很期待下一輩第一個孩子誕生。遺憾的是，阿布杜拉才剛剛來到人世，連照片都沒來得及拍一張，就莫名其妙停止呼吸，從此再也沒吐出一口氣。直到今天我還時常在想：要是多了這位哥哥，我的人生不曉得會是什麼風景？

像阿布杜拉這樣的例子，不僅在今天的窮國還很常見，在二十世紀初的美國和歐洲也相當普遍。這些沒能活下來的生命，這些現在已能預防的死，在在提醒我們受醫生、科學家和公衛專家幫助多大。要不是他們在我們聞所未聞的領域開發新療法，我們的健康環境絕不會是現在這個樣子。

在大多數已開發國家，圍繞死亡的醫學和人文景觀都已大幅改變，醫療進步是改變主因之一，另一個重要因素則是健康保險。沒有多久之前，醫療照顧還是每項服務個別計費（fee-for-service），美國如此，大多數工業化國家也是如此。這代表進醫院像住旅館，待得越久、使用的服務越多，需要支付的費用就越高，這也導致一些萬分無奈的決定。我還在巴基斯坦行醫時，曾在加護病房照顧過一名營養不良的孩子。那孩子的父親是工人，收入並不優渥。眼見孩子在加護病房越待越久，父親開始著急：他還有好幾個健康的孩子得照顧，可是住院費用每天都在增加，要是咬牙撐著把這孩子救回來，結果可能是其他孩子得餓死。最後，他黯然決定停止加護照顧，那孩子也幾乎立刻死亡。

有醫療保險就不一樣了。它能讓病人無後顧之憂，安心在醫院接受維生處置或延命醫療，不必煩惱天文數字的費用掏空荷包。我們之所以有餘裕討論在哪裡過世的問題，相關議題之所以能持續發酵，醫療保險的引入是重大因素之一。

儘管禍福難料，死亡已然發生巨變。我們贏得幾場戰役，卻也失去幾座城池。我們延緩死亡的腳步，卻也更難作個了結。我們已開啟各種可能，而其中最具代表性的，莫過於大家耳熟能詳的CPR——心肺復甦術（cardiopulmonary resuscitation）。它身世複雜，近乎現代醫學的反英雄，既彰顯醫學數百年來的成就，卻也冷冽地提醒我們拋下了多少東西。

✢ ✢ ✢

那天一如往常，晨間巡房巡到過中午才結束。我們這個加護團隊收的病人很多，有幾位病人還溢到其他科的加護病房。加護病房晨間巡房的目的，是讓從前一天早晨就當班的團隊辦好交接，把每一位病人的情況向接班團隊交代清楚。不過在巡房時，團隊往往忙得像飛航管制中心，每個人都有明確的分工，大家也想盡可能在早上就完成自己的任務，好騰出心力迎接下午和晚上更大的挑戰，例如醫療處置或照顧新入院的病人。

這種特殊的輪值制度，是住院醫師訓練計畫最繁重的工作之一。我們的加護病房團隊獨樹一幟，不設病患人數上限。換句話說，我們就像其他團隊人手不足時的救火隊，除了本科病人之外，我們還得分神照顧別科的病人。不過忙碌歸忙碌，我在那裡如魚得水，還真想不出有哪段時間工作得比那時更愉快。不但交情最好的幾位住院醫師都在那個團隊，帶我們的主治醫師也是箇中翹楚，非常聰明，個性也十分風趣。團隊一旦有了凝聚力，不僅團隊成員能樂在工作，對病患的照顧也能更上一層樓，齊心合力的好處怎麼強調也不為過。待日頭高掛，巡房也終於要告一段落，我們走進名單上最後一位病人的房間時，沒有任何跡象顯示他的病情馬上就要急轉直下。

這名病人六十多歲，是我們當時照顧的病人裡年紀最輕的一位。他最近因為腦溢血的關係，沒辦法以任何有意義的方式溝通，人生驟然走調。他的正常生活一夕變樣，現在只能靜靜躺在病床，一句話也說不出。好在他的病情雖屬急性，卻不算特別棘手，大腦很有希望恢復相當程度的功能。我們為他做了例行檢查，確認情況穩定後正準備離開，卻發現他躺得似乎低了點，便決定幫他挪挪位置。

「挪位置」雖說聽來簡單，但還是需要團隊成員小心配合[1]。床身得先抬高，接著固定煞車、拿開枕頭，再由兩個人（或四個人）拉好病人躺的床單，一起數到三之後，同時出力把病人往床頭挪。動手之前我突然發現煞車沒拉好，趕緊用腳踩下。順利挪好之後，我們以眼神痛快擊掌，彼此鼓勵一下。怎知，我們才魚貫步出病房，我眼角就瞥到病人一口氣喘不過來，臉色開始發青。

我急忙轉頭查看病床旁的心電圖，上頭顯示的已經不是正常心臟的規律跳動，反而起伏劇烈、速度驚人，顯然是心搏過速。我衝到床邊，用食指和中指按著他左手腕，他的脈搏明顯越來越快——咚咚咚咚咚咚——然後一片死寂。我後來才想到，這是我這輩子第一次量到病人最後一次心搏。不過那時根本沒時間細想，病人心臟病發，急救迫在眉睫。我對著護理站喊：「藍色代號！」

醫院裡有不少「代號」，各自代表不一樣的緊急情況。紅色代號通常代表失火，但往往只是有人在微波爐裡熱三明治熱過頭。黑色代號則是指醫院電腦系統當機了，醫院裡要是遇上這種狀況，說是「緊急事故」還真的一點都不誇張。不過，藍色代號才是最讓人緊張的一個，因為那代表病人心臟病發，不盡快處理是要出人命的。

醫院一旦發布藍色代號，你就能看出為什麼那麼多人搶著要進醫學院。儘管行醫之路艱辛萬分，儘管醫學課業無比沉重，儘管住院醫師訓練簡直比當兵還苦，儘管養成過程學費驚人又壓力破表，儘管你必須犧牲社交生活、沒日沒夜工作、每天還有成堆報告得寫，而且遲早會從等電梯一族變成不等電梯就直衝上樓的急性子。但看到多少醫生滿腔熱血地回應藍色代號，我想你一定能感受得到搶救生命的魔力。事實上，由於醫護人員總是回應得太過踴躍，醫院的重點現在反而擺在不要一下子招來這麼多人，免得人多礙事。畢竟有時一發布藍色代號，衝來幫忙的人竟高達一百多個。

可是我吆喝「藍色代號」那天，大家還沒來得及行動，團隊裡另一位住院醫師就趕忙提醒：這位病人有簽DNR／DNI，也就是他本人或代理人已明確拒絕心肺復甦術和插管。護理師趕忙宣布藍色代號取消，原本準備衝進來幫忙的大批人馬也繼續留在崗位上。病房裡一片安靜，我們怔怔看著心電圖拉成一條直線，病人的臉也漸漸失去血色。

我心裡冒出一堆問題。直到今天，我每次想起他過世的那一幕，心裡還是充滿疑惑。有些問題比較實際：到底是哪些問題導致他死亡？他在醫院辭世之前，人生是怎麼過的？他的病情真的無力回天嗎？難道我們真的沒有其他治療選擇？然而在此同時，我也不禁開始思考一些更深的問題：我們是怎麼學會復甦瀕死之人的呢？在我們學會這套方法之前，急救又是怎麼做的？更重要的或許是：我們是怎麼學到不復甦瀕死者的？原因又是什麼？

✢ ✢ ✢

沒有多久以前，CPR這套程序根本還不存在。治療心臟病發或心搏停止的病患的醫療常規，就是由外科醫生劃開病人胸部，戴上手套直接按摩心臟[2]，一九四〇年代是如此，一九五〇年代大多也是如此。其他療法也同樣血腥，而且效果也好不到哪裡去，例如直接往心臟注射藥劑。概括來說，心臟病發可以分為兩類，一類是心室纖維性顫動（ventricular fibrillation）或心室性心搏過速（ventricular tachycardia），另一類叫心搏停止（asystole）。第一類是心臟急速顫動，無法規律地正常收縮，導致血流難以有效流動。人體器官裡最仰賴血液持續供給的是大腦，而當輸送氧氣的血流受阻，大腦也將在心臟病發幾分鐘內遭受永久性傷害。至於心搏停止，則是心臟突然停止跳動，心律頓時拉平為直線，十分嚇人。「無脈性心電氣活動」（Pulseless electrical activity）算是心搏停止的狐群狗黨，病人遇上這種情況時，雖然量不到脈搏，心臟也收縮得漫無章法，可是心電圖依然有活動，光看儀器很容易被騙過去。

現代CPR的要點起於營救溺水者。史上第一則成功救活死者的紀錄在《舊約》：以利亞先知去見一位死去的孩子，「伏在孩子身上，口對口，眼對眼，手對手……孩子的身體開始暖和起來[3]。」一七四〇年，巴黎科學院（Paris Academy of Science）率先認可口對口人工呼吸可用於急救溺水者。接下來好一段時間，醫師們不斷嘗試新的做法，卻也不斷失敗。真正為現代口對口人工復甦術奠定基礎的，是先在耶魯完成外科訓練、又在賓州大學進修麻醉學的維也納醫生彼得．沙華（Peter Safar）[4]。他當年設計的實驗要是換到今天來做，顯然連研究倫理委員會那關都過不了：他找了八十位年輕志願者（大多是二、三十歲的女性），先用麻醉劑把他們放倒，然後分析哪種姿勢最能讓呼吸道保持暢通。他的結論是：仰臥並將下巴後傾，最能讓呼吸道暢通。他的實驗顛覆了過去認為俯臥較能暢通呼吸道的看法。而鐵肺之類器材的發展，也有助於將氧氣送進肺部（白話點說，這算是陽春版的人工呼吸器），這讓人類至少得以克服一種主要器官失能——肺臟[5]。

醫界一面研究如何維持病人呼吸，一面也開始進行動物實驗，思索如何讓靜止的心臟恢復跳動，並進而應用在人類身上。要讓出問題的心臟重獲生機，方法主要有兩種：一種是機械式的按壓，另一種是使用電擊。心臟就跟其他人體器官一樣，很像電子儀器。人體產生電訊的節律點叫竇房結（sinus node），它會規律送出訊號，先送往心臟上方叫「心房」的小腔室，接著再向下傳送到心室肌，心室肌搏動便能將血液送至全身。如果發生心室纖維顫動或心室心搏過速，心臟的電子活動將完全錯亂，竇房結也隨之失控。心室開始亂顫，不再強力收縮，輸送血液的功能盡失。

第一份使用電擊「重設」正常心律的書面報告，發表於一七七四年，題名是〈電力恢復生命力〉（Electricity Restores Vitality）[6]。三歲女童蘇菲・格林希爾（Sophia Greenhill）自倫敦蘇活區的窗戶墜下，雖緊急送往當地醫院，外科醫生仍回天乏術，宣告不治。不過，在蘇菲宣告死亡二十分鐘後，有位史奎爾先生（Mr. Squires）仍不死心，將電流接往蘇菲身體各處。誰也想不到的是：電流接上蘇菲胸口之後，她居然開始呼吸，也恢復脈搏了！可惜的是，這份報告記錄得不甚詳盡，也沒得到多少關注。它就這樣埋藏在歷史洪流裡，直到最近才重新獲得注意。下一次有案可稽的紀錄發表於一八九九年，一群瑞士研究者發現：輕微放電會導致犬類心臟心室纖維顫動，但把電量調高，反而能去除惡性心律失常[7]。

不過要到一九四七年，以電擊方式恢復人類心律才終於成功[8]。當時克里夫蘭一名十四歲大的男孩正在動手術，過程尚稱順利，外科醫生都準備收尾了。不料這孩子血壓驟降，也發生心室纖維顫動，情況十分危急。外科醫生當機立斷，立刻重新劃開他的胸膛，一邊用手按摩心臟，一邊緊急注射藥劑。然而卅五分鐘過去了，心臟按摩似乎一點用也沒有，那孩子依舊心室纖維顫動。醫師心知已到最後關頭，決定使出非常手段——將電極一前一後直接貼上男孩的心臟，然後通電電擊。在此之前，他們已對五名病人試過這種方式，可是沒有一次成功。男孩的反應剛開始和那幾位病人一樣，心臟繼續顫動。醫生們不死心，又電擊了一次，結果男孩心搏停止了。沒想到沒過多久，醫生們發現他的心臟產生「微弱，但規律而快速的收縮」。他們繼續為他按摩心臟半個鐘頭，總算把這孩子救回來了。他健健康康出院，身心情況都很不錯。

另一位名留青史的醫生是保羅．佐爾（Paul Zoll），在我接受住院醫師訓練的醫院裡，心臟科樓層就是以他命名的。他首開先河，證明其實並不需要切開病人胸膛，只要讓「去顫器」接觸皮膚就能奏效[9]。一九五六年，他將研究案例發表於《新英格蘭醫學期刊》，並精心設計一套流程，讓人能按部就班救援心臟病發的患者[10]。不過，電擊其實只對心室纖維顫動和心室心搏過速的患者有效，對心搏停止或無脈性心電氣活動的病人並沒有幫助，但偏偏心臟病發的患者有三分之二屬於後一類[11]。現在的新型去顫器已能判斷患者發作的類型，讓救援者迅速得知電擊是否有效。

心臟結構固然複雜，說穿了就是個唧送血液的幫浦。因此，除了供氧、電擊之外，CPR第三個、也就是最後一個要點，便是擠壓。領先群倫開創人工循環方法的，是在佛羅倫斯行醫的義大利醫師莫里茨．希夫（Moritz Schiff）[12]。慕名拜訪的醫師為數不少，其中一位海克（Hake）醫師在一八七四年發表了觀察報告。這份紀錄不僅詳實報導實驗過程，也隱隱反映出十九世紀末公眾對動物權益的態度[13]。海克一開頭還沒來得及講希夫的實驗，便迫不及待指出：「近來由於某些不明就裡的團體向法院提出訴訟，控告生理學實驗室，大眾對於實驗無不相當好奇。」但他立刻澄清：「法庭程序馬上告終。因為指控可敬的教授虐待動物的黑函，隨即證明是子虛烏有，純屬空穴來風。」希夫先為動物注射鎮靜劑，再以氯仿麻痺牠們的心臟，然後用手規律按壓心臟，「直到該臟器終於恢復自主活動」。但奇特的是，希夫成功展現恢復心跳的本事後，並不會再接再厲把動物救活。在動物開始恢復某些神經反應後(如眼瞼反射),希夫立刻停手,因為「動物的大腦這時已經開始恢復意識,繼續實驗對牠不但無益,而且殘忍。」

一八七八年,德國教授魯道夫・波姆(Rudolph Boehm)用貓實驗,以氯仿誘發心臟病,再從貓身兩側按壓胸部三十分鐘,直到牠們甦醒為止[14]。這種「閉胸式心臟按摩術」可說是現代CPR的前身,只是它很快就被開胸式心臟按摩術取代。後者在一八九八年首次應用於人類,放手一搏的是法國外科醫生德歐鐸・涂斐曄(Theodore Tuffier)。他的病人才二十四歲,當時剛切除盲腸五天,卻突然脈搏停止,對外界刺激毫無反應。涂斐曄情急之下劃開病人胸口,直接用手指按壓心臟,雖然病人的脈搏曾短暫恢復,但他終究無力回天[15]。由於開胸式心臟按摩手段激烈,作法直接,一時竟然蔚為風潮,普遍成為急救心臟病患的治療選擇,對去顫器沒有反應的病患尤其如此。

一直要到一九六〇年,約翰・霍普金斯大學的庫文霍芬(Kouwenhoven)、裘德(Jude)和尼克鮑克(Knickerbocker)才在《美國醫學會雜誌》發表論文,一舉整合現代CPR的三項要點——供氧、體外去顫,以及按壓胸口[16]。這項重大進展堪稱現代醫學的關鍵時刻。從此以後,全球接受CPR訓練的健康照顧者數以萬計。在大眾文化中,CPR也成為最常見的醫療措施之一,曝光率直逼哈姆立克法(Heimlich maneuver)。

✣ ✣ ✣

醫療工作者歷時數百年、橫跨各大洲的苦心研究，在現代心肺復甦術上集其大成，人類看待死亡的方式也從此改變。從許多層面來看，死亡終極、絕對的地位已被心肺復甦術撼動。在心肺復甦術出現之前，想救回溺水或失去生命跡象的人，最常用的方法之一是點燃菸草，再設法將煙灌入直腸[17]。由於這種方法太常使用，甚至還獲得皇家人道協會（Royal Humane Society）背書。為妥善滿足營救溺水者之需，泰晤士河畔曾處處放置菸草灌腸器具，就如同今日公共場所都能找到心臟去顫器。在西方國家，這種作法一直持續到十九世紀[18]。因此，當尼克鮑克等人在一九六〇年以簡馭繁，綜合供氧、電擊、按壓等三項復甦手段之後，不僅急診醫療如虎添翼，連大多數人生命結束的方式都發生改變。只不過，那篇論文的三位作者大概做夢也沒想到，他們的作品竟然會帶來翻天覆地的變化。

心肺復甦術的大消息立刻傳遍世界，全球醫界為之轟動。一九六〇年代也是整體醫療環境突飛猛進的黃金時期。緊急應變制度迅速發展，備有專業急救人員的救護車紛紛上路。這項措施快速縮短病患和醫療照護機構的距離，大幅提高他們的就醫機會。也是在這個時期，由於治療和檢驗種類大增，醫生們紛紛離開自己的小診間和小診所，轉往設備更為充足的醫院，而他們原先照顧的病人也跟著轉移陣地。由於對傳染病、心臟病等頭號殺手的控制更加成功，人類平均壽命也隨之提高。不過，醫學雖然越來越能救回心臟病發的病患，但這也代表與心臟病共存的病人大幅增加，他們的問題並沒有根治，很多人也會發展成慢性心臟病（例如心臟衰竭）。另一方面，病人的年紀越大，他們罹患癌症的風險也越高，需要加護醫療照顧的人數自然增多。患病人數急速攀升，加上醫生能夠也願意採取的治療選擇與日俱增，其結果便是現代醫療產業複合體迅速膨脹[19]。

人工呼吸設備的發明，原本是用來治療一種現在幾乎絕跡的疾病——小兒麻痺症。這種病是由病毒傳染，可能導致患者癱瘓。不僅美國總統富蘭克林．羅斯福（Franklin D. Roosevelt）深受其害，在它最為猖獗的一九五〇年代，美國甚至每年都有兩萬一千名患者因它癱瘓[20]。小兒麻痺症患者往往從腿部開始失去知覺，嚴重時還會從身體一路向上麻痺，導致呼吸所需的肌肉也一併失能。試想：有幾千名的孩子就這樣窒息而死，但從頭到尾始終意識清醒，這能不令人心痛嗎？當時治療這類孩童的唯一辦法，就是把他們放進一種叫「鐵肺」的人工呼吸設備。鐵肺是一九二九年發明的，狀如圓筒，將病人包在裡頭。設計者是哈佛研究人員菲利浦．錐克（Philip Drinker）和路易斯．雅格西茲．蕭（Louis Agassiz Shaw）[21]。鐵肺的原理是在體外製造負壓，促使胸部和肺部擴張以協助病患呼吸。可惜的是，鐵肺其實對小兒麻痺症患者效果有限，因為他們的胸部肌肉已經無力，根本無法對鐵肺刻意製造的壓力變化有所反應。

從一九四九到一九五〇年，小兒麻痺症在北歐大舉肆虐。丹麥各地的病童都轉往哥本哈根的布雷丹醫院（Blegdam Hospital）治療。儘管醫院裡有傳統供氧設備，但因小兒麻痺症而呼吸困難的病童還是凶多吉少，死亡率高達百分之八十五[22]。院裡的麻醉科醫師畢雍．伊布森（Bjorn Ibsen）心急如焚，為救治這群小病人殫精竭慮。最後，他總算想出了幫助他們呼吸的新方法：他刻意模仿人類的生理運作方式，設計出一套全新的人工呼吸器。

人體要讓空氣進入肺部，必須在肺臟內部製造負壓以吸入空氣。於是伊布森做了一條軟管，附上可充氣膨脹的套囊以防空氣外洩，接著劃開頸部前方（即「氣切」（tracheostomy）），將軟管從造口伸進咽喉。由於軟管能在肺臟裡製造負壓，因此不但空氣能被吸入，也能順利供氧。這算是現代呼吸器的始祖，而伊布森唯一仍待解決的問題是：這套呼吸器需要隨時有人給幫浦手動打氣，好將空氣送進病人體內，要完成這項任務，必須有足夠的人手在病榻操作。由於醫院裡需要人工供氧的小兒麻痺患者有七十五位，伊布森找了兩百五十名醫學生幫忙，廿四小時輪班為病人手動操作呼吸器。伊布森在《英國醫學期刊》發表這項最新成果，立刻引起轟動，不僅全球醫院爭相仿效，它也成為加護病房照顧呼吸困難病患的標準程序[23]。到一九六〇年代，隨著CPR發展成熟以及引入心臟監測器，現代加護病房如虎添翼，進入黃金時期。

✢ ✢ ✢

醫學幾千年來始終是門藝術，直到現代才成了科學。在科技與醫學結盟後，醫師可以選擇的治療方式呈等比級數倍增。在此同時，各式各樣的新發現也傾巢而出，大幅扭轉人類對於生命的既有認知。X光造影和斷層掃描的發展，讓原本不切開身體便無從發現的疾病無所遁形。一九五三年，詹姆斯・華生（James Watson）和弗朗西斯・克立克（Francis Crick）在《自然》期刊上發表驚天之作，揭示了生命基本要素DNA的祕密[24]。面對疾病，我們現在不但使用抗生素等新藥物，也研發出制敵機先的疫苗防患未然。目前世上除了三個國家之外，小兒麻痺症疫苗已將這種疾病澈底根除。然而，醫學固然強化了我們的生存能力，卻也開始侵犯人類死亡的權利。

一九六〇年代後期，一名六十八歲的英國醫生被診斷出胃癌[25]。他之前因為心臟病發已經退休，但健康情況還是沒有好轉。他接受手術切除胃部，但效果不佳，因為癌細胞已全身擴散。腫瘤壓迫他的脊椎神經，奇痛無比，即使嗎啡開到最高劑量也舒緩不了。手術結束十天之後，他整個人垮了，肺部也出現大型血栓。一位年輕醫生當機立斷，冒險開刀移除動脈血栓。老醫生恢復意識後，一面感謝醫療團隊盡心照顧，卻也懇請他們滿足他的心願：下次他再心臟病發，請別再為他急救了。他實在痛得受不了，也幾乎沒有讓他輕鬆一點的辦法。他心意已決，也明確表達意願，甚至還親自在病歷上註記，並一一告知醫院員工：他再也不要接受心肺復甦術。然而，即使他再三提醒，醫護人員也都知道他的意願，他兩個禮拜後再次心臟病發時，還是一晚上就被施以心肺復甦術四次，脖子上還開了造口幫他呼吸。不過這次心臟病發十分嚴重，他命是救下來了，但整體情況已幾乎不像個人。他的大腦無法有意義地發揮功能，他也不斷癲癇發作和劇烈嘔吐。然而，醫護人員還是繼續為他治療，繼續施打抗生素，繼續全力維繫他的生命，直到他心臟停止那天。

從六〇年代末到七〇年代初，這樣的故事屢見不鮮。只要看看一九六九年一名英國醫師的投書，便能了解當時醫界的普遍氛圍：

> 只要有擊退死亡的機會，吾等絕無不全力迎擊的道理，不論病人和家屬需要付出的代價多高，都不該怯於艱苦投降認輸。暫不討論酷刑凌虐等不人道行為，人對死亡的恐懼大致可以分

為兩種：對死亡本身的恐懼，以及恐懼死亡到來之前必須承受的折磨。現在是怎麼回事？難道我們恐懼死亡又多了一個理由——恐懼心肺復甦術？

我輩醫者一向認為：行醫濟世的最大風險是犯下致人於死的錯誤。難不成規矩變了？現在最嚴重的過失怎麼好像是讓病人活下來？[26]

醫生們既陶醉於醫學發展一日千里，卻也對前所未見的處境茫然若失。醫學的每個領域、每項專業都在突飛猛進，醫界先賢未竟的夢想似乎就要化為現實。打從懸壺濟世成為一門志業以來，代代醫者無不費盡心思想延長他們患者的壽命。可是，延年益壽的長期效應會是如何？他們從沒仔細想過。

科技發展也大幅改變醫病關係。第二次世界大戰之前，醫生原本習慣在家中或診所為病人看診。大戰結束後時局穩定，醫學知識與科技進展日新月異，但隨著醫院掌握的治療與檢驗方式越來越多，它們也更有能力醫治病情嚴重的患者，於是，醫療照顧的陣地從診所轉往醫院。問題是，醫生和病患的距離不但未能拉近，醫院的運作方式還進一步破壞醫病關係。越來越多醫師太依賴檢驗報告和掃瞄影像來了解病人，對他們的病情也常依標準程序照表操課。簡言之，科技反而讓醫生和病人更加疏遠。這股風潮恰好與一九六五年聯邦醫療保險生效同時出現，原因很可能是醫療補助讓大批病患得以就醫。醫院不得不增加每位醫生診治病患的人數，而隨著文書作業暴增，醫生能用在病人身上的時間也越來越少。

醫學獲得科學加持之後，醫生的知識基礎也更為扎實，過去不甚了了的生理機制如今能倒背如流。不過，很多醫生也因此變得心高氣傲，像精通玄義奧理的專家一樣不可一世、目中無人。這種情況在一九六〇年代尤其嚴重，醫生和病患的心思幾乎毫無交集。事實上，一項一九六一年進行的調查顯示：不贊成告知病患確診癌症的醫生，竟然高達百分之九十[27]。當時進行的其他調查也顯示同樣的結果[28]。大多數醫生認為：之所以不該向病患透露病情，最主要的原因是要讓他們保持希望。如果病患的情況已不得不接受手術或放射線治療，醫生還是會盡量避談「癌症」，改稱「腫瘤」或「癌前期病變」。

耐人尋味的是，病患的想法截然不同。在研究中受訪的病人裡，絕大多數表示他們想知道自己的確切病情[29]。醫界就像當時社會的其他領域一樣，行事風格深深充滿父權色彩。有位醫生曾在大名鼎鼎的《刺胳針》上講過：「男醫生和女醫生的職涯展望之所以不同，有些因素是心理上的，有些因素是生理上的，而當然，社會因素的影響也不容小覷[30]。」這位醫生接著引用史蒂文．戈德堡（Steven Goldberg）一九七七年的著作《父權之必要》（*The Inevitability of Patriarchy*），指出女性由於缺乏男性荷爾蒙，所以沒有爭強好勝的動力。

這種父權式的威權態度，對病人造成嚴重而惡劣的影響，對時日無多的病人傷害更大。對於應該採取多激烈的手段來治療病人，大多數醫生常片面決定，不容他人置喙，而他們的處理方向往往天差地遠，有極其激烈的侵入性治療，也有盡量簡化的緩和性處置。即使有些病人明確表達不做積極治療，有些醫師還是充耳不聞，執意進行激烈治療；但另一些時候，醫生又會自行認定病人已無藥可救，繼續治療毫無意義。事實上，早在急救倫理引起全美熱議之前，有些醫院已經開始將治療判斷標準化。例如在紐約皇后區的一間醫院裡，如果醫師判斷某位病人身體太過虛弱，撐不過心肺復甦術，或是不太可能從心肺復甦術得益，他們就會在那位病人的病歷貼上紫色貼紙[31]。這其實賦予醫生很大的權力，讓他們只依主觀判斷就能決定醫療方針，就能決定一名病人值不值得施予心肺復甦術。而且，他們很少把這些決定告知病人或家屬。

另一個日益普遍的作法是所謂「怠速代號」（slow codes）[32]。這種急救程序也叫「做做樣子」、「演一下」、「淺藍代號」或「好萊塢代號」，要是醫生判定病人太虛弱或病情太嚴重，就會用上這種方法，因為萬箭齊發的「藍色代號」對他們已經沒幫助了。雖然這些考量有時是出於人道，不希望急救措施對病人造成不必要的傷害，但更多時候是醫生和病人或家屬雞同鴨講，完全沒辦法溝通，醫療人員只好「做做樣子」安撫一下家人。由於「怠速代號」既尷尬又曖昧，醫療人員從不公開討論，頂多只在走廊上低聲交換意見。

雖然法律和倫理存在許多空白地帶，但病患和家屬偶爾還是能與醫生達成共識。如果病人疼痛無法減緩、病情已無力回天、預後極不樂觀，或是生活品質已嚴重受到影響，醫生在病人或家屬的提議下，是能予以「審慎怠忽」（judicious neglect）。在私下交談時，醫師往往也會探詢家屬的想法，判斷他們是否有意採取「壯烈手段」（heroic measures，很巧，這也是個經常使用卻充滿爭議的詞彙）——這通常意味使用心肺復甦術和人工呼吸器。

上述作法曾是醫界行之有年的潛規則，直到一位花樣年華的女孩引起軒然大波。凱倫・安・昆蘭（Karen Ann Quinlan）是紐澤西人，出事時二十一歲。參加派對之前，她為了穿上精心挑選的洋裝努力減重，但在派對上玩得興起，不只喝了幾杯酒，還吞了幾顆藥，最後在朋友面前不支倒地。在此之前，昆蘭的人生平凡無奇，但從她癱倒在地那一刻起，她便徘徊遊蕩於生死之間，一再塗改死亡在現代的定義，她的影響之大，歷史上恐怕無人能及。

✢ ✢ ✢

凱倫・安・昆蘭生於一九五四年三月廿九日，出生地是賓州斯克蘭頓（Scranton）聖若瑟婦幼醫院（St. Joseph's Children's and Maternity Hospital）[33]，因為這間醫院專供未婚媽媽待產。凱倫出生一個月後，茱莉亞（Julia）和約瑟夫・昆蘭（Joseph Quinlan）夫婦填好表格，將凱倫領養回家。在出事之前，凱倫的人生大致分為兩段。第一段人生就像一般中產家庭的乖女兒：她游泳、滑雪、約會、和家人一起望彌撒、上中學，還在當地一家陶瓷藝品店打工。可是被那家藝品店辭退之後，她的人生也開始變調。她不斷換工作，也越來越沉迷鎮靜劑和酒精。

一九七五年四月十四日那晚，凱倫看不出來有什麼異狀。她跟朋友跑去離拉克瓦納湖（Lake Lackawanna）不遠的法孔內小館（Falconer's Tavern）玩。為了穿上她為那晚精心挑選的服裝，她已節食節水好幾天。忍飢挨餓算什麼？為了豔冠群芳全都值得。到了酒吧，她喝了幾杯杜松子酒，也吃了幾顆隨身攜帶的鎮靜劑——結果一切走樣，她突然垮了。一個朋友趕忙載她離開，帶她回她和另一個朋友同租的住處。進門沒多久，他們愕然發現凱倫沒了呼吸。

從很多層面來看，凱倫的朋友發現她呼吸停止後的一連串行動，正顯示急救知識在短時間內變得多麼普及。她的朋友開始為她嘴對嘴人工呼吸，好讓她的大腦獲得氧氣，最好還能恢復自主呼吸。只是醫生後來研判：她的大腦至少兩度缺氧十五分鐘。

她的朋友也立刻打電話通報緊急救護中心——又是另一項才出現沒多久的新服務。事實上，全美通用的緊急電話「九一一」，是到一九六七年才由總統執法與司法行政委員會（President's Commission on Law Enforcement and Administration of Justice）建議設立的。救護車馬上到了，將凱倫送往當地醫院，並接上人工呼吸器。身體檢查時，醫生發現她的瞳孔靜止不動，對光線刺激既不收縮也不放大，這明明是非常基本的反射動作，可是凱倫的瞳孔像定住一樣。在此同時，她對疼痛刺激也毫無反應。

凱倫入院三天後，主治醫師決定請神經科會診，於是當班的神經科醫師羅伯・摩斯（Robert Morse）來為凱倫檢查。在法庭紀錄中，摩斯醫師表示據他判斷凱倫已陷入昏迷，而且證據顯示她有「腦皮質剝除」（decortication），亦即大腦皮質發生大規模損害——從她腿部僵直、雙臂扭曲緊繃的狀態可以判斷。

凱倫的情況一直沒有改善，反而每下愈況。她入院時體重大約一一五磅，醫生為了幫她餵食，給她裝上鼻胃管。這種管子從鼻孔直通胃部，可以把食物或藥物送進體內。但儘管如此，凱倫的體重還是一直往下掉，短短幾個月就剩不到七十磅。凱倫的父母昆蘭夫婦都是虔誠的天主教徒，雖然愛女昏迷不醒，他們還是堅強以對。

凱倫並不是第一個陷入這種困境的病人，但她成了最受矚目的一個。一般說來，家屬和醫生之間通常能達成共識，醫生有時也會片面決定不再繼續急救。凱倫入院五個月後，約瑟夫・昆蘭終於請求醫師停止治療，並撤除呼吸器，但凱倫的醫生羅伯・摩斯和阿爾夏德・賈維德（Arshad Javed）予以拒絕。為了打消醫生對醫療訴訟的顧慮，昆蘭夫婦還特地寫了一份聲明，明確免除他們的法律責任。可是兩位醫生依然婉拒，堅持不願撤除凱倫的呼吸器。

於是，入院時已骨瘦如柴的凱倫，就在醫院裡開啟了第二人生，她沒日沒夜地躺在病床，呼吸也始終得靠呼吸器。她的情況從表面來看不算特別，因為病情和她不相上下的病患所在多有。可是事態發展將她推向風口浪尖，死亡的面貌更因她一再改寫。

每一位參與照顧凱倫的醫生都同意她預後不佳，他們也都認為她從昏迷中甦醒的機率趨近於零。事實上，遇上凱倫這樣的病人，很多醫生都會願意接受昆蘭夫婦的提議，可是凱倫的醫生偏偏不作此想。這確實是個困難的決定，即使我現在重新思索這整件事，還是很難設想如果我是凱倫的醫生會怎麼做。一方面凱倫生活品質很糟，過得簡直不像個人。她得靠機器幫她呼吸，得用人工方式攝取營養，但即使如此，她還是只剩七十磅重。此外，當時根本沒有技術或治療能幫她恢復任何功能。繼續讓她接受這些「治療」有什麼意義呢？她不會因此舒服一點，她的感知也不會因為這些機器而有所不同。

但另一方面，我們也都清楚凱倫懸在倫理和法律的真空狀態。醫師所受的訓練是自主思考，並依照判斷明快處置眼前的病人。醫師每天都得面臨好幾次倫理抉擇，而且從來不能逃避。大多數時候，醫生是照著最符合自己道德良知的方式行事，決定之後便義無反顧，很少瞻前顧後或自我質疑。簡言之，醫師習慣衝鋒陷陣自行其是，因此一旦邁入未知的領域，驟然暴增的選項反而會讓他們四顧茫然。關於生命終點的倫理決定又尤其艱難，畢竟這裡既無前例可循，也無法律規範。

在凱倫的問題上，雖然醫生們一致同意她不可能好轉，但他們也明白自己在法律上立場尷尬：他們沒有權力撤除凱倫賴以為生的醫療處置。在此同時，他們也擔心停止照護措施會惹禍上身。他們就會向媒體提過：有人警告過他們，如果他們真敢撤除凱倫的呼吸器，檢察官一定會以謀殺罪名起訴他們。這確實不是杞人憂天，因為這個案子並沒有法院判例可循。從某個角度來看，醫生們願意暫時擱置進一步的行動，試著從更廣闊的層面深思這個問題，的確是負責任的作法。

對昆蘭夫婦來說，這個決定其實也不容易。他們花了好幾個月思考這個問題，約瑟夫．昆蘭也和他的神父討論了好幾次。神父也同意撤除醫療照顧，畢竟凱倫幾乎不可能復原。幾番天人交戰之後，他們心意已決：繼續進行這些他們認定為「非常」措施（“extraordinary” measures）的照顧，絕不是凱倫樂見的。於是，他們決定提起訴訟，將爭議送交法院裁決。

昆蘭夫婦也許沒有想過：他們提出的這項訴訟，會成為那個時代最重要的司法案件之一。不過判例似乎並不站在他們這邊：幾個禮拜以前，紐澤西法院才判一名卅九歲白血病末期婦女敗訴，否定她有拒絕使用餵食管的權利[34]。當時的社會氛圍也對昆蘭夫婦不利：對於移除末期病患維生儀器一事，社會大眾在情感上依然充滿不安與疑懼。摩斯醫生的律師巧妙運用這點：在開審陳述中，他將昆蘭案比做納粹暴行，其卑劣居心與使用毒氣屠殺猶太人無異[35]。位於紐澤西北部的莫里斯鎮（Morristown）原本沒沒無名，從喬治・華盛頓於一七七〇年代駐紮在此之後，便幾乎從美國大眾的記憶裡消失。但審判消息傳出後，幾百名記者湧進莫里斯鎮大街小巷，在昆蘭家外或坐或站，伸頭張望，法庭旁聽席也立刻被他們占滿。哈佛大學歷史系教授、《紐約客》特約作家吉兒・勒波（Jill Lepore），在《幸福之家》（*The Mansion of Happiness*）中寫道：「凱倫・昆蘭案澈底改寫了美國政治史。昆蘭案後幾十年裡，各式各樣的內政議題都被轉化成生死議題——緊急迫切，無可妥協，而且完全沒有讓步空間[36]。」

✢ ✢ ✢

凱倫・昆蘭案算是今日「死亡權」運動的先聲。照州檢察官和州檢察長原本的想法，這個案子意在挑戰紐澤西對死亡的既有定義，但審判開始前不久傳出消息：凱倫仍有腦波活動，有時不用呼吸器也能自主呼吸。換言之，訴訟兩造至少都同意一項基本事實：凱倫沒死。雖然死亡定義的確是引人好奇的議題，可是這次案件並不涉及這項爭議。但無論如何，這是法院首次正式審理照料臨終病患的複雜問題，畢竟在此之前，醫療還未進步到讓相關爭議有機會浮現。平心而論，討論臨終照顧問題不但容易流於情緒，而且牽涉層面廣及醫學、神學及法學，不論從哪個層面切入，都須處理錯綜複雜的人類尊嚴、隱私權、自主權等議題，無怪乎法界人士從未曾主動涉入這個領域。

一九七五年十月二十日，紐澤西高等法院正式開庭，由小羅伯．繆爾（Robert Muir Jr.）法官負責審理，大約兩個星期便作出裁決。從很多層面來看，這次審判猶如預演往後受到高度關注的審判。昆蘭夫婦收到上千份信件和包裹，其中很多是信仰治療者寄的，個個宣稱凱倫問題不大，他們絕對有辦法治好。約瑟夫．昆蘭的主張直接了當：他應該被任命為凱倫的監護人，並獲准移除她的呼吸器，讓她安然離世。

問題是：才開庭審理，法院就拒絕任命約瑟夫．昆蘭為監護人。法院認為他一心只想撤除女兒的維生設備，根本不適任監護人，所以另外任命兼職公設辯護人丹尼爾．柯本（Daniel Coburn）為凱倫的法律監護人，但柯本偏偏不贊成移除呼吸器。繆爾法官認為，應否移除呼吸器「應由負責照顧的醫生定奪……我贊成醫生應與家長取得共識，但不認為決定應由家長主導」。簡單來說，繆爾法官只是重申既有概念——醫師知道怎麼做最好。這種成見其實隨處可見，社會向來敬重醫師，甚至對醫師奉若神明，總覺得醫生怎麼做都對。

於是，這場審判就從法庭拒絕昆蘭先生擔任監護人開始。

昆蘭夫婦抵達莫里斯縣司法大樓時，三名天主教神父也陪在他們身邊。其中一位是昆蘭家的堂區神父多默．特拉帕索（Thomas Trapasso），他和昆蘭一家相識多年，也和凱倫很熟。過去幾個月，他和其他神父與昆蘭夫婦談過很多次，幾位神長一致認為：昆蘭夫婦有權不以人為方式延長凱倫目前的狀態。他們之所以這樣判斷，主要是依據教宗碧岳十二世（Pius XII）的一次演說。一九五七年，碧岳十二世在一場國際麻醉師會議中言明：在病患無復原可能時，醫師沒有責任違反病患意願延長治療[37]。

在訴訟雙方激辯兩個星期後，繆爾法官作出裁決，而且立場相當堅決。一九七五年十一月十日，繆爾法官宣布：約瑟夫．昆蘭不得擔任病患之監護人，決策責任應由照顧凱倫的醫師承擔。在判決書裡，繆爾法官寫道：

> 本案事涉人類生命的獨特性、醫療專業的操守、社會大眾對醫師的態度，以及整體社會的道德風氣，吾等應以更高標準對待，並擔負起更高的責任。病患既被託付（或託付自身）給醫師照顧，便已期待醫師將在能力範圍之內全力以赴，窮盡現代醫學一切手段捍衛病患生命。醫師將盡一切人事守護生命、對抗死亡[38]。

繆爾法官在判決中特別強調醫師的角色，他認為醫師不只是醫療事務的專家，更是社會倫理道德標準的典範。他問道：「吾等有何理由越俎代庖，由法庭代醫療專業人員定奪，逕行認定照顧之定義、內容，及其所應施行之時間長短？」

追根究柢來看，這份判決最想釐清的是：對病患各個照顧階段的醫療處置，法院是否有權置喙？遺憾的是，繆爾法官的思維其實只反映出長久以來的怪象：不論是病患、照顧者或監護人，對健康照顧幾乎沒有發言權。

很多人認為這場訴訟的核心是界定病患權利何在，法庭對此也做了回應。不過，凱倫．昆蘭案畢竟和羅訴韋德案（*Roe v. Wade*）不同[39]，羅訴韋德案的爭點是生命權，可是在很多人眼裡，凱倫·昆蘭案爭的是所謂「死亡權」，而停用呼吸器無異於殺人或安樂死。不論移除呼吸器是有意為之或消極不作為所致，都不是重點，重點是「憲法並未賦予死亡權，家長不得為其無行為能力之成年子女主張此一權利」。繆爾法官其實還進一步說：維持生命符合本州最佳利益。

另一項引起激辯的病患權利是隱私權。昆蘭家的律師保羅·阿姆斯壯（Paul Armstrong）指出：昆蘭夫婦決定撤除自家孩子的呼吸器，是行使他們自己的隱私權，州政府以法院裁決橫加干涉，已侵犯昆蘭夫婦的隱私權。昆蘭夫婦也說：隱私權既受保障，他們當然有權自主決定應否撤除本案中似乎無效的「非常措施」。雖然憲法並未明確提及隱私權，但由於自主權範圍一再擴大，隱私權其實已有相當可觀的法院判例支持。事實上，在一八九一年的「聯合太平洋鐵路公司訴博斯福特案」（*Union Pacific Railway Company v. Botsford*）中，何瑞斯·格雷（Horace Gray）法官便呼應先前的判決說：「人對自身的權利，或許就是完全豁免於外在干涉的權利，換句話說：能自行其是而不受干擾。」雖然昆蘭夫婦宣稱隱私權可由父母代子女行使，但法院並不同意，法院也同時指出：生命利益對州政府的重要性高於父母撤除呼吸器的意願。不過，這項爭議就像凱倫·昆蘭案裡的其他課題一樣，引起的問題遠比提出的答案更多。因為在那個時候，根本沒人真正了解病人的權利有哪些。

繆爾法官的判決對昆蘭夫婦來說是一大打擊，但打擊也強化了他們的決心。他們發現戰術錯誤：這個議題糾結科學、宗教、法律等各個領域，是顆不折不扣的燙手山芋，下級法院接不起。凱倫依舊躺在醫院，毫無復原跡象，昆蘭夫婦並不打算就此罷休，繼續上訴至紐澤西最高法院。

社會大眾和新聞媒體持續關注這個案子，可是風向漸漸變了，大家開始轉而支持昆蘭夫婦。有些報導寫得簡單直白：凱倫．安就是棕髮褐眼版的「白雪公主」，她沉睡的命運走向何方，就看她（養）父母、醫生和法庭三方如何角力。

把注意力放在她外型變化的人也不少。報章媒體登的照片是她高中時拍的，看起來身強體健，讓人不免更加好奇她的遭遇。由於那張照片已經太舊，好事之徒開始胡亂臆測她的現狀。法庭常以「胎兒型」、「怪異」等詞形容她的去皮質姿勢（decorticate posture），而最露骨的描述出自神經學家尤利烏斯．寇瑞恩（Julius Korein），他在作證時說：凱倫像個「無腦症怪物」[40]。

無腦症是相當罕見的先天畸形，罹患此症的胎兒不會長出大腦。無腦症當時也引起一陣熱議，因為耶魯－紐哈芬醫院（Yale–New Haven Hospital）證實：院內的確接生過幾名無腦症胎兒，在告知父母這些孩子預後不佳之後，他們決定停止或不作治療，胎兒因此去世[41]。這些胎兒多半浸在灌滿福馬林的瓶子裡，擺在解剖學實驗室當樣本，有時也出現在胚胎學教科書，像個突然跑出來嚇人的配角。「你要是拿手電筒從他們頭部後方照，光會直接從瞳孔透出來，他們沒有腦嘛！」寇瑞恩說得興起，好像唯恐大家想像的畫面還不夠驚悚。這些獵奇的陳述進一步引發大眾好奇，媒體也深知有幅畫面多能操控輿論走向。於是，關於臨終議題的討論，絕大多數集中在痛苦或磨難。流言蜚語四起，個個把凱倫講得不成人形，彷彿越是渲染她的痛苦，越能證明維繫她的生命多無謂而殘酷。毫不令人意外的是，有報社向昆蘭夫婦開價十萬買一張凱倫近照，有些記者甚至想假扮修女潛入醫院。

昆蘭夫婦也在不知不覺中掌握住吸睛之道。沒過多久，他們便能不疾不徐地一再重述凱倫的故事，他們的談吐相當自然，臉上滿是對女兒的關心與不捨，言詞之間充滿對天主的敬畏。他們就像平平凡凡的一般家長，但為了讓女兒得到平靜，他們不得不挺身與世界相抗。他們有神父、親友和律師保羅・阿姆斯壯作後盾，也贏得報導此案的媒體一致敬重。只要昆蘭夫婦開始說話，原本嘈雜推擠的記者一定自動安靜下來。另一方面，醫師團隊也自始至終凜然自重，明確表示病人是他們的首要考量，更是他們唯一的顧念。出乎所有人意料之外，這個案子居然完全沒有「壞人」。

每個人似乎都一心為了凱倫好，問題是彼此的看法天差地遠。從很多方面來看，這跟現代醫學中很多倫理困境一樣：每個人都是一番好意，但看待真理的方式南轅北轍。

不斷追蹤凱倫・昆蘭案的發展，也讓社會大眾開始同理昆蘭夫婦的感受：自己的愛子愛女困在生死之間的渾沌地帶，心裡會怎麼想呢？更重要的是：凱倫現在的情況，到底還算不算是「人」？每天翻開報紙，他們都想像不到又會出現什麼新發展。他們盯著昆蘭夫婦閃躲記者、步入法庭、忍受一切不便，可是，他們的奮鬥卻是為了讓深愛的女兒儘早離去？審判越拖越久，凱倫的情況仍無絲毫變化，體重也一再下滑，昆蘭夫婦心如刀割，幾乎已痛得麻痺。

對媒體來說，凱倫・昆蘭案顯示閱聽大眾對死亡議題有興趣，而且關注角度人人不同，從最嚴肅的到最獵奇的都有。無論是報章雜誌或電視報導，無論是紐澤西州的地方小報或《新聞週刊》的封面故事，凱倫的消息始終是眾人目光焦點[42]。當然，報導品質參差不齊[43]。《紐約時報》精銳盡出，不僅派出紐澤西和紐約最好的記者報導此案，也延請法律和宗教專家為文評論。最嫻熟這個領域的作家或許是瓊・克朗（Joan Kron），她為《紐約》雜誌寫了篇長篇報導。

克朗的報導之所以引人注目，是因為她在這個議題上有個人經驗：一九六八年，她也做過艱難的決定，撤除十六歲女兒的醫療照顧。雖然許多報導顯然對昆蘭案下過工夫，但也有不少報導扭曲不實，原因或是因為對相關議題缺乏了解，或是為了吸引讀者目光而語出驚人。從消息見諸報端之後，昆蘭案的焦點就被歪曲成「挑戰死亡定義」。可是，雖然昆蘭案確實與此相關，這項議題也的確容易引起好奇，但昆蘭案兩造唯一同意的基本事實或許就是：凱倫並沒有死。從現代對死亡的任何定義來看，她都不算死亡。輿論之所以誤以為本案爭點是死亡定義，也許是因為主流媒體沒有請醫師作家發聲。哈斯丁中心（Hastings Center）的報告指出：「沒有醫師作家報導這則案例。如果有的話，『凱倫是否有腦波？』這種基本問題應該會提出得更早。因為到目前為止，對這個問題及其倫理意義有興趣的都是醫界的人，而不是法律、宗教或科普作家[44]。」

另一方面，對繆爾法官的裁定不以為然的醫生倒是不少。一九七五年十一月廿四日，喬治・華盛頓大學（George Washington University）重症醫療醫師傑克・E・齊瑪曼（Jack E. Zimmerman）在《華盛頓郵報》（*Washington Post*）撰文指出：如果凱倫是在他任職的醫院接受治療，醫生們早就決定移除呼吸器了。他也說，醫生早就該主動跟昆蘭夫婦討論這個問題，而不是讓昆蘭先生苦思好幾個月後才自己提出。繆爾法官對醫療決策所持的醫師中心態度也飽受批評，因為這似乎違背美國醫學會一九七三年的聲明——在這項聲明裡，醫師代表指出：在病患不太可能恢復正常功能時，決定是否繼續延長生命的人，應該是「病患及／或其最近親屬」[45]。

繆爾法官認為：醫師應是病患的守護者，而他們有責任保護及延長生命。更進一步說，醫師甚至比病患親屬或照顧者更有資格守護病患權益。但繆爾法官沒有考慮到的是：醫師本身也會有自己的偏見，他們的利益也不見得與病患權益一致。因此，雖然繆爾法官賦予醫師更大的自主權，讓他們能依自己的判斷做出攸關生死的決定，卻沒有任何醫師組織支持昆蘭案中醫師一方的立場。相較之下，以往醫師捲入訴訟多半會有醫師組織加以支持（例如在肯尼斯・艾德林〔Kenneth Edelin〕案中[46]，艾德林醫師因為為成孕六個月的胎兒執行選擇性墮胎，一開始被判殺人罪，當時便有不少醫師組織予以聲援。後來上訴到最高法院，法官才一致推翻原判決[47]）。

✢ ✢ ✢

一九七六年一月廿六日，繆爾法官於紐澤西高等法院做出裁決兩個月後，上訴案正式在紐澤西最高法院開庭審理。辯論兩個月後，休斯法官（Justice Hughes）宣布歷史性判決：法庭以七比零通過〈論據稱無行為能力者凱倫・昆蘭〉（*In the Matter of Karen Quinlan, an Alleged Incompetent*）[48]。法庭深切體認此一案件牽涉複雜，而其裁決影響深遠：

本案茲事體大，牽涉議題包括：死亡的定義與存在；以人工方式延長生命，而其所仰賴之醫療科技為過去懸壺濟世者聞所未聞；這種長度不定而人為延長之生命對無行為能力者、其家人及整體社會之影響；相關憲法權利及司法責任，亦即，對於原告尋求解脫的不尋常願望，一個公正的法庭應如何回應才算妥切。此外，本案同樣涉及原告約瑟夫・昆蘭擔任其女之監護人的權利。

雖然相關事實與訴訟開始時相去不遠，但社會氛圍已大幅改變，此時對於何謂「非常措施」也開始討論。擔任州方證人的神經科醫師希德尼・戴厄門（Sidney Diamond）表示：雖然在病患腦死之前應繼續使用呼吸器，但以凱倫・昆蘭目前的狀況，實無理由為其輸血或手術。

判決也說：臨終議題事涉法律、醫學與宗教。雖然原告之宗教信念應受認可與尊重，但生命與死亡的定義仍然專屬醫學範圍。判決認為宗教與醫學在此領域雖有重疊，但不相衝突。

在結論部分，最高法院同意高等法院的部分見解。首先，純就憲法角度來說，凱倫目前的狀態並非殘酷而罕見的懲罰，因為她現階段的狀態並非罪刑結果，而是悲劇所致。其次，最高法院也認為憲法雖然保障宗教自由，但宗教行為不能免於政府監督，事涉維護生命時尤其如此。

不過，在凱倫的隱私權部分，最高法院的見解與高等法院判然有別。最高法院認為：凱倫預後不佳，「在現實上既無恢復認知及知性生活之任何可能，僅為拖延短短數月之生命，斷無外部迫切利益足以強制凱倫忍其所不可忍」。對隱私權的這種解釋並非紐澤西最高法院首創，在羅訴韋德案

（一九七三）和格里斯沃德訴康乃狄克州案（*Griswold v. Connecticut*）（一九六五）中，都已有前例可循。以後者為例，康乃狄克州引用某條禁止避孕的恐龍法規，逮捕一名開設避孕診所的耶魯教授。但法庭裁定此法違反「婚姻隱私權」，其中一名法官還直嗤該法「異常愚蠢」。

高等法院不容昆蘭先生擔任凱倫監護人的裁決，最高法院也予撤銷。最高法院認為：由父母擔任監護人之意，是希望能透過病患家屬之最佳判斷，以推定病患若具行為能力或能表達願望時會作何選擇。判決也說：由於凱倫的預後日益不佳，州政府以「維護生命」為由進行裁決之理益顯薄弱。最高法院與高等法院最大的分歧之一，是最高法院將病患及病患親屬引入醫療決策過程。但照高等法院的見解，由於昆蘭先生身陷悲痛，恐難與醫生就醫療方針達成必要之共識，故不適任監護人。

總之，在這份七比零通過的判決書裡，休斯法官不僅肯定病患有權撤回或拒絕維生治療，也認定在病患不具作相關決定之行為能力時，監護人可以代為決定。判決書也表示：醫師依循這類要求而行，不須負擔刑事責任。這是昆蘭案對臨終照護最大的影響。這份判決總算讓現代臨終照護原則露出雛形，呈現在世人眼前。

對這份判決的批評似乎不多。在《神經學年鑑》（*Annals of Neurology*）中，有位神經學家H．理查．貝瑞斯福德（H. Richard Beresford）的確表達了疑慮，他說：「法庭僅將焦點放在應否使用呼吸器，結果是只處理了較為空泛的問題：照顧不具認知能力的病患時，法律標準是否該比照顧具備認知能力的病患為低？[49]」

但持平而論，這項批評有失公允。首先，這次呈送法庭裁決的維生治療工具只有呼吸器；其次，要求全面審核法律許可的一切醫療照顧，必須做上一長串假設檢定，如此一來難免備多力分，審判恐難以為續。顯而易見的是，大多數醫生和所有醫師組織都樂見裁決如此。紐澤西最高法院勇敢涉入臨終照護問題，他們對類似處境下「何謂適切？」的回答，為全世界提供了表率。

最高法院裁決後，昆蘭夫婦回到醫院，移除了凱倫的呼吸器。出乎眾人意料的是，凱倫拿下呼吸器後並未驟然離世，反而在護理之家又活了十年，直到一九八五年六月才因肺炎去世，當時她的媽媽也在身邊陪著。雖然昆蘭夫婦要求醫生別開抗生素給她，但在她昏迷期間，他們始終維持管灌餵食。在凱倫臥床護理之家十年期間，為了讓愛女移除呼吸器而掀起全美熱議的昆蘭爸爸，每天早上上班之前總會先開車幾哩看看女兒。

凱倫．昆蘭案的影響至今猶存，今日大小判決之中常可見其遺緒。以特麗．夏沃（Terri Schiavo）案為例：特麗三十七歲時在家心臟病發，從此成為植物人。她的案件不僅引起政府高層介入（包括時任總統的小布希在內），她的丈夫和父母也各執一詞。她的丈夫以法律監護人的身分主張移除餵食管，聲稱這是特麗的心願，她的父母則堅決反對。在昆蘭案判決的基礎上，法院最終支持特麗丈夫的主張。不過，相較於對法庭判決的影響，昆蘭案還是對臨床照顧議題影響更深。在此同時，它也改變了醫師與病患及家屬討論重大事務的方式。「病患究竟有哪些權利？」的問題，最終也因此漸漸明朗。

✢ ✢ ✢

貝絲．以色列醫院（Beth Israel Hospital）建於一九一六年，由波士頓日益龐大的猶太族群集資成立。建院既是為了日漸增加的猶太族群提供醫療服務，也是為了讓在其他醫院謀職不易的猶太醫生有就業機會。建院初期，醫院只是羅斯柏利區（Roxbury）的一間小診所，但以當地猶太族群的善款為後盾，醫院快速成長，不久就搬到現在的位置，成為醫界菁英齊聚的長木醫學區（Longwood）一份子，與布萊根婦女醫院（Brigham and Women's Hospital）、女執事醫療中心（Deaconess Medical Center）、波士頓兒童醫院（Boston Children's Hospital）、新英格蘭浸會醫院（New England Baptist Hospital）為鄰，稍遠一點便是鼎鼎大名的麻州綜合醫院（Massachusetts General Hospital）。

一九六六年，米契爾．雷普金（Mitchell Rabkin）獲研究委員會任命為貝絲．以色列醫院執行長時，年僅三十五歲[50]。他當時對於行政管理幾無經驗，卻為醫院帶動獨特的人文與求知氣息。雷普金為醫院掌舵超過三十年，他不僅讓醫院毫不遜色於強鄰，更高瞻遠矚打造以病患為中心的醫療體系，在提高病人權利上的貢獻無人能及。他影響最大的成就之一，是在一九七二年制定史上第一份病患權利規章[51]，這份規章後來甚至進一步化為州法。除了其他今日看來理所當然的規範之外，權利規章亦保證病患獲得最高層級的醫療照護，不論其「種族、宗教、國籍、失能或殘障、性別、性傾向、年齡、軍階或支付資源」。

一九七六年八月昆蘭案結束後，雷普金在《新英格蘭醫學期刊》發表準則，用以指導不復甦病患的決策流程：「儘管醫院旨在維護生命，仍須尊重病患拒絕可行之醫療處置的權利[52]」。在照顧「病情無可逆轉或治療，且大限將至的病患」時，主要負責照顧的醫師宜成立臨時小組討論病患狀況（臨時小組成員應包含其他專科的照顧者，以及並未直接參與照顧病患的醫師），之後主動與病患及家屬討論不採取復甦術的選項。在病患部分，參與討論的病患必須「具備行為能力」的意義是：病患必須能了解相關風險及替代選項，且不受疼痛、藥物或新陳代謝異常等因素干擾。準則也特別澄清：即使決定不採取復甦術，也不會「減少為照顧病患及使其安適所須之適當措施」。

我和雷普金醫師喝咖啡時，他告訴我：在凱倫·昆蘭案及其判決之前，醫生得一肩擔起所有決定，而且「不但各種決定千變萬化，各種『不』決定也千變萬化」。在面對不太可能因復甦術受益的病患時，醫生也許只能暗示同仁：「要是警報響了，用走的打電話給我就好，不用跑。」

雷普金聲音雄厚，動作輕柔。我想知道他醫院裡的醫師對這政策有何反應，他說：「他們覺得鬆了一口氣，因為做決定的責任總算不必一個人扛了。醫生現在獲得反饋的機會很多，有病患、病患代理人、同事等等。資深醫師之所以鬆了口氣，部分原因是實習醫生不必自己做決定，實習醫生也鬆了口氣，因為做決定對他們來說太沉重。」不過，這項政策最重要的影響還是讓臨終照顧議題浮上檯面。雷普金說：「我們攤開來談，放在太陽底下攤開來談。」天日昭昭，乾坤朗朗，我們再也沒有視而不見的理由。

同一期《新英格蘭醫學期刊》裡還有另一組建議，但並沒有被廣泛採用。那組建議簡單來說，就是將加護病房收的病人分級，依他們所應接受的加護等級分類[53]。雖然為病患評估、分級仍是醫生和護理師的專屬權力，建議中也幾乎沒提到病患和家屬的角色，但若病患和家屬對自己或親人的分級確有疑義，建議也勸負責照顧的醫生「向提出疑問者說明醫療理據」。

由此可知，凱倫．昆蘭案效應的確為病患排除障礙，讓他們能正式諮詢醫師意見，並為自己做出「不復甦」的決定。如果病患本人無法有意義地參與決定，他們的家屬也可以為他們做決定。醫生從此不再高高在上有如神祇，高深莫測地從雲端發話，他們必須降到病人身旁，真切對話，並達成共識。

✣ ✣ ✣

死亡向來是靈性探索與存在思辨的泉源。因物傷其類而發的無解之問，總不乏學者、哲學家、神學家或說書人試著回答。既然死亡可能是人生中最重要的大事，所有的文化都為此發展出精緻而複雜的儀式。圍繞生命盡頭的儀節，一點也不比圍繞生命之始的儀節輕省。很多儀式都給人一段時間治療所愛、回憶所愛，並讓他們為無力扭轉的失去而哀慟時，在彼此身上重新得到力量。

醫學其實也很像儀式。一個人進醫院後，總是會被數不清的各種角色一再詢問相同的問題。醫生每天巡房時為病患檢查，並不是以為能發現新東西，而是暗自希望這樣做上千百來次，也許會有那麼幾次碰上實用的資訊。在死亡醫療化之後，現代關於死亡的儀式變得更多。

病人在醫院過世時，宣告死亡本身就是相當儀式性的行為。我實習那年有一天值晚班，護理師半夜傳呼我，說她有位病人呼吸停止了。我問她發布藍色代號了沒？她說那位病人已經表明拒絕心肺復甦術，所以我只要過去為她宣告死亡就可以了。在此之前，我還沒宣告死亡過，所以先去請教帶我的住院醫生，他給了我一張確認表。

我走進病房，裡頭靜得讓人發寒，我照著他們給的表一一做。我把床單從病人臉上拉下，露出一張老太太的臉，面無血色，嘴巴微張，雙眼緊闔，在此之前我從沒見過她。我找了脈搏，量不到；我把聽診器按在她胸口，只聽見一片死寂。最後，為了確認她的大腦是否仍有功能，我得評估她是否還有基本大腦反射。我輕輕撥開她的眼，用戴著手套的指頭微微觸碰眼角，想觀察她是否還會眨眼。眼球微濕，觸摸起來有凝膠感，但毫無反應。沒錯，這就是剛死之人的眼球。她沒有眨眼。於是，這套為醫院過世之人舉行的儀式，也可以圓滿落幕。

現在，臨終過程就像絕大多數就醫經驗一樣，已被隔離消毒，但過去並非如此。綜觀人類歷史，迎接死亡多半是極為靈性化的經驗。參與過程的經常是神職人員，例如牧師或薩滿。他們會陪伴病人直到最後一刻，為病人、也為病人親友，讓死亡成為一份深刻而極富意義的經驗。研究顯示：絕大多數病人都有重大靈性需求，很多人也從信仰得到力量[54]。但在現代社會，陪伴病人的不再是薩滿，而是一群身穿手術服的陌生人。死亡明明是醫院裡最複雜的情況之一，但負責處理的往往是最年輕稚嫩的醫生。

觀諸人類歷史，人在面對死亡時最悠久的儀式，就是呼求奇蹟。在古代，這份責任是由神職人員擔起，他們挺身向前，喃喃念出所有想得起來的咒語。而現在，這項儀式是由醫生擔綱演出。

如果病人希望醫護人員「盡一切努力」，他們對人間的最後一瞥，應該會是醫生和護理師直著手肘、按著手掌，為自己實施CPR。老實說，這一幕很怪。我清楚記得自己做的一次CPR：那名病人腹部插著透析管，我每次按壓胸部，液體就從他肚子噴出來。我的上衣很快就被腹水浸透，地板滑得我差點跌倒。我已經壓了很久，肩膀、後背和手腕都痠得想放棄。我眼睛一掃，至少有四、五個實習醫生在我身邊，眼神像是第一次看《獅子王》裡的木法沙死去。我幾次示意自己需要一個人接手，可是就是沒人過來，也許是不願意，也可能是自認能力不足。

每個醫生都有這麼一則騷擾自己多年的往事。我很多年前就學過CPR，可是在真的病人身上操作，當然跟用塑膠模型練習完全不同。我是在醫學院裡第一次學CPR，很多人也是如此，但從電視上認識CPR的也絕對不少。只不過電視總把它演得很神奇，像是靠它死而復生的人數不勝數似的。現實世界的CPR當然不是萬靈丹，對病重到需要住院的病人來說更非如此。一九八七年登上《新英格蘭醫學期刊》時，萊絲莉．布雷克霍爾（Leslie Blackhall）還只是內科住院醫生。她最近告訴我，當年文章裡的一些場景「簡直像人權暴行」。在〈我們非做CPR不可嗎？〉（Must We Always Use CPR?）發表時，醫界的鐘擺已遠離老掉牙的父權思維，但似乎擺向另一個極端：「那時每個人都做CPR，結果我們眼睜睜看著一些慘事發生……醫生擔心自己（要是不做CPR）會被告或被捕，有些人還真的碰上那種事。」布雷克霍爾講自己的一則CPR案例前，先為場面血腥向我致歉：那名病人食道長了腫瘤，侵蝕到主動脈，可是布雷克霍爾當時非做CPR不可，一壓下去，「他的血從嘴巴狂噴，像是全身的血都嘔了出來」。還有一次她不得不做CPR，是為一名都已開始出現屍僵的病人，結果屍體攣縮了好長一段時間。

雖然CPR一般是在帷幔後進行，但它漸漸變得像家屬共同見證的表演。與我們以往認為的不同，家屬其實很感激能看到病倒的家人被施予CPR。有人研究過見證這一幕的心理效應，讓不少人驚訝的是：如果家屬能在旁看著醫療人員使出最後絕招，心裡的焦慮和憂鬱都能減輕一些[55]。不過，這篇發表在《新英格蘭醫學期刊》的研究其實留了一手：在病患過世之後，研究人員會照實驗設計的流程前往探訪，除了詢問家屬幾個問題之外，也會請家屬節哀。可是在醫院，病人一旦去世，家屬往往立刻被忘得一乾二淨。

從時間之始到僅僅幾十年以前，我們為行將就木的人做的每一件事，幾乎都是沒有作用的。不論是精心調製的祕方、百轉千迴的禱文，還是揮汗演出的法事，原本很可能都是安慰劑，只為了留下與亙古的詛咒最後一搏的身影。醫生收服疾病的能力曾經和病患一樣小，但在麻醉、手術、抗生素和呼吸器等重兵就位之後，醫生似乎頓時功力大增，一下子掌握各種尖端武器，足以扭轉乾坤，硬生生拽回一顆向太陽暴衝的隕石。但與CPR相較之下，連這些武器都顯得遜色，畢竟目前還真看不到比它更戲劇化的招式。

雖然在社會大眾的想像裡，CPR的地位近乎法術，似乎能一把拉回鬼門關前徘徊的人，但它陰沉而猙獰的另一面也已漸漸浮現：以CPR救治的病患病情越來越重，而病人的情況如果本來就不好，CPR的結果當然也越來越糟。現在接受CPR搶救的病人，比以前更可能需要呼吸器和鼻胃管收拾殘局，腦部受損的後果也可能更重。罹患慢性疾病的美國老年人要是再接受CPR，五個裡能活著離開醫院的不到一個，能繼續存活六個月的也只有百分之二[56]。過去幾十年裡，儘管醫學方方面面進展神速，但接受CPR的病患存活率毫無增長[57]。

之所以有越來越多人拒絕CPR，不是因為擔心CPR不奏效，而是恐懼CPR有始無終。病人憂心的是：CPR或許能讓自己的心臟重新跳動，可是大腦付出的代價他們承受不起。有一次我向病人問病史，他是位汽車經銷商，一開口談醫療照顧便單刀直入：「醫生，如果我心臟停了，就別救了，讓我好走。」我抬頭看他，他似乎很清楚自己要的是什麼，而且心意已決。「比死還糟的狀況多的是。」

對我來說，這聽來像是現代醫學百轉千折回到原點的晴天霹靂。我們一開始是用盡手段抵擋死亡，把死亡當成不共戴天的敵人。不管是醫療決定還是醫療官司，我們唯一在乎的就是生或死。可是慢慢地，我們全力追求的目標變成延緩死亡，於是也越來越常看到各式各樣比死亡更恐怖、更不自然的結果，例如說植物人狀態。

有天我又在醫院值班，正好聽見兩個護理師在談一位病人。那個病人在醫院待過一陣子，她們正好都照顧過她。

「她後來怎麼了？」其中一個問。

「她死了。」另一位答。

「喔，謝天謝地。」

註釋

1 Mills J, ed. Body Mechanics and Transfer Techniques. 4th ed. Philadelphia, PA: Lippincott Williams & Wilkins; 2004.

2 Turk LN III, Glenn WW. Cardiac arrest; results of attempted cardiac resuscitation in 42 cases. *N Engl J Med.* 1954;251(20):795–803.

3 〈列王記下〉4：34。

4 Mitka M. Peter J. Safar, MD: "father of CPR," innovator, teacher, humanist. *JAMA.* 2003;289(19):2485–86.

5 Kacmarek RM. The mechanical ventilator: past, present, and future. *Respir Care.* 2011;56(8):1170–80.

6 Perman E. Successful cardiac resuscitation with electricity in the 18th century? *Br Med J.* 1978;2(6154):1770–71.

7 Delgado H, Toquero J, Mitroi C, Castro V, Lozano IF. Principles of external defibrillators. In: Erkapic D, Bauernfeind T, eds. *Cardiac Defibrillation.* InTech; 2013.

8 Beck CS, Pritchard WH, Feil HS. Ventricular fibrillation of long duration abolished by electric shock. *J Am Med Assoc.* 1947;135(15):985.

9 Cohen SI. Resuscitation great. Paul M. Zoll, M.D.—the father of "modern" electrotherapy and innovator of pharmacotherapy for life-threatening cardiac arrhythmias. *Resuscitation.* 2007;73(2):178–85.

10 Zoll PM, Linenthal AJ, Gibson W, Paul MH, Norman LR. Termination of ventricular fibrillation in man by externally applied electric countershock. *N Engl J Med.* 1956;254(16):727–32.

11 Nadkarni VM, Larkin GL, Peberdy MA, Carey SM, Kaye W, Mancini ME, et al. First documented rhythm and clinical outcome from in-hospital cardiac arrest among children and adults. *JAMA.* 2006;295(1):50–57.

12 Vallejo-Manzur F, Varon J, Fromm R Jr, Baskett P. Moritz Schiff and the history of open-chest cardiac massage. *Resuscitation.* 2002;53(1):3–5.

13 Hake T. Studies on ether and chloroform, from Prof. Schiff's physiological labo- ratory. In: Anstie F, ed. *The Practitioner: A Journal of Therapeutics and Public Health.* London, UK: Macmillan and Co; 1874.

14 Eisenberg MS. Life in the Balance: Emergency Medicine and the Quest to Reverse Sudden Death. Oxford University Press; 1997:110.

15 American Medical Association. Section on Surgery and Anatomy. Transactions of the Section on Surgery and Anatomy of the American Medical Association at the 57th Annual Session. American Medical Association Press; 1906:518.
16 Kouwenhoven WB, Jude JR, Knickerbocker GG. Closed-chest cardiac massage. *JAMA*. 1960;173:1064–67.
17 Lawrence G. Tobacco smoke enemas. *Lancet*. 2002;359(9315):1442.
18 Satya-Murti S. Rectal fumigation. A core rewarming practice from the past. *Pharos Alpha Omega Alpha Honor Med Soc*. 2005;68(1):35–38.
19 Relman AS. The new medical-industrial complex. *N Engl J Med*. 1980;303(17): 963–70.
20 Tracking progress toward global polio eradication—worldwide, 2009–2010. *MMWR Morb Mortal Wkly Rep*. 2011;60(14):441–45.
21 Drinker P, Shaw LA. An apparatus for the prolonged administration of artificial respiration, I: a design for adults and children. *J Clin Invest*. 1929;7(2): 229–47.
22 Lassen HC. A preliminary report on the 1952 epidemic of poliomyelitis in Copenhagen with special reference to the treatment of acute respiratory insufficiency. *Lancet*. 1953;1(6749):37–41.
23 Andersen EW, Ibsen B. The anaesthetic management of patients with poliomyelitis and respiratory paralysis. *Br Med J*. 1954;1(4865):786–88.
24 Watson JD, Crick FH. Molecular structure of nucleic acids; a structure for deoxyribose nucleic acid. *Nature*. 1953;171(4356):737–38.
25 Symmers WS Sr. Not allowed to die. *Br Med J*. 1968;1(5589):442.
26 Emrys-Roberts M. Death and resuscitation. *Br Med J*. 1969;4(5679):364–65.
27 Oken D. What to tell cancer patients. A study of medical attitudes. *JAMA*. 1961;175:1120–28.
28 Fitts WT Jr, Ravdin IS. What Philadelphia physicians tell patients with cancer. *J Am Med Assoc*. 1953;153(10):901–4.
29 Kelly WD, Friesen SR. Do cancer patients want to be told? *Surgery*. 1950;27(6): 822–26.
30 Is the medical profession inevitably patriarchal? *Lancet*. 1977;2(8039):647.
31 Curtis JR, Rubenfeld GD. Managing Death in the Intensive Care Unit: The Transition from Cure to Comfort. Oxford

University Press; 2000:11.
32 Gazelle G. The slow code—should anyone rush to its defense? *N Engl J Med.* 1998;338(7):467–69.
33 McFadden RD. Karen Ann Quinlan, 31, dies; focus of '76 right to die case. *New York Times.* June 12, 1985.
34 Kennedy IM. The Karen Quinlan case: problems and proposals. *J Med Ethics.* 1976;2(1):3–7.
35 Testimony begins in Karen Quinlan case. *Observer Reporter.* October 21, 1975.
36 Lepore J. The Mansion of Happiness: A History of Life and Death. New York: Alfred A Knopf; 2012:153.
37 Pope Pius XII. The Prolongation of Life. November 24, 1957.
38 In the Matter of Karen Quinlan, an Alleged Incompetent. 137 N.J. Super. 227 (1975) 348 A.2d 801.
39 譯註：美國著名墮胎權釋憲案。在此案中，美國聯邦最高法院承認女性有墮胎權。
40 Lepore, *Mansion.*
41 Duff RS, Campbell AG. Moral and ethical dilemmas in the special-care nursery. *N Engl J Med.* 1973;289(17):890–94.
42 A right to die? Karen Ann Quinlan. *Newsweek.* November 3, 1975.
43 Powledge TM, Steinfels P. Following the news on Karen Quinlan. *Hastings Cent Rep.* 1975;5(6):5–6, 28.
44 Powledge TM, Steinfels P. Following the news on Karen Quinlan. *Hastings Cent Rep.* 1975;5(6):5–6, 28.
45 Rachels J. Active and passive euthanasia. In: Humber JM, Almeder RF, eds. *Biomedical Ethics and the Law.* Springer US; 1979:511–16.
46 McFadden RD. Kenneth C. Edelin, doctor at center of landmark abortion case, dies at 74. *New York Times.* December 30, 2013.
47 *Commonwealth v. Kenneth Edelin.* 371 Mass. 497. Suffolk County; 1976.
48 In the Matter of Karen Quinlan, an Alleged Incompetent.
49 Beresford HR. The Quinlan decision: problems and legislative alternatives. *Ann Neurol.* 1977;2(1):74–81.
50 Cohn J. Sick. *New Republic.* May 28, 2001.
51 Palmer T. Patients' rights: hospitals finding it's more than bedside manner. *Chicago Tribune.* March 10, 1985.
52 Rabkin MT, Gillerman G, Rice NR. Orders not to resuscitate. *N Engl J Med.* 1976;295(7):364–66.

53 Optimum care for hopelessly ill patients. A report of the Clinical Care Committee of the Massachusetts General Hospital. *N Engl J Med.* 1976;295(7): 362–64.
54 Puchalski CM, Vitillo R, Hull SK, Reller N. Improving the spiritual dimension of whole person care: reaching national and international consensus. *J Palliat Med.* 2014;17(6):642–56.
55 Jabre P, Belpomme V, Azoulay E, Jacob L, Bertrand L, Lapostolle F, et al. Family presence during cardiopulmonary resuscitation. *N Engl J Med.* 2013;368(11): 1008–18.
56 Stapleton RD, Ehlenbach WJ, Deyo RA, Curtis JR. Long-term outcomes after in-hospital CPR in older adults with chronic illness. *Chest.* 2014;146(5):1214–25.
57 Ehlenbach WJ, Barnato AE, Curtis JR, Kreuter W, Koepsell TD, Deyo RA, et al. Epidemiologic study of in-hospital cardiopulmonary resuscitation in the elderly. *N Engl J Med.* 2009;361(1):22–31.

CHAPTER

5

重劃死生之界

How Death Was Redefined

醫學大多數時候是在辨識模式。放射科醫師盯著斷層掃描和X光片死瞧，彷彿那是杯底的茶葉，呢喃著隱藏的真相；病理學家埋頭低視顯微鏡，嘗試從狂歡作樂的細胞中分辨良莠，醉過頭的不行，太出格的也不行。在醫學裡，病人是醫生必須破解的密碼。為了完成任務，我們得狼吞虎嚥各種資訊，有化驗報告，有造影成像，也有理學檢查結果，而其中最重要的，莫過於病人訴說的故事（醫師稱為「病史」）。最後，我們才依掌握的線索放膽一猜，希望能做出可能性最高的診斷。預設診斷結果絕不是好的起手式。醫師們常犯的錯是一開始就認定診斷是什麼，即使證據不符仍執迷不悟，就是不去思考另一種可能性。不過，那天當我收到急診室傳來的簡訊，得知一名卅二歲的男性病患心臟病發作，我還是難免未審先判的毛病。畢竟，在冬天漫長、陰冷的幾個月裡，一名年輕人會因心臟病發而被送到急診室來，只有一種可能。

海洛因癮君子為他們歹毒的繆思取了不少名字——「黑糖」、「硬糖」、「軟糖」等等，但那天早上，它最貼切的名字應該叫「死神上門」。如果你見到人時他們已躺在病床，要一眼判斷他們多高實在不容易。可是這個年輕人真的很高，又瘦又高。他帥嗎？外貌也許是理學檢查最不重視的面向吧。剛剛講到身高，這個病人是很高，但還沒高到馬凡氏症（Marfan's syndrome）那種程度——要是他有馬凡氏症，的確可能主動脈過度擴張導致血管破裂。我檢查病人通常從腳開始。摸摸對方的腳能建立起關係，也能順帶評估一下另一個遙遠的器官：心臟——腳水腫往往是心臟衰竭的警訊，腳冰冷則代表心臟供血至遠端組織的能力不足。他的腳的確很冷，不過這應該是我們刻意為他降溫造成的。我在他手臂和腿部都沒發現針孔，也許他真的沒吸毒。他頭髮剪得整齊，鬍子刮得乾淨，身上的刺青也都是舊的。

病床邊站著的是他的女友，一頭稻草色的金髮亂成一團。她心慌意亂，T恤上炫目的字母大半坍落下來。看她一眼，病人的情況好像就懂了一半。她對我說他們之間出過不少問題，有了孩子之後日子更是走樣。他不但失業，海洛因癮更讓他如行屍走肉。於是她把他趕出家門，沒想到他正需要這麼一棒——他不但找了工作，也漸漸戒了海洛因。戒癮一年讓他人生重上軌道，她也再度接納他，讓他回家。「他已經戒毒一年多了，現在有份好工作，我們的關係也穩定⋯⋯」她聲音越來越低，最後像是喃喃自語。

這是她一生中最糟糕的早晨。一早醒來，她就發現自己的男朋友倒在浴室，呼吸停止，身旁盡是吸食海洛因的工具，她真不懂這人好不容易走上正途，為什麼又重回老路？她打了九一一，對方立刻派救護車來。在此同時，她為他試了幾次無效的口對口人工呼吸，也做了幾次無用的胸部按壓。救護人員趕到時發現他心室顫動，電擊幾次之後，總算讓他心臟恢復正常節律。他們為他戴上氧氣面罩，馬上趕往最近的醫院。

在急診室裡，醫護人員為他插管、接上呼吸器，把他整個人包在一種降溫設備中，好將體溫降至正常以下。研究顯示：心臟病發的患者若能有效降溫，大腦可以恢復得較好[1]。他的前胸和四肢包著許多軟墊，內含冰水，可以調節體溫。雖然我們正常的身體核心溫度是攝氏卅七度左右，但心臟病發的患者若能降到卅三度以下，有些人能從中受益。降低身體的代謝需求，可以為它多爭取一些恢復功能的時間。這名病人冰敷後轉至加護病房，我就是在那裡見到他的。

他女朋友問情況如何，我只能說「不知道」，因為目前完全無法判斷。降溫需時四十八小時，我們打算先冷卻廿四小時左右，再慢慢回溫，置入他頭皮的探針會全程記錄他的腦部活動。在第一個四十八小時裡必須讓他失去感覺，因為這種低溫不是人受得了的，所以，接受降溫治療的病人通常會先以藥物麻醉。雖然神經學檢查是評估病患大腦是否恢復的關鍵，但在麻醉狀態下，神經學檢查也無法進行。

於是，病人的女友和父親想多了解情況（他的家人只有父親來醫院看他），我也只能無奈地回答「不知道」。在此同時，我也不得不提醒他們情況不樂觀，因為沒人知道他在浴室裡倒了多久，而大腦迷戀氧氣。對他們來說，這大概是人生中最漫長的四十八小時，而我們能做的是調查心臟病發的原因。超音波檢查的結果倒是近乎奇蹟：他的心臟居然沒有受損，腎臟和肺臟也沒有撞傷，而且身體其他部位也沒有感染。

第二天上午，神經科團隊在我們巡房時來了一下。嚴格來說叫「二人組」比叫「團隊」合適，因為總共只有一位神經科醫生加一位醫學生。那位醫生經驗老到，是我們醫院裡相當資深的醫生，行醫已三十年，看起來比他的老公事包還要滄桑。跟他來的那名醫學生個子瘦瘦的，穿著一板一眼。我們加護團隊巡房時不太愛受打擾，但這位神經科醫生例外。所以見他兩人探頭進來，我們不約而同投以詢問的目光。他知道我們時間緊湊，毫不含糊劈頭就說：「那人死了。」

「啊？什麼意思？」

「他腦死了。」

雖然神經科醫生已作出判斷，但照道理來說，我們目前還無法判定病人是否腦死，所以我被推派去看看他的情況。我走進病房，只見他好好躺著，胸部隨呼吸器的節奏起伏，心臟監測器也依心跳規律嗶嗶作響。他的臉色堪稱紅潤，看起來沒什麼異狀，跟加護病房裡其他接呼吸器的病人差不多——可能還更好一點，畢竟他年紀輕，在此之前從沒住過一天醫院。可是，他有一點跟其他病人截然不同：雖然看起來還活著，但他其實死了。

我看過很多死人，沒有一個是像他這樣的。他女朋友匆匆忙忙問我：「他死了嗎？」

我完全不知道她怎麼會冒出這個問題，心頭一震。不論在醫學院念書或受住院醫師訓練，我們學過如何診斷疾病，卻從不知道怎麼診斷生命或了無生命。因為過去五十多年來，關於死亡的事實不斷被破解、定義、譴責，甚至嘲弄。

我仍在設法統整眼前所有資訊。在住院醫師訓練過程中，我的確宣告過不少病人死亡，但當時情況詭譎，即使專家已經明白告訴我這個人死了，我卻沒有任何方式加以確認。他的心臟還在跳動，手腕也還量得到脈搏。我怔怔望向他的女友：「我不知道。」

✢ ✢ ✢

亞希．麥可馬瑟（Jahi McMath）原本是個不起眼的孩子，直到她進了奧克蘭兒童醫院（Children's Hospital Oakland），那天是二〇一三年十二月九日。E．C．黎姆斯科技與人文學園（E. C. Reems

Academy of Technology and Arts）的同學都說，亞希是個「安靜低調的領袖人才[2]」，最喜歡的顏色是紫色。亞希患有睡眠呼吸中止症，在以前，她這個年齡的患者非常少，但隨著肥胖兒童增多，現在也變得較為普遍[3]。她來醫院是為了接受手術，從鼻腔和咽喉切除扁桃腺、小舌、鼻甲和增殖腺等組織，以改善夜間呼吸問題。雖然媒體把這項手術輕描淡寫成「常規扁桃腺切除術」，但它可一點都不簡單。由於亞希的父母限制醫院公開資訊，我們至今仍不完全知道後來發生的事。據她媽媽說：亞希手術後感覺不壞，還跟她要冰棒吃，但沒過多久，喉部的手術傷口開始流血，亞希也馬上被轉至加護病房，她就在那裡心臟病發。

十二月十二日，亞希來院僅僅三天之後，照顧她的醫師宣布她腦死。亞希符合所有腦死標準，州政府任命的外部專家亦予確認。可是，亞希的父母拒絕接受這項評估，一再請求醫師為她置入餵食管並進行氣切。醫院加以拒絕。於是，亞希的父母找來記者對外發聲，呼籲美國各地組織、團體提供資助及支持，與他們一起對抗現代法律和醫學對死亡的定義。他們也提出請願，要求由向來反對腦死定義和器官移植的新生兒醫師保羅．布萊恩（Paul Byrne）進行調查，然而法院拒絕。

豈料，法庭戰猶未結束，亞希的身體已快速腐朽。她的腸子開始敗壞，幾週來排出的「糞便」其實只是不斷死去的腸壁。她的皮膚開始崩裂，血壓和體溫少了大腦指揮，也如脫韁野馬一般狂升猛降。法庭最後裁定院方勝訴：亞希已經死亡，院方有權將遺體送交驗屍官。亞希「出院」後，父母將她轉至紐澤西州一所護理機構，因為美國許可為已判定腦死的病人提供醫療照顧的地方，也只有紐澤西，亞希遂接受「維生照顧」至今[4]。

如果死亡已從黑白分明的具體事實，變成是非難斷的抽象概念，生命則複雜難辨始終如一。醫生們天天得面對生死，卻鮮少由簡入繁，勇渡虛實之間的洪川——區分有病或沒病已經夠我們頭大了。

長久以來，生命向來被視為獨特的禮贈，而人類具顯了它的最高形式。雖然我們與生命關係密切，卻好像總難講清楚為什麼有些東西算生物、有些東西又不算生物？生命的深奧玄妙讓想界定它的人徒呼負負，不論是生物學家、神學家、天體生物學家、數學家、物理學家、倫理學家、法官、哲學家、醫師，或是一般人，對生命的看法言人人殊，因此說出來恐怕不少人不相信：對於生命的定義，我們到目前為止都還沒有人人認同的回答。不過，沒有標準答案並不代表我們不夠努力。

早在我們具備最基本的生物學概念之前，人類已經想方設法要在生物和無生物間畫條界線。在科學發展之前，我們是如何看待生命的呢？觀察孩子們的行為也許能得到一些啟發。最小的孩子認為身邊每個東西都有生命和意識，等他們漸漸長大，他們也會逐漸度過「泛靈論」(animism)的幾個階段。「泛靈論」這個詞是兒童行為研究鼻祖尚．皮亞傑(Jean Piaget)發明的[5]。泛靈論第一階段的兒童認為玻璃瓶既有生命也有意識，但要是玻璃瓶破了(或者用孩子的話來說，「被殺了」)，玻璃瓶就既沒生命也沒意識了。孩子們一步步經過這些階段之後，會將生命與動態活動連結[6]。例如腳踏車在動時有生命，停好時則沒有生命。同樣的，這個階段的孩子相信太陽、風、雲、火都是活的，而且會感到疼痛並具有自我意識。此外，儘管孩子們都認為動物有生命，但在八到十一歲的孩子裡，即使他們明明知道植物會生長，認為植物不算生物的還是高達三分之一。事實上，會這樣認知生命的不只兒童，即使年紀更長，情感依賴也會讓我們以為無生命的物體有生命[7]。

現代學制四年級的學生對生命的看法，則反映出古代信仰所認定的生命要件：有生命的東西能成長和改變，能對環境有所反應，需要某種形式的能量資源，也能生殖[8]。在電視影集《星艦奇航記：銀河飛龍》（*Star Trek: The Next Generation*）裡，有人對生化人角色百科（Data）講了這個定義，結果他反應很快：這樣說來，火也有生命囉？畢竟火需要能量、會排放煙塵、能移動、有新陳代謝，也會成長蔓延，符合描述生命的所有特徵[9]。無怪乎火焰崇拜在古代還滿普遍的。

生殖能力也常被認定為生物特徵。在一九五九年的一次會議中，諾貝爾生理醫學獎獎得主赫曼．穆勒（Herman Muller）說：「我認為，分辨生物體最為根本的特質，就是形成自我翻版的能力，我也認為這能用來界定何謂生命[10]。」可是，水晶分子也會成長增大，也會傳下自身特質，但沒人認為水晶能算生物。除了這個例外之外，把生殖當成生命的基本面向還有其他問題。比方說：要是我受困荒島，而由於島上根本找不到伴侶，所以我也不可能傳衍基因，這樣該說我沒有生命嗎？

科學進步之後，界定生命的焦點轉往新陳代謝。新陳代謝是細胞裡的一系列化學反應，讓細胞能保持存活並自我再生。對二十紀中葉的科學家來說，新陳代謝可謂生命的關鍵特徵。大名鼎鼎卻也爭議不斷的英國科學家約翰．貝納爾（John Bernal）也支持這種看法，他說生命「具體化了某些自給自足的化學過程[11]」。也許最在意生命如何界定的人是天體生物學家，因為他們念茲在茲的就是直奔太空，到處尋找生命最微小的證據。以新陳代謝定義生命有多重要呢？一九七六年太空總署執行維京任務（Viking mission）時，用登陸艇在火星土壤上做的三個實驗都跟新陳代謝有關[12]。第一個實驗，是觀察水是否會被土壤裡的生命形式分解為二氧化碳；另兩個實驗則是先加進水，再盡可能引起類似植物光合作用的反應（因為光合作用能將水分解為氧和二氧化碳）。令人驚訝的是，這三個實驗的結果都是陽性，可是更先進的後續實驗卻證明：火星上並沒有生物存在的證據。對我來說，新陳代謝實驗會出現假陽性的結果，正好說明以新陳代謝定義生命有嚴重缺陷。因為我們對新陳代謝的認識，其實受限於地球生命形式所表現出的新陳代謝特徵。也因為我們對宇宙的觀察有其侷限，才會假定碳的存在是有機生命的重心。

雖然達爾文從沒對生命本身提出定義，但大多數科學家都同意：達爾文式的演化或許是生命的關鍵特色。生命的錯誤表現為突變，而突變在演化中是自我複製的核心。錯誤造成適應力各異的後代，有些對環境調適得好，另一些調適得差。生物繁衍生生不息，突變則不斷帶來改變，當錯誤累積到一定程度，生物終將超越達爾文的限制，修復原本足以使其滅種的遺傳疾病，克服原本宰制特定物種適應力的基因缺陷。以這項原則為基礎，最接近我們所能得出最精簡而全面的生命定義的，或許是太空總署對生命的工作定義：生命是「一套能配合達爾文演化規則的自給自足化學體系[13]」。

不過，即使是這個定義也飽受批評。以病毒為例，病毒無法自給自足，反而必須不斷找尋宿主寄生，並以自己獨特的方式製造更多病毒。要界定生命就是這麼困難，到目前為止，我們還想不出一個大自藍鯨、小至病毒一體適用的定義。這確實令人沮喪，有些人也因此認為：生命只存在我們腦海，現實世界裡沒有這種東西[14]。「生命」只是個概念，讓人方便指涉自然存在的有機複雜機器而已。生物學家傑若德・喬伊斯（Gerald Joyce）就認為：「生命」更像是流行概念而非科學概念，因此不可能以嚴謹而科學的方式界定它[15]（其實有人相信，太空總署對生命的定義就是喬伊斯提出的）。

也許，我們之所以始終找不出令人滿意的生命定義，是因為我們不斷在新的地方看出生命。當我們把目光從飲食、呼吸、移動、排泄等顯而易見的生物行為移開之後，我們開始尋找所有生物共同的特質，結果發現：生命形式有如光譜，一端是動物、植物等構造複雜的多細胞生物，另一端是構造簡單、卻不好判斷到底算不算生命的病毒。由此可知，生命的內涵相當豐富，下至單純的化學反應，上至以自給自足的構造無限維繫自身、並以具錯誤傾向的生殖結果適應演化的化學反應，統統落在「生命」的範圍。因此，要是我們像數學家或理論物理學家那樣迷戀恆等式，一心想以一條通則界定所有形式，在生物學領域恐怕是緣木求魚。

定義適用範圍的大小，無可避免受限於取得樣本的多少。雖說我們總欠缺自我反省的能力（亦即，真正抽離地了解自我的能力），但我認為，自我反省或許才是我們應該追求的發展與演化目標。弄清細胞如何生或死是一回事，從整體層面了解生命是另一回事。也許有那麼一天，我們也能像孩子們一樣，把生命理解成萬物的內在特質。

在工作時，生命對我來說絕不只是概念。當病患家屬心急如焚地在等候區踱步，全心懸念醫生待會會宣布他們深愛的人是生是死，生命對他們來說也絕不只是概念。在我病人的女友問我他活不活得下來時，她想知道的絕不是他的細胞是生是死？是在水解、複製抑或重組？可是她問的問題並不好回答。要是有什麼問題爭議更大的話，那就是：人什麼時候還算活著？什麼時候又毫無疑問死絕了，斷無恢復可能？

✛
✛
✛

二十世紀的技術進展（如呼吸器和心肺復甦術），已對迄今建立的死亡定義構成嚴重挑戰。前人原本以為死亡跡象殆無疑義，但新的技術大幅削弱這些跡象的可信度。甚至有報告指出：有的病人在心電圖靜止之後，居然又自動出現心搏（雖然為時極短）。

心臟一直被視為器官之王，也是生命的王座所在。可是，科學家的興趣逐漸轉往眼耳之間的那個器官，並懷疑生命的訊號也埋伏在此。然而好奇歸好奇，科學家們苦無工具可以偵測大腦活動。倒是聽診器和心電圖在十九世紀接連問世，為窺探心臟開了一扇特殊之窗。只需在身體上接幾條線，心電圖的波紋便成串湧出。在很長一段時間裡，大腦僅僅被當成降溫器官，功能不過是冷卻心臟汲血所產生的溫度。直到近代以降，我們對大腦功能的認識才迅速改變。

腦電波圖（EEG，electroencephalogram）到二十世紀上半葉才終於問世，補上腦部研究的空白。腦電波圖是將探針置入頭部，探測大腦各種電性活動，再將探針產生的波形繪出。腦電波圖之於大腦，就像心電圖（ECG，electrocardiogram）之於心臟，兩者有如密碼，將其所偵測器官的複雜活動轉譯為有意義的資訊。腦電波圖不但讓我們能掌握睡眠和癲癇的運作機制，更重要的或許是：它是第一種能客觀分辨一個人的大腦是熟睡抑或死亡的測試。

腦電波圖為臨床人員提供了另一種工具，讓他們更能判斷一個人是生是死。畢竟患者如果已經接上人工呼吸器，他們斷氣時通常不會表現出典型的死亡跡象，這讓醫生很難判定他們是否已經去世。不過問題還沒解決，有位神經科醫師在《美國醫學會雜誌》上說：腦電波圖「只是在死亡面前維持生命表象[16]」。為什麼呢？因為就心電圖來說，代表心臟停止的水平線很明顯，連電視都常常用上這一幕，可是腦電波圖不是如此，要等起伏成性的腦波安靜下來，醫生們還得低頭研究好一段時間[17]。為了妥善運用腦電波圖判定死亡，醫生們開始尋找可行辦法[18]，盡力在腦電波圖和大腦實際情況間看出關聯。最具突破性的研究是兩名法國醫生設計的。一九五九年，皮耶・莫拉黑（Pierre Mollaret）和莫希斯・古隆（Maurice Goulon）發表論文〈不可逆之昏迷〉（Le coma dépassé），文中描述廿三名完全昏迷、腦電波圖也呈靜止的案例。死後驗屍時發現：他們的大腦都曾大範圍壞死[19]。這些發現的確為現代死亡定義奠下基礎，不過，雖然發表的兩位醫生明知這些病患的昏迷已不可逆，卻無法說服自己為他們撤除照顧，因為他們表面上看來像活著一樣。

另一方面，由於陸續出現腦電波圖靜止一段時間、後來卻完全恢復功能的病患，以腦電波圖確認病患死亡的熱潮開始退燒[20]。此外，腦電波圖也很容易受大腦之外的因素影響，如受傷、體溫過低，或是施打巴比妥類藥物等等，這讓解讀腦電波圖變得更加困難。然而在此同時，以腦電波圖研判預後情況的需求越來越高，因為太多接上呼吸器的病患就這樣非生非死、不進不退好長一段時間，對醫師和家屬來說都相當煎熬。

有些團體不願枯等，開始付諸行動，自行制定以腦電波圖為基礎的死亡標準。在麻州綜合醫院，神經科醫師討論出自己的死亡標準，除了判讀腦電波圖之外，他們也納入其他條件，例如缺乏反射動作、停止呼吸六十分鐘，並藉檢驗報告排除一切回復可能[21]。但平心而論，這組定義的某些面向的確不夠周全。例如聽任病患停止呼吸六十分鐘，其實無異於殺死在檢查開始前還活著的病患。為平息質疑，負責撰寫這套標準的理查·施瓦博（Richard Schwab）醫師親自出馬，在一九六六年接受《時代雜誌》長達廿四小時的訪問。可是，對於在宣告病患死亡前到底應該監測他們多久，連施瓦博自己都沒有固定作法。

差不多在同一段時間，醫界發展出其他檢驗來評估腦部損害。一九五六年，以X光技術檢查腦部血流量的作法出現。這篇論文以六名病患為案例，說明他們無法自行呼吸、必須依賴呼吸器，腦部也沒有任何反應。可惜它發表在一本沒沒無名的北歐期刊上，直到最近才引起注意[22]。

二十世紀上半葉的發展，已將探索生命跡象的重心從心肺轉向大腦，可是死亡仍是以心臟停跳來定義。雖然心肺復甦術發展成熟之後，大多數人都知道心臟病發並不等於「不治」，旁人並非無計可施，情況也仍有逆轉可能，然而心臟停跳還是界定死亡的標準。儘管皮耶·莫拉黑對腦電波圖的研究厥功甚偉，他的作品也影響了死亡的重新定義，但他還是說得保守：「我不認為現在提出的標準有哪個是絕對的[23]。」早在一九二〇年代，漢斯·伯格（Hans Berger）便已記錄下人類第一份腦電波圖[24]。但接下來的幾十年，腦電波圖透露出的生死線索還無人能識，塵封在汗牛充棟的醫學期刊裡。該怎麼用它來斷人生死？科學界沒有共識。

✢ ✢ ✢

亨利．畢契爾（Henry Beecher）從沒受過正式麻醉學訓練，但在一九四一年，他成為美國第一位麻醉學講座教授。他拿的是化學博士，可是他研究的是流行病學。他從沒鑽研過生命倫理學，卻可能是二十世紀最有影響力的生命倫理學家。最重要的是：畢契爾不是神經學家，可是他成為負責從神經學角度定義死亡的人。

畢契爾原名哈利．尤內斯特（Harry Unangst），一九〇四年生於堪薩斯。他的父親在夜巡隊工作，畢契爾一直與他不和，所以自行改名為亨利．諾里斯．畢契爾（Henry Knowles Beecher）。取得化學博士學位之後，畢契爾轉換跑道到醫學，先完成醫學院學業，再於波士頓接受外科訓練。雖然他一開始專攻的是生理學，但在軍中擔任外科醫生的經驗改變了他的興趣：他很好奇為什麼有些軍人明明受了傷，卻總說自己不痛？於是，他成為研究安慰劑效應的先驅。也是因為他的研究成果，臨床實驗才從比較投藥與否的效果，改為目前的實驗組投藥、對照組服用安慰劑。

畢契爾之所以也是生命倫理學祖師級的人物，是因為他曾大力捍衛人體實驗參與者的權益。雖然他早在一九五九年便寫就人體實驗準則，但要到一九六〇年代中期，他才將人體實驗的慘況公諸於世，直接呼籲社會大眾與醫界人士關注[25]。在密西根鄉間的記者會上，他一一痛陳十八則嚴重違反倫理標準的案例[26]。由於他直指頂尖醫學中心亦以此為常，不僅全美聞之譁然，也讓他成為不少醫界同儕的眼中釘。他把這些案例寫成報告投稿《美國醫學會雜誌》，立刻遭到退稿，到一九六六年才由《新英格蘭醫學期刊》刊登。畢契爾大膽自陳：「關於涉及人類受試者的實驗議題，這會是有史以來最具影響力的單篇論文[27]。」畢契爾在文中詳述廿二則案例，受害病患不是未予充分同意或未受適當治療，就是接受既怪異又具傷害性的醫療處置。

對於陷入不可逆之昏迷的病患的相關議題，畢契爾也沒有放過。他為文探討「無望恢復意識之病患」的倫理議題，指出界定死亡確有必要，也討論了何謂死亡，以及在關注點從心肺轉向大腦之後，死亡時間該怎麼訂[28]。畢契爾以「具備與他人溝通的能力」為人類生命定義，但他也意識到病患不受干擾的權利應受保障，同時必須提防「器官竊賊」趁隙上下其手。畢契爾更提到：要為當前的僵局解套，唯一的辦法是「集思廣益，由醫師、律師、神學家和哲學家攜手合作，一同縝密思考」。這篇論文發表後沒多久，一九六八年，畢契爾的願望實現了。不但如此，他還成為這個小組的召集人，與其他領域的專家一起為死亡寫下現代定義，而且這個定義沿用至今。

一九六七年，哈佛醫學院院長閱畢畢契爾的來信之後，宣布成立委員會，仔細討論假使一個人還有心跳或能靠呼吸器呼吸，到底什麼時候算是死亡。畢契爾獲任命為委員會主席，隨即組成十一人團隊，成員包括三名神經學家、一名神經外科醫師、一名器官移植醫師、一名法學教授和一位醫學史家，結論報告發表在一九六八年八月五日的《美國醫學會雜誌》[29]。委員會可能原本就多少有些預感，隱隱覺得他們的討論不但具有醫學意義，可能也會影響一般人對死亡的看法，但連他們都始料未及的是：這篇文章對死亡在社會、法律、醫學、哲學等各個層面的影響之深，遠遠超過以往任何一份文獻。值得注意的是：不論是好是壞，正是這篇文章讓「腦死」一詞成為大眾語彙。

在解釋腦死之前，我們必須先談談大腦本身是怎麼運作的，還有它為什麼是生命與意識不可或缺的一部分。大腦和脊髓共同組成中央神經系統，而大腦又可大致分為腦幹和「高級腦」（"higher brain"），後者占據顱腔，由那兩塊滿布皺褶的著名腦半球組成。腦幹是由兩個腦半球伸出的一系列結構，可以將大腦和脊髓連結起來。腦幹的重要功能是：將出自脊髓的神經束導向大腦。神經束負責面部以下所有結構的運動和感知，例如接受、指導四肢的觸覺與行動，以及調控牽引呼吸活動的肌肉。此外，腦幹也將攸關味覺、嗅覺、視覺和面部活動與感知的腦神經連向大腦。在此同時，腦幹也參與形塑我們寬鬆類比為「生命」的最重要特徵之一——意識。

哈佛委員會非常清楚：醫學急救科技的進展，已遠遠超過司法機關當前的理解。因此在報告裡不僅歸納醫界的認知，也提及法界的解讀。委員會指出：「法律預設死亡認定的醫學標準已塵埃落定，在醫師之間並無疑義」，但法院用以認定死亡的標準，其實仍是以過時的「有無生命跡象」為主。

因此，哈佛委員會的主要目的是：「以不可逆之昏迷為死亡的新標準」，並「認定永久失能的大腦有何特徵」。委員會把焦點放在腦死的四個主要特徵：第一，受判定人必須對一切外在刺激（如重度疼痛和噪音）皆無反應。第二，受判定人無法表現任何活動或獨立呼吸。若接受判定的病患裝有呼吸器，委員會指示進行「呼吸中止」檢查，但在許可醫師檢查病患是否真的無法呼吸的同時，也不容剝奪先前以呼吸器提供未腦死病患的氧氣。第三，受判定人沒有任何反射動作。人體有某些根深柢固而獨立自主的反射動作，有些是在演化過程裡逐漸出現，有的是自始即有且未隨演化消失。例如突然敲擊膝蓋，大腿肌肉會立刻收縮讓腳前伸，這是脊髓反射；眼球被觸碰時會自動眨眼，受光照時會瞳孔收縮，則是大腦反射。脊髓反射和大腦反射雙雙消失，是界定死亡的必要條件。第四，腦電波圖必須保持水平十到二十分鐘，觀察不出對疼痛或聲音刺激的任何反應。這是最後一個腦死特徵。

委員會建議：應由既未直接照顧病患、也不會參與後續移植的醫生進行檢查。前三個檢查在病床進行即可，每名醫生都有檢查資格，但神經科醫生受的相關訓練最為充分。值得注意的是：如果一個人只有腦幹受到大範圍而無以彌補的傷害，仍會出現前三項標準的特徵。但第四項標準不同，腦電波圖反映的是大腦半球的電活動，表現的是高級腦的功能。委員會要求這些檢查都做兩次，而且兩次之間應相隔廿四小時。在檢查進行時，病患也不可處在體溫過低或藥物過量的狀態，因為這兩種情況都會壓抑神經系統。如果病患四項標準都符合，便不再算是活人，而是屍體，應宣告死亡。

哈佛委員會讓「腦死」這個新概念變得舉世皆知，對死亡判定影響之大史無前例。不過，亨利・畢契爾雖然主導制定了這些指引，他卻是個面向複雜的人，功過不易論定。很多人認為畢契爾是現代生命倫理學的奠基者，而我也和不計其數的人一樣，是上生命倫理課時第一次讀到他在《新英格蘭醫學期刊》的文章。然而，最近解密的檔案揭露出畢契爾的另一面，其駭人程度恐怕連最敵視他的人都想像不出。

在畢契爾搖身一變為倫理學家前，他是為美國軍方和中情局工作的頂尖科學家，任務是研發提高偵訊與刑求效率的藥物[30]。畢契爾死後解密的文件顯示：他曾負責主持中情局的一項計畫，以麥司卡林（mescaline）和LSD等藥物突破受刑求者的心防。為測試效果，他在麻州綜合醫院毫不知情的病患身上做實驗（他還說，麻州綜合醫院「是波士頓這裡最適合做這項研究的地方，各項條件近乎完美」），他也和曾經為納粹效命的醫生合作（包括一名曾在集中營囚徒身上進行致命實驗的德軍將領）。他甚至向美國陸軍將官級軍醫獻策，建議以ＬＳＤ等藥物為「生物戰武器」。諷刺的是，最後反而是中情局先放棄以藥物強化刑求的方法，轉而投入心理學家唐納德．赫布（Donald Hebb）開發的行為技術。畢契爾面臨研究經費短缺的窘境，不得不轉換跑道，才誤打誤撞成了倫理學家。

「腦死」一詞之所以變得人人朗朗上口，畢契爾也得負主要責任。其實，不論是委員會其他成員，還是諾貝爾獎得主約瑟夫．默里（Joseph Murray），都已事先警告「腦死」一詞可能引發爭議，表明反對[31]。無奈的是，儘管委員會清楚表示腦死病患實際上即是死亡，許多社會大眾仍感困惑。委員會原本的目的，是找出足以反映現代醫療科技現實的死亡定義，但因為「腦死」並未直接了當地稱做「死」，很多人以為腦死是另一種死——比較沒那麼絕對的死。

✢ ✢ ✢

在亞希．麥可馬瑟案鬧得沸沸揚揚時，我們團隊也正設法釐清那名病人究竟是生是死。死亡判定的過程原本就十分細膩嚴謹，在公眾注意力再次轉向腦死議題時，我們也多了一分顧慮，擔心輿論走向會影響這名病人的處置。由於海洛因殘留可能影響腦死判定，我們決定多等幾天，直到在他身上檢查不出海洛因反應為止。但在這段等待時間，有些跡象（或缺乏跡象）顯示狀況並不樂觀：他什麼反射動作也沒有，血壓有時一下子衝到兩百多，有時又降到幾乎量不到；他有時發燒，有時又得用一種叫「熊抱」（bear hugger）的電毯來回溫。

他父親明白他大限將至，有天把我拉到一邊，一起到家屬等候室談。家屬等候室房間不大，沒有窗戶，整間漆成橘色，擺著五、六張椅子和一疊八卦雜誌（用來分散家屬的焦慮）。他身邊坐著他兒子的女友，後者這天身穿黑T恤和牛仔褲。我從沒看過這名父親把棒球帽脫下來，他是位退伍軍人，深以從軍經歷為傲，見過的死亡恐怕比任何人都多，但他從沒遇過這種情況。

「他撐得過來嗎？」他問。我知道遲早得面對這個問題，所以已經想過該怎麼回答。我匆匆在腦子裡複習：情況還不明朗；我們還需要更多時間才能判斷……然而，打好的腹稿全部作廢，我坦白對這位父親說：雖然我們還不能百分之百確定，但他兒子幾乎不可能恢復腦部功能了。

他垂下頭，把帽子伸手一拽，他兒子的女友開始哭泣。他看看她，再看看我，灰色的眼睛滿是倦意，眼眶早已紅腫。他是個堅強的人，但這場悲劇已超出他的承受能力。他清清嗓子，希望自己不要哽咽：「他這輩子受了好多苦……」

他的聲音漸漸遁去，卻像朵厚重的烏雲飄在我們頭頂。在醫生養成過程中，前輩總會花無數時間教醫學生或受訓人員怎麼講話。我們得學怎麼詢問病史，怎麼引出敏感資訊，怎麼綜合資料予以報告，而最重要的是：我們得學會怎麼告知壞消息。我年復一年修溝通技巧課程也參加相關工作坊，講話或許是我唯一了解的事。醫生腦子裡總塞滿為數龐大的專門知識，時不時不吐不快，一股腦兒地往普通人身上狂澆猛灌。如果你看到一群醫生湊在一起，話最多的八成是最資深的，而一臉怯色不發一語的通常是醫學生。醫生愛講話，甚至多話，在將困境告知病患或家屬時尤其如此（也許，他們純粹只是耐不住沉默而已）。對凡事都想掌控的醫生們來說，沉默代表不確定、代表渾沌難明。每個醫生都怕混亂失序，我也一樣。

在那個當下，空氣愈發凝重，四面牆像是直往內擠。我直覺想給點安慰、提供些無關痛癢的資訊，反正說些話讓他們分心——什麼話都好，可是，我繼續默然不語。我的呼叫器響了，尖利的聲音一時打斷我的思考，我失神了一下。以前有那麼幾次，因為溝通場面太過尷尬，我乾脆自己用手機傳訊息到呼叫器，只要再等個十多秒，呼叫器一響，我就能板起臉孔匆匆一看，然後假裝有事趕快離開。住院醫師之間有時會互傳這種「救援」訊息，讓坐立難安的朋友有藉口脫困。這是哪個朋友想救我嗎？

我一邊胡思亂想，一邊把呼叫器調成無聲。我很想看看訊息內容，但還是拚命忍住，讓呼叫器繼續留在皮套裡。這是那天第一次，我決定讓沉重的靜默瀰漫整個空間。粗重的呼吸聲取代了話語。我發現自己沒在傾聽，而是默默望著他們。

發現自己經常需要對困惑、孤獨又情緒決堤的人講話後，我驚覺沉默才是我該學習的功課。在我自顧自喋喋不休時，我常發現病患和家屬一臉茫然，好像我講的是外星語言，而他們到處在找該出現在螢幕下方的字幕。很多時候，討論臨終照顧變得不像溝通，而像談判。沉默能讓情緒漸漸平復，讓人能在情感與理智之間重新取得平衡。我想像這位父親正緩緩翻動回憶，讓獨子的一幕幕往事翩然飄過腦海。再次開口時，他的聲音不再顫抖，好像總算知道自己想說的是什麼：「我不想讓他繼續受苦了。」

✢ ✢ ✢

哈佛腦死判準誕生時，死亡正重新成為公共生活和流行文化的熱門話題。由於科技進展神速、政治煽風點火，再加上恐懼模糊焦點，死亡議題持續延燒，相關報導、書籍、電影和歌曲在六〇年代不斷引發熱議。這十年彷彿重新發現了死亡，學界不分領域，似乎人人都對死亡深感興趣，投入研究的學者遍及社會學、歷史學、人類學、法學、倫理學等各個學科，而當然，也有很多研究者出身醫學[32]。然而，在一般大眾和學術社群越來越關心死亡議題的同時，親眼目睹死亡的人卻越來越少，因為如前所述，醫院逐漸成為死亡和臨終的主要場所。

哈佛腦死判準發表後，死亡定義頓時成為目光焦點。在此之前，與死亡宣告有關的爭議一旦對簿公堂，法官多半會仰賴《布萊克法律詞典》（*Black's Law Dictionary*）對死亡的定義：「生命消逝；不復存在」——老實說，平淡空泛得無助於釐清問題，接下來的描述比較細緻：「血液循環完全停止，動物性及生命功能（如呼吸、脈搏等）隨之消失[33]」。在哈佛腦死判準出現之前，法庭視此定義為毫無疑義的「司法認知」（judicial notice），誤以為醫界對「何謂死亡？」已有高度共識。

哈佛腦死判準有如聚光燈，讓人赫然發現死亡的意義早已發生劇烈變化。哈佛判準的影響也立刻蔓延，法庭從一九六八年開始便感受到它的威力。事實上，由於死亡定義在當時是熱門議題，哈佛判準發表後還不到一年就化為法規。

早在一九六七年，亦即哈佛判準發表一年以前，司法機關便已微幅修改死亡定義。在堪薩斯州，七十九歲的黛菈・派克（Della Pyke）被八十五歲的丈夫以薩（Isaac）殺害，以薩朝黛菈頭部開了五槍，隨後往自己頭上開了一槍自殺。在判決書中，堪薩斯州最高法院將死亡定義為「所有生命功能完全消失」，即使這些功能獲人工維持亦然[34]。一九七〇年，堪薩斯議會為美國司法史開啟新頁，通過法規正式承認新提出的腦死定義，與傳統上以生命跡象為依據的死亡定義並列。沒隔多久，馬里蘭、新墨西哥、維吉尼亞、奧克拉荷馬等州也紛紛跟進。不過，這部法規在遣詞用字上大有問題，有些地方寫得含糊籠統，適用時很容易引起爭議。舉例來說，堪薩斯州界定死亡的條文不但意義模糊，而且過於口語：在「復甦措施可謂無望」，且「進一步的復甦與支持性維生措施似無成功可能」之後，即可認定死亡。此外，由於堪薩斯州節外生枝，將腦死與界定器官捐贈者之死連結在一起，啟人疑竇也在所難免：之所以需要重新定義死亡，難道只是為了方便摘取器官嗎？

堪薩斯法規毀譽參半。有律師批評「法規偏袒移植手術」，「可能有損公眾對醫學的敬重[35]」，但也有人稱讚它「勇敢採取革新立場[36]」。哈佛判準亦不能免於批評，在一九七〇年代，各種漏洞被一一檢視[37]，例如以「不可逆之昏迷」描述腦死，便遭批判治絲益棼，讓原已複雜的課題更添混淆。此外，委員會也犯了基本錯誤，白紙黑字聲明腦死病患不會有脊髓反射，但後來證明並非如此——即使大腦和腦幹完全遭到破壞，脊髓反射（如膝反射）還是能保持完整。另一方面，雖然哈佛判準建議以呼吸中止檢查評估病患能否呼吸，也提醒必須排除其他壓抑腦部活動的因素，但判準並未提供明確指引，以致臨床工作者在評估病患情況時無所適從。

一九七八年，美國律師協會（American Bar Association）提出自己的「模範法」（model statute），試

圖改進堪薩斯法規的文字問題[38]。新法意簡言賅：「為法律目的，依一般習慣或醫療實務標準，全部大腦功能消失而不可逆之人體，應視為死者。」這部模範法後來獲數州採用，在給予腦死法律認可的同時，並不多談腦死診斷應如何認定。伊利諾州後來也採納美國律師協會的文字，進一步強化腦死定義與器官移植的潛在關聯，不過，伊利諾州是將這部分納為《統一器官捐贈法》（Uniform Anatomical Gift Act）的修正案（該法原於一九六八年通過，旨在暢通器官捐贈流程）。

豈料，一直到一九七〇年代末期，隨著越來越多州將腦死納入法規，相關條文的文字反而越來越富爭議。以懷俄明州為例，他們將腦死界定為：喪失「與隨機活動判然有別之腦部目的性活動[39]」。這打開了另一個潘朵拉之盒：依哈佛委員會建議的腦死標準定義，腦部沒有任何活動即是腦死，完全不需分辨這些活動是否具有目的性。況且，要評估腦部活動是隨機或有目的，恐怕已超出現有科技能力範圍。

也就是在這個時期，吉米·卡特（Jimmy Carter）總統決定成立專家小組處理醫學倫理議題，而他們選擇的第一個主題就是死亡定義。一九七八年，總統特任醫學、生醫及行為研究之倫理問題研究委員會（President's Commission for the Study of Ethical Problems in Medicine and Biomedical and Behavioral Research）成立，一九八一年發表第一份報告：〈界定死亡〉（"Defining Death"）[40]。總統委員會由倫理學家亞歷山大·卡普隆（Alexander Capron）律師主持，延攬各個領域的專家，也敦聘神學家加入。在〈界定死亡〉報告中，委員會承認死亡之法律定義各州有異，但也同時提出《統一死亡判定法》（UDDA·Uniform Determination of Death Act），建請各州通過實施，以之為死亡通則。《統一死亡判定法》

一方面建議繼續使用傳統的死亡定義（循環停止），另一方面也增添新標準，以「整個大腦（含腦幹）所有功能消失而不可逆」來界定死亡。

很快地，大多數州議會通過《統一死亡判定法》，以之為死亡法規。就《統一死亡判定法》本文而言，雖然它賦予腦死法律基礎，讓腦死成為死亡的法定形式，但它和哈佛判準一樣，也沒有多談該如何界定腦死。不過，〈界定死亡〉報告附錄對此略有著墨，有提到幾種診斷腦部功能消失、循環停止、腦幹反射消失的檢查。

直到今天，腦死定義仍像它在一九六〇年代剛提出時一樣，並未改變，只是爭議持續升高。要是電視和報紙的爆料能信，被宣告腦死卻又復原的人比比皆是。可是，這些案例被宣告腦死時多半並未接受完整檢查。事實上，臨終病患如果真的符合所有腦死判準，不但醫生能鬆一口氣，家屬也能好好放下。因為，就像我在那名病人身上學到的：在昏迷和腦死之間，還有好大一片灰色地帶。

✢ ✢ ✢

我和病人家屬談過之後回到加護病房工作區，把他們的反應告知團隊裡的其他人。有些同事已經聽說了，於是會議桌上多了張新面孔：器官銀行的一位護理師。她是位中年婦人，脖子上掛著眼鏡，護理站知道事態發展後便找了她來。她面帶倦容，應該已在醫院之間來來回回了好幾趟，到處探視腦死的病人。「最近海洛因大流行。」她說。年輕男性前仆後繼吸毒過量，猶如飛蛾撲火。原本暗暗蟄伏的惡獸伸出魔爪，把數以百計的人拽入毒窟，前一天還精神奕奕的人，後一天就成了行屍走肉。

我們還沒直接跟家屬談器官移植的事，時候還沒到，畢竟我們還有些確認檢查要做，結果出來也得花些時間判讀。器官銀行護理師不是來跟家屬談的，她要先和我們溝通後續事宜。

器官移植一直是非常敏感的話題。需要仰賴不是與生俱來的心、肝、肺、腎活命的人，全世界數以萬計。很多疾病唯一的「治療」方法就是移植，世上最稀有的資源或許非捐贈器官莫屬。在過去幾十年裡，雖然社會大眾對器官移植的認識與日俱增，移植率卻幾乎沒變。

事實上，連決定開口討論器官移植都令人忐忑不已。照料病患的醫師立場尤其艱難，我們一方面要留意別被誤會沒有盡力治療病人，另一方面可能也有利益衝突的問題。至於我，我最不想遇上的事，莫過於病人或家屬懷疑我居心叵測，考慮撤除維生治療只是為了取得器官而已。

也許更令人意外的是：連醫師都未必跟得上腦死判定標準。一九八九年的一份研究顯示：理應熟悉腦死判準的醫師和醫療照顧者中，真正了解的只有三分之一[41]。即使腦死議題不時浮上檯面，但在神經外科或神經科加護病房之外，腦死病患其實並不常見。畢竟，腦傷嚴重的病患多半會轉往神經相關專科，而雖然腦部創傷是最常見的腦死原因，但也許因為處置方式日益進步，現在連惡化為腦死的腦傷病患都越來越少[42]。另一方面，判定病患是否腦死的確切流程與檢驗，在醫院之間其實各有些微差異，並非全體一致[43]。器官銀行的護理師說得坦白：在她和社工師向病患家屬開口之前，希望我們先不要提這件事。

無論如何，相關討論似乎還離我的病人很遠，因為我們得先等他尿液裡檢驗不出毒品，才能接下去進行腦死判定檢查。過了幾天，他的身體終於將毒品排盡。我們先檢查他的腦波，腦電波圖一片平坦，符合我們對他可能腦死的臨床評估；我們做呼吸中止測試，一拿下呼吸器，他隨即停止呼吸。換句話說，以大多數標準來看，我們的病人已經腦死。可是，我們醫院還定了另一項腦死確認檢查——為腦血管做斷層掃描，觀察腦部是否仍有血液流動。問題是：斷層掃描是能觀察血液仍否流向大腦沒錯，但它無法判斷大腦還有沒有功能。

病患家屬幾乎整個過程都住在醫院。我值夜班去餐廳買東西時，就看見他們穿睡衣睡在家屬等候室裡。我勸他們回家休息一下，畢竟這段時間已經非常難熬，一不注意很容易連自己的健康也賠進去，可是他們委婉謝絕。其實我能理解，他們當然期待奇蹟出現，當然盼望他們的愛子、男友能突然醒過來道早安，但他們恐怕連做夢都不敢這麼想；他們之所以不願離去，應該只是希望能在無可避免的結局到來時，能陪在他身邊。

儘管他的大腦受損嚴重，其他器官倒是狀況不錯。他的心臟還在跳，腎臟仍在過濾，肝臟也還在合成。他應該能延續好幾個人的生命吧？在這場不折不扣的悲劇裡，唯有這件事還能帶給我一絲期望。可是時機是關鍵：他的心率已相當不穩，血壓也起伏不定，而且一會兒高燒，一會兒失溫。我們焦心如焚，迫不及待想獲得明確的答案。

遺憾的是，我們開始醒悟自己深陷不確定的泥沼，斷層掃描結果也把問題攪得更加複雜。斷層掃描顯示：動脈沒有血流，可是靜脈仍有一些活動。這透露出什麼訊息呢？靜脈血流有意義嗎？

光是呼吸器反覆壓縮都能造成胸壓改變，導致血管出現這類流動，更何況：就算死亡組織裡出現血流，應該也無足輕重吧？放射科醫師一開始有些猶豫，後來才宣布這些發現符合腦死判定標準，但我在加護病房跟的主治醫師沒什麼把握。也許是先前情況曖昧讓她舉棋不定，也許是她對當時鋪天蓋地的全美爭議心存顧忌，也許是放射科醫師最初的猶疑態度令她不安，總之，她思前想後的決定是：病人並不完全符合腦死判準，儘管所有檢查和臨床測試都顯示病人已經腦死。

主治醫師的趑趄不前，或許正點出醫師、病患和病患家屬間的內在張力。雖然我們有一長串醫學術語做掩護，但面對不確定感，我們其實一樣猶豫徬徨。即使在我們自己的團隊裡，都沒有人敢斷言目前情況究竟如何，或是埋頭收集這麼多資料之後，我們到底能獲得什麼結論。家屬也一樣，他們的心還是懸在半空，明明眼見自己深愛的人躺在病床，身體似乎並無大礙，卻再也無法聽見習慣的聲音、看見熟悉的神情。每次找我們團隊裡的人談，他們總期盼能得到更明確的答案。我們了解這種心情，也很想提供具體一致的資訊，可是這個新增的評估變數，我們也不可能隱瞞不講。

對他們來說，這個新變數宛如憑空飛來暗器。我們團隊再次開會，也請那位器官銀行的護理師一起參與，畢竟，她才是處理這種局面最有經驗的人。「照你們醫院的程序來。」她很堅持——或許是暗示不可感情用事。最後，我們終於再次去找家屬，一起告訴他們：雖然病人還不完全算腦死，但已踏進腦死之門，不可能恢復有意義的神經活動，可是，他現在還不算腦死……

那位父親，病人的醫療代理人，沒猶豫多久就做了決定。他等了這麼多天，無非就是想得到更確切的答案、想知道兒子究竟情況如何。對於兒子若能表達會提出什麼意願，他也想清楚了：「他不會想繼續這樣下去。」他兒子的女友抱著他，把臉深深埋進他的夾克。就我的感覺，他們兩個在此之前似乎不熟，而現在，那位讓他們凝聚在一起的年輕人，或許沒剩多少時間了。

我在那位父親眼裡看見的不是悲痛，而是釋懷，放心兒子終於可以不再受苦。他不知道兒子處在何種狀態，但他清楚死亡不需要哪些東西：呼吸器、呼叫器、腦電波圖探針，還有醫療處置。從很多層面來看，這單純多了，也更接近他經驗裡死亡的樣子。我們一一離開，讓他們有些時間獨處，也開始想什麼時候該進行臨終拔管（terminal extubation），亦即最後一次讓病人脫離呼吸器。我脫下消毒衣，抽下手套，冷不防病人女友探頭過來，拋出一個出乎意料的最終問題：「請問……他一向樂於助人……他可以捐贈器官嗎？」

我完全沒想過該怎麼回答。因為無法判定病患腦死，我一直以為連開口談器官移植都沒意義——連宣告腦死都做不到了，我們怎麼有辦法完成他的遺願呢？「可以。有辦法的。」我的主治醫師接話。聞言我鬆了口氣。

的確，是有辦法。如果我們沒忘，死亡還有另一種形式：心臟停止跳動。心臟死不是單純得多嗎？連小孩子把指頭擱在另一個人手腕，都能判斷那個人是死是活。但請容我提醒，如果前面提到的爭議能帶給我們什麼啟示，那一定是：我們為確認生命消逝而嚴格制定的標準，已讓死亡定義變得極為晦澀，心臟死當然也不例外。

註釋

1 Nolan JP, Morley PT, Vanden Hoek TL, Hickey RW, Kloeck WG, Billi J, et al. Therapeutic hypothermia after cardiac arrest: an advisory statement by the advanced life support task force of the International Liaison Committee on Resuscitation. Circulation. 2003;108(1):118–21.

2 Fernandez L. Friends believe Jahi McMath, "quiet leader," is alive. NBC Bay Area. www.nbcbayarea.com/news/local/Jahi-McMath-Brain-Death-Tonsillectomy -EC-Reems-Academy-Friends-Believe-Alive-239629891.html. 2014.

3 Narang I, Mathew JL. Childhood obesity and obstructive sleep apnea. *J Nutr Metab.* 2012;2012:134202.

4 Fernandez L. Catholic organization says Jahi McMath "with Jesus Christ." NBC Bay Area. www.nbcbayarea.com/news/local/Catholic-Organization-Says-Jahi -McMath-With-Jesus-Christ-239314591.html. 2014.

5 Klingensmith SW. Child animism; what the child means by alive. *Child Dev.* 1953;24(1):51–61.

6 Driver R, Squires A, Rushworth P, Wood-Robinson V. Making Sense of Secondary Science: Research into Children's Ideas. Routledge; 1993.

7 Sheehan NW, Papalia-Finlay DE, Hooper FH. The nature of the life concept across the life-span. *Int J Aging Hum Dev.* 1980;12(1):1–13.

8 Anderson N. Living nonliving things: 4th grade. Pages accessed at Ohio State University and the National Science Foundation at gk-12.osu.edu/Lessons/02-03 /LivingNonliving_Web.pdf.

9 Benner SA. Defining life. *Astrobiology.* 2010;10(10):1021–30.

10 Deamer D. First Life: Discovering the Connections between Stars, Cells, and How Life Began. Berkeley, CA: Reports of the National Center for Science Education; 2011.

11 Oparin A. *Origin of Life.* Macmillan; 1938.

12 Benner, Defining life.

13 Deamer D. Origins of Life: The Central Concepts. Jones & Bartlett Publishers; 1994.

14 Jabr F. Why nothing is truly alive. *New York Times.* March 12, 2014.

15 Mullen L. Forming a definition for life: interview with Gerald Joyce. *Astrobiology.* July 25, 2013.

16 Hamlin H. Life or death by EEG. *JAMA*. 1964;190:112–14.
17 Seeley LJ. Electroencephalographic recording of a death due to nontoxic causes. *J Am Med Assoc*. 1954;156(17):1580.
18 Wertheimer P, Jouvet M, Descotes J. Diagnosis of death of the nervous system in comas with respiratory arrest treated by artificial respiration [in French]. *Presse Med*. 1959;67(3):87–88.
19 Matis G, Chrysou O, Silva D, Birblis T. Brain death: history, updated guidelines and unanswered questions. *Internet Journal of Neurosurgery*. 2012;8(1).
20 Tentler RL, Sadove M, Becka DR, Taylor RC. Electroencephalographic evidence of cortical death followed by full recovery; protective action of hypothermia. *J Am Med Assoc*. 1957;164(15):1667–70.
21 Hamlin, Life or death.
22 Löfstedt S, von Reis, G. Intrakraniella lesioner med bilateralt upphävd kontrast-passage i a. carotis interna [Intracranial lesions with abolished passage of x-ray contrast through the internal carotid arteries]. *Opusc Med*. 1956;202:1199–202.
23 Kinnaert P. Some historical notes on the diagnosis of death—the emergence of the brain death concept. *Acta Chir Belg*. 2009;109(3):421–28.
24 Haas LF. Hans Berger (1873–1941), Richard Caton (1842–1926), and electroencephalography. *J Neurol Neurosurg Psychiatry*. 2003;74(1):9.
25 Beecher HK. Experimentation in man. *J Am Med Assoc*. 1959;169(5):461–78.
26 Harkness J, Lederer SE, Wikler D. Laying ethical foundations for clinical research. *Bull World Health Organ*. 2001;79(4): 365–66.
27 Beecher HK. Ethics and clinical research. *N Engl J Med*. 1966;274(24):1354–60.
28 Beecher HK. Ethical problems created by the hopelessly unconscious patient. *N Engl J Med*. 1968;278(26):1425–30.
29 A definition of irreversible coma. Report of the ad hoc committee of the Harvard Medical School to examine the definition of brain death. *JAMA*. 1968;205(6): 337–40.
30 McCoy AW. Science in Dachau's shadow: Hebb, Beecher, and the development of CIA psychological torture and modern medical ethics. *J Hist Behav Sci*. 2007;43(4):401–17.

31 Giacomini M. A change of heart and a change of mind? Technology and the redefinition of death in 1968. *Soc Sci Med.* 1997;44(10):1465–82.

32 Vovelle M. Rediscovery of death since 1960. *Ann Am Acad Pol Soc Sci.* 1980; 447:89–99.

33 Brody DC, Acker JR, Logan WA. *Criminal Law.* Jones and Bartlett Publishers; 2007.

34 In Re Estate of Pyke. 427 P.2d 67 (Kan. 1967).

35 Kennedy IM. The Kansas statute on death—an appraisal. *N Engl J Med.* 1971; 285(17):946–50.

36 Mills DH. The Kansas death statute: bold and innovative. *N Engl J Med.* 1971;285(17):968–69.

37 United States President's Commission for the Study of Ethical Problems in Medicine and Biomedical and Behavioral Research. *Defining Death: A Report on the Medical, Legal and Ethical Issues in the Determination of Death.* 1981.

38 Charron W. Death: a philosophical perspective on the legal definitions. *Washington University Law Review.* 1975;1975(4).

39 Veatch R, Ross LF. Part One: Defining Death. In: *Transplantation Ethics.* 2nd ed. Georgetown University Press; 2000.

40 United States President's Commission, *Defining Death.*

41 Youngner SJ, Landefeld CS, Coulton CJ, Juknialis BW, Leary M. "Brain death" and organ retrieval. A cross-sectional survey of knowledge and concepts among health professionals. *JAMA.* 1989;261(15):2205–10.

42 Kramer AH, Zygun DA, Doig CJ, Zuege DJ. Incidence of neurologic death among patients with brain injury: a cohort study in a Canadian health region. *CMAJ.* 2013;185(18):E838–45.

43 Smith M. Brain death: time for an international consensus. *Br J Anaesth.* 2012; 108(suppl 1):i6–9.

CHAPTER 6

當心跳停止
When the Heart Stops

沒有哪個器官像心臟一樣，不論從字面或象徵意義來看都與生命息息相關。我們總認為心臟與情緒和感受關係密切，直到今天仍是如此。誰知道這是怎麼開始的？也許是某位詩人偷偷望見情人，怦然心動；也許是哪群獵人差點成為獵物，在逃離虎口時心驚肉跳；當然，也可能是萬籟俱寂的時刻，清靜中只聞凡心咚咚作響，規律有如暮鼓晨鐘。

古時咸信心臟不只是情緒中樞，更是維持生命最重要的器官。據公元前一千五百年的《埃伯斯莎草紙卷》（*Ebers Papyrus*），心臟不僅促成血液、汗水、精液等體液循環全身，也以生命之本「生魂」（vital spirit）滋養肉體。這份文獻裡的一段文字，或許也是史上第一筆心臟衰竭的臨床描述[1]。古埃及求得的知識傳遍世界，接下他們棒子的是古希臘人[2]。

希臘醫學據說源於醫神阿斯庫拉庇厄斯（Aesculapius）[3]，他那根兩蛇纏繞的手杖，直到今天仍是醫學和健康照護的通用象徵。那兩條蛇其實也有典故，代表的是醫神廟裡萬頭鑽動的無毒蛇。傳說當時很多療法標榜用蛇，朝聖者不遠千里而來，無非就是指望這些治療能發揮奇效。

醫神最有名的傳人非希波克拉底（Hippocrates）莫屬，他於公元前四六〇年生於科斯島（Kos），被後世尊為醫學之父，也是第一位將醫學獨立於巫術、宗教和哲學的人[4]。他對心臟十分感興趣，但聰慧如他，還是理不清生命到底在人體的哪個部位。在據稱由他親撰的作品中，有些認為意識是大腦結構的一部分，另一些則主張靈魂和情緒位於心臟。因此，血液循環停止是死亡的正字標記——至少到十八世紀中葉為止，絕大多數人都是這麼相信的[5]。

醫學在十七、十八世紀變得更為客觀，生理跡象成為判斷生命是否消逝的標準。當時的人觀察到的跡象包括：血液循環停止、呼吸停止、屍身僵硬、體溫劇降，以及瞳孔和肛門擴張[6]。不過，這些跡象有些很不可靠，舉例來說：有些情況（如中風）會造成瞳孔擴散；痙攣和僵直症時常類似屍僵；差點溺死或凍僵的人不但心率極慢、體溫極低，身體也會因為受寒而僵硬，這讓他們比別人更「貌似死亡」（apparently dead）。由於這些標準疏漏百出，《英國醫學期刊》在一八八五年坦言：「的確，在屍身尚未腐爛之前，幾乎沒有任何死亡跡象是絕對可靠的[7]。」由此看來，屍體腐化是判定死亡的「鐵則」，是十七、十八世紀顛撲不破的死亡判準。問題是：大多數死者都是在屍身腐爛前被宣告死亡。

到了十九世紀，「未死先埋」（premature burial）成了人人聞之色變的話題。古往今來，恐怕沒有哪個時代比當時的人更擔心被誤判死亡，活生生埋入墓穴，「貌似死亡」也因此成為紅極一時的熱門議題，連愛倫．坡（Edgar Allan Poe）都覺得它「駭人太甚，本非正派小說所應著墨」。在一八四四年的《未死先埋》裡，愛倫．坡將這種「時有所聞」的怪事寫進小說，而且風格驚悚如他，都說「人生奇詭之事不知凡幾，未有一事怖慄勝焉[8]」。這位恐怖大師寫下幾則故事，都是年輕貌美的女子莫名其妙進入假死狀態，所有生命跡象神祕消失，結果被葬入墓穴。

當時諸如《刺胳針》、《英國醫學期刊》等頂尖醫學學刊，都時常刊登病人被誤判死亡的報告。這種現象多半發生在「激動失神」（hysterical trance）或「委靡呆滯」（lethargic stupor）的病人身上[9]。在一八九六年的《科學人》雜誌裡，倫敦有位威廉森先生（Mr. Williamson）也特地投書，提供了幾則貌似死亡的「真實案例」，解釋這種「極為接近死亡的狀態，真實到連最富經驗的人都以為他們真的死了[10]」。威廉森先生說這種狀態相當深沉，「即使是最有經驗的大夫、仵作和送葬的，都分不出來一個人是貌似死亡還是真死，聽診器聽不出來，外在檢查看不出來，不管有人想出什麼辦法，試過之後還是無濟於事」。

為了確認一個人是否真的去世，當時的人構思、發表的方法五花八門，個個精心複雜，但也幾乎統統沒有科學根據[11]。大家認為貌似死亡的人是進入休眠（anabiosis）狀態，「生命僅僅為了一絲復甦可能而存在」。事實上，誤判死亡的報告多半有爭議，更完全沒有文獻佐證案主曾受具有經驗的醫師檢查。一八九六年，有位醫生調查當地一樁男孩「復活」奇案後發現：所謂他長年臥病、宣告不治、幸好在入殮之前清醒云云——全是捏造的[12]。

無論如何，議會通過法案，要求延長在停屍間裡觀察遺體的時間[13]；商人乘勢推出可逃式「安全棺木」和墓穴；各種確認死亡的新招也紛紛出籠，企圖超越希波克拉底以來公認的標準，偵測更為幽微的生命跡象。令人啼笑皆非的是，這些招數一個比一個古怪，而且方法十分粗暴，例如：以熱水澆燙遺體，用利器插入鼻孔（或灌入芥末等刺激物），試圖誘發反應；將遺體浸入水中，仔細觀察有沒有呼吸氣泡冒出[14]；或是皮下注射阿摩尼亞，看看會不會發炎。喬治．巴爾福（George Balfour）宣導將細針插進遺體，直入心臟，外部末端飾以小旗，如此一來，一旦小旗有動靜，就代表心臟還在跳。「福伯特測試」（Foubert's test）說穿了就是拿解剖刀割開胸腔，指頭伸進去感覺心臟是否仍在跳動。

雖然死亡與我們常相左右，但即使診斷技術日新月異，判定死亡的戰爭猶未結束。如果說亞希．麥可馬瑟案給了我們什麼啟示，或許是：從愛倫．坡蒐羅奇聞異事到現在，我們對診斷死亡——或說診斷生命，端視你的觀點而定——仍舊束手無策。

發明聽診器和心電圖之後，監控心臟活動確實容易得多。可是，隨著對大腦的認識增加及相關偵測技術提升，醫界對死亡時刻的認定越來越嚴謹。一九六〇年代哈佛判準發表後，以心臟活動消失為死亡界線的基礎終於動搖。綜觀歷史，很多人都和亞里斯多德一樣，認為由生而死的過程是漸進而模糊的。現在持相同看法的人也不少，以一九六三年第一位移植肝臟的醫師湯瑪斯．史塔哲（Thomas Starzl）為例，他就講過生命是條「下滑曲線」[15]，在人接近死亡時緩緩離開他們。器官移植改變了遊戲規則，不僅顛覆自古以來的死亡概念，也迫使醫師重新思考該如何客觀地界定死亡，並面對隨之而來的倫理與法律後果。一九六八年，克里斯蒂安．巴納德（Christiaan Barnard）進行史上首例心臟移植手術後一年，《美國醫學會雜誌》編輯群總算發話：「制定規則應是醫師之責，而非律師之責[16]。」

✢ ✢ ✢

二十世紀之前，外科醫師的高下決定於手的速度。等到麻醉技術和衛生條件有所進展，外科醫師才獲得他們夢寐以求的珍寶——時間。有了時間相助，手術領域大幅拓展，連移植人體器官都不再是空中樓閣，雖然發展過程的確考驗重重，開路先鋒也必須從一連串致命錯誤中汲取經驗。法國外科醫師馬提爾・夏布雷（Mathieu Jaboulay）也是移植領域的開拓者之一，他曾與亞歷克希・卡雷爾一同推進血管縫合技術，也是第一位嘗試移植人體器官的人[17]。一九〇六年，他從山羊和豬身上各取下一枚腎臟，分別植入兩名病人體內，不料接錯血管，兩名病人隨即死亡。在基輔，外科醫師尤里・伏隆諾伊（Yu Yu Voronoy）試圖以移植腎臟力挽狂瀾，治療六名吞汞自殺導致腎臟衰竭的病患。無奈他的好意擋不住應病患之邀叩門的死神，六名病患全部死亡。

在修正早期移植手術的某些錯誤之後，外科醫師們開始領悟：病人一旦植入捐贈者的腎臟，免疫系統就會開始圍剿這個來路不明的入侵者。人類免疫系統護主心切，最高使命就是剷除外來者，亦即沒有主體標記的細胞和物質。外來器官顯然不難點燃免疫系統的仇外症，招來足以導致主體死亡的猛烈攻擊。一九五六年時，約瑟夫・默里透過移植雙胞胎之間的腎臟，成功繞過免疫系統的炮火[18]。可是，世上絕大多數人並不是雙胞胎，這套詭計終究無法隨時奏效。為了壓抑免疫系統，有些人訴諸霹靂手段堅壁清野，以放射線掃遍全身。不過，還是要到硫唑嘌呤（azathioprine）等抑制免疫藥物問世之後，醫界才學會如何鎮撫免疫系統，讓病人身體能長期接受捐贈者的器官。

在開拓移植領域的過程中，外科醫師們也學到另一件事：如果必須等捐贈者死亡才能摘取器官，捐贈者死後越快摘取，移植手術就越可能成功。於是，有些醫師根本等不及共識產生，便自作主張訂定自己的死亡判準，比利時的居伊・亞歷山大（Guy Alexandre）醫生就是如此[19]。雖然有些器官是可以從活體捐贈者身上摘取（如腎臟），但多數器官一旦取出，原主必定難逃一死。即使是腎臟，也多半取自剛死的捐贈者，因為活體捐贈者實在太少了。

人自太初便須面對死亡，但在器官移植技術出現之前，從沒有哪一個人的死真正延續了另一個人的生。可是在移植技術成熟之後，只要捐贈器官，就能在絕望之處播下盼望，在死亡之中賦予生命。或許正因如此，人類才試圖擴大死亡的定義，希望它不只是哲學性的，更是經驗性的、可複製的，而且絕對無誤的。因此從理論上說，即使只有一個人被誤判死亡，都足以破壞器官移植的良善初衷。不過，雖然這樣的定義仍未出現，很多外科醫師已躍躍欲試，迫不及待在生命的終點拓展外科的前緣。

一般說來，想成為全球矚目的外科名醫，多半得從歐美頂級醫學中心的開刀房起步。克里斯蒂安．巴納德並不符合這項條件，但他不妄自菲薄，還是想挑戰外科最大的難關：人體心臟移植。巴納德一路在南非成長求學，不像當時其他外科名醫那樣出身名門大學，外科研究經驗也不如他們豐富。相較之下，巴納德的主要競爭對手亞德里安．康托維茨（Adrian Kantrowitz）就老練得多：康托維茨在布魯克林邁蒙尼德醫院（Maimonides Hospital）服務，幾年來不斷精進心臟移植技術，實驗室裡也已用了幾百條狗練習。一九六六年，康托維茨差一點點就能征服心臟移植大關：他半夜三更接到電話，醫院告訴他有位病童腦電波圖已呈水平，家長同意捐贈心臟，讓另一名先天性多重心臟病的孩子有一線生機。康托維茨匆匆趕往醫院，怎料手術刀剛剛拿起，同事們便求他再等一會兒，讓這可憐的孩子「死透了」再動刀，意思是說：等他心臟停跳再取。最後等了一個小時，心臟終於停跳。康托維茨打開胸腔，發現心臟已經開始分解，不適合移植了。

無論如何，巴納德一心想成為首位完成心臟移植手術的人，但他之所以能得到「完美」的捐贈者心臟，卻是因為一樁悲劇。一九六七年十二月二日，廿五歲的丹妮絲・達沃（Denise Darvall）看完電影《齊瓦哥醫生》，和父母、弟弟一同開車回家。他們臨時開去當地一家糕餅店買焦糖蛋糕，孰料人生就此改變：丹妮絲和媽媽過馬路時被酒醉駕駛撞上，媽媽當場死亡，丹妮絲則是被撞進排水溝，顱骨破裂。她立刻被送往醫院接上呼吸器，可是她已完全失去恢復神經功能的機會。

丹妮絲的爸爸在醫院得知：從神經學來看，女兒已毫無復原可能。在他試著消化同一天失去愛妻和愛女的情緒時，醫師也告訴他說：有位路易斯・華許坎斯基（Louis Washkansky）先生，五十四歲，是立陶宛來的猶太人，他因為糖尿病併發的心臟衰竭已命懸一線。愛德華同意捐出女兒的心臟。第二天，丹妮絲和路易斯被推入病房並躺，巴納德嚴陣以待，率領二十名外科醫師一同執刀。五個小時後，他們為路易斯新移植的心臟通電，它也開始在新家跳動，華許坎斯基成為史上首位身體裡跳著另一個人的心臟的人。無奈好景不常，手術後才十八天，他就因為感染肺炎去世，當時巴納德甚至不在國內——他因為這場手術一夕成名，應邀出國去了。巴納德這場手術完成三天之後，康托維茨也在布魯克林達成任務，成為第一位移植兒童心臟的人，不過那個孩子術後只活了六個小時。總之，巴納德贏了這場比賽，但他的後續事蹟其實也沒什麼好記的，因為持續改進心臟移植技術的是其他醫生，是他們將這項獵奇競爭化為造福百千病患的常規。

值得注意的是：巴納德取得心臟的方式和康托維茨前一次大不相同。巴納德沒等捐贈者的心臟停跳，就禁不住他弟弟（同時也是他的外科同事）馬里歐斯（Marius）的鼓動，往丹妮絲的心臟注入劇毒氯化鉀。此舉不但麻痺了心臟，從某個角度來看也「殺」了丹妮絲。這個黑暗的祕密到二〇〇六年才公諸於世，與那場歷史性的手術已相隔四十年，或許反映出相關議題在當時的敏感性。

器官移植已打破所謂「去中心」（decentralist）的生命理論。這種理論認為：靈魂遍在於組成人體的所有器官、細胞和體液，並不是駐守在單一器官裡[20]。然而，無法移植大腦的事實，或許正有力佐證生命的確是種中心過程，而這過程限定在大腦和它遍及全身的神經系統裡。在移植技術出現後，醫生既要保護臨終病患不受傷害，也得試著幫助那些可能從新鮮器官獲益的人，現在，這兩種醫師本能常讓我們陷入天人交戰。或許正因如此，精確定義死亡時刻才變得比以往更為迫切。

✢ ✢ ✢

腦死本身就是個模糊含混的概念。從我們那位海洛因過量的病患的例子，不難想見很多人幾乎確定無法恢復生命功能，卻又不完全符合腦死判準。以聽診器和心臟監視器確認心臟停跳，幾乎讓人懷念起死亡並不複雜的舊時歲月。

腦死的概念傳遍全球後，不少人發現：這套判準雖由哈佛委員會起草、美國總統委員會修訂，但無法完全適用的病人所在多有。在加護病房裡，不難看到病人身體大致無礙，卻因為重傷而懸在死亡邊緣，卻又一直藕斷絲連，不見終點。

為了保障這些病人不受外科醫生覬覦，也為了防止死亡扭曲為器官爭奪戰，一九六八年通過的《統一器官捐贈法》，已將今日熟知的「死後捐贈原則」（dead-donor rule）納入條款[21]。這套法規和後續修訂都明確宣告：只能從已經死亡的人身上取得器官（換言之，取得器官不應導致捐贈人死亡）。死後捐贈原則是為了保障病人，而且早在死亡的現代定義出現之前，就已有人提出呼籲。

死後捐贈原則發揮作用的時機，主要是在病患生命跡象消失、但死亡程度尚不及於腦死時（就像我的病患那樣）。一九九〇年代出現過一連串案例，都是病患或家屬有意捐贈器官，可是捐贈者並未腦死。有鑒於不少病患已同意捐贈器官，卻礙於規定不得不將健康的臟器帶進墳墓，匹茲堡大學特別另外制定一項規定，專供尚未腦死的病患捐贈器官之用[22]。這則規定是：如果病患在移除呼吸器後兩分鐘都沒有心跳或呼吸，便可視為合法捐贈人。我們並不清楚他們是怎麼得出「兩分鐘」這個結論的，因為還有一些機構將時間拉長為五分鐘，美國國家科學院醫學研究所（Institute of Medicine）就是如此[23][24]。時間之所以長短不一，還是得從生理現象上思考：身體器官一旦發生「熱缺血」（warm ischemia）[25]（亦即少了有意義的血液循環），腐壞過程隨即開始。

隔天，我的病人進了手術室，三家醫院的移植團隊聞風而至。準備好之後，我們將他的呼吸管抽出，上面充滿黏稠的體液，我們看了一眼，隨手丟進旁邊的垃圾桶。關鍵時刻到了，外科醫師、住院醫師、麻醉師和技術人員屏氣凝神，兩分鐘一過，手術刀立刻劃下。可惜的是，打開胸腔之後，我們發現心臟已經發生變化，幾處地方的敗壞情況已無可彌補。外科醫師再翻看肺臟，同樣不堪使用；再檢查肝臟，還是不適合移植。最後，我的病人只剩一對腎臟差可遺愛人間。

聽到結果我既悲又怒。那位父親看兒子受了這麼多苦，唯一的期盼就是他能安詳離世，可是他卻「死」在手術檯上，身邊見不到任何一張熟悉的臉。同樣令我鬱悶的是：他明明可以達成捐贈器官的願望，為其他人的生命帶來一線生機，卻因為腦死判準怪異的邏輯而功虧一簣。我們嚴守程序只落得這個結果。

美國人的平均壽命是廿四億八千一百八十八萬三千兩百秒[26]。不過，死亡之後的那幾十秒，或許才是人生裡最重要、最搶手的時刻。越是了解生前最後和死後最初幾秒的重要性，我們也越是明白：以往學到的一切，完全無益於我們為這短短的時間做好準備。

✢ ✢ ✢

我一直沒能好好認識查理。我們第一次碰面是在走廊，他躺在推床被一路簇擁進加護病房。推床上不只有他，還掛著病歷、監測器和好幾條點滴，很滿。點滴架上掛著好幾種藥物，隨著推床倉促穿過走廊，點滴也招搖擺動有如風中大旗。在床後頭推的是名男護理師，另一位護理師則是拿呼吸罩蓋著查理的臉跟床走，邊走還得邊為他擠入氧氣，看起來有點手忙腳亂。整群人像是臨時拼湊的艦隊，在湍流中急駛向前。

查理和姊姊感情不算好。他們住得很近，兩個人都單身，也都已進入花甲之年，可是他們平日從不見面，要是見面一定是其中一個進了醫院，另一個接到醫生或護理師通知才來露個臉。查理當了一輩子菸槍，有慢性阻塞性肺病（COPD）。但即使他的病情每下愈況，即使他咳個沒完，連上個廁所都喘不過氣，即使他已須隨身拖個氧氣筒，一個不小心就足以釀成火災，他還是菸不離手。

我讀了一遍他的病歷，這似乎是他幾個月來第四次因為肺炎入院。COPD患者的肺部的確比一般人更容易感染，可是他的入院頻率也太高了點。照過高解析度胸部斷層後，謎底隨即揭曉：惡性腫瘤已經侵襲到氣管，也就是他這陣子一再發生感染的部位。

第一次打電話給查理的姊姊時，我好不容易才說服她來醫院看看。她來了以後也不進病房，只在家屬等候區坐著，請我去那裡對她說查理的病情。她問我查理情況如何，我說他得了肺癌，她倒抽了口氣，我問她她還好嗎？她長嘆一聲，說：「就請你們治看看吧……盡力而為。」

我們是盡力而為了。我們往他血管注入廣效抗生素，插胸管引流肺部淤積的癌症液體，也把呼吸器設定調到最大。然而，他的血管滲漏問題越來越嚴重，腿部和肺部也充滿液體，有一天終於出了狀況：不知何故，他的血壓驟然飆高。照理說，他的心臟已相當虛弱，應該沒辦法把血壓推得那麼高才對。在我們能有效降低血壓之前，他心臟病發。

我們立刻發布藍色代號，同時注入各種能恢復心律的藥品。護理師開始按壓他的胸部，我也排定輪流接手CPR的次序。藍色代號發布十五分鐘後，我停下來檢查他的心跳。他的脈搏很弱，但心臟監視器總算出現正常竇性心律。我同事去打電話給查理的姊姊，可是她連來一趟都不願意。

幾天過去了，我們還是不能移除他的呼吸器。我每天打電話給他姊姊，但她索性連電話都不再接。有一天，護理師告訴我有位女士在外頭等我，想跟我講幾句話，我一走出去就看到查理的姊姊。她說她聽到我的語音留言了，可是一直沒有勇氣回電或過來看看。誰知道這對姊弟之間出過什麼事呢？但不論過去有多少不愉快，當她知道弟弟大限將至，心裡還是湧出一股難以收拾的失落感。我跟她說我們還在努力，現在也已確認是癌症，只是癌細胞已經擴散到全身。

她低頭看著地板，沉默了一陣子才說：「醫生，我知道你們很努力了。他不想靠氧氣筒維生，我知道。可是他現在接個呼吸器，我想他不會想這樣的。」

「我了解……如果您覺得他不想用呼吸器，我們可以拿下來。我們可以讓他舒舒服服的，不再痛苦。」

她抬頭看著我：「要是不用呼吸器，你覺得他能活多久呢？」

「我想不會太久。」我說。

「那麼，他過世後我會來看他。到時候請醫生給我通電話。」她轉身離去，我想她不願聽我說再見。

回到病房，我對護理師們說了這件事。每個人都鬆了口氣。查理已形銷骨立，誰也不想再猛搥他骨瘦如柴的胸部。我在電腦裡加註DNR／DNI指令，然後提高他的嗎啡用量，好讓他舒服一點，接著移除呼吸器。令人意外的是，他繼續自行呼吸，但恐怕再也沒機會清醒。警報響起時，我正在外頭打電腦。我們平時聽見心電圖警報響起，多半是偵測線鬆脫所致，但這一次，患者的心臟真的停止跳動了。不過一個鐘頭以前，查理的警報還會引來大批人馬進行CPR，但現在他有DNR／DNI指令，我們便靜靜待在玻璃門外，看著心電圖一陣起伏，最後歸於平靜。

漫長的幾分鐘過後，我踏進病房，關上警報。我拿出聽診器放在他胸口，沒有心跳聲，他千瘡百孔的氣管也無聲無息。我碰觸他的眼球，完全沒有眨眼反應。我的呼叫器又響了，急診室似乎送了新病人過來。我把白床單拉上他的臉，卻讓他腳露了出來，床單長度不夠，只能選擇為他蓋臉或是蓋腳。我想了想，還是決定為他蓋腳，臉就暫時露著。我在手上噴消毒水擦了擦，隨即離開病房，撥最近的電話通知查理的姊姊，告訴她查理剛剛去世。她的聲音有些顫抖，一時之間似乎不知道自己該怎麼辦，我勸她過來一趟。

我掛上電話，回到電腦前繼續做事，眼角卻瞥到極不尋常的訊號：查理的心電圖右上方居然閃著綠燈。他的護理師在病房裡怔怔盯著心電圖，一臉難以置信，轉過頭正好和我四目相交。我起身衝向玻璃門，仔細再看——真的，心電圖上又出現了波形!?

我從來也沒見過這種事，那位護理師也沒見過，而他在加護病房工作起碼十年了。我趕忙進門量他脈搏，雖然相當微弱，但的確摸得出來，倒是他的血壓幾乎量不到，我也觸發不了腦幹反射動作。他的眼睛緊閉，胸部看不出起伏。部分的我背脊一涼，做夢也想不到自己會遇上這種事。在此同時我也尷尬不已——我才剛剛通知查理的姊姊他死了，現在該怎麼辦？等她到了醫院卻發現弟弟沒死，不知會作何反應？

在我左思右想舉棋不定時，問題居然自動消失：查理的心電圖再次拉平，彷彿什麼風波也沒發生。我們把查理送到太平間後，我做了每個毫無頭緒的醫生都會做的事：上網路醫學資料庫PubMed找答案。我是到那時才知道「拉撒路現象」（Lazarus phenomenon），還有它怎麼顛覆心臟停跳的定義，讓這個行之有年的死亡判準更形複雜。

✛ ✛ ✛

我們對艾利澤（Eleazer）的生平所知極少，但他死而復活的奇蹟人盡皆知。我們今天比較熟悉的是他拉丁化的名字「拉撒路」，他對耶穌忠心耿耿，是他最忠實的門徒之一，一家都住在耶路撒冷附近的伯大尼（Bethany）。在〈約翰福音〉裡[27]，拉撒路有一次身患重病，他的兩個姊姊趕忙託人請耶穌來看他。可是等耶穌到了那裡，拉撒路已經嚥氣好幾天了。儘管如此，耶穌還是到拉撒路剛封好的墓前，對他姊姊說：「信我的人，雖然死了，仍然要活著，活著信我的人一定永遠不死。」耶穌要人將封墓的石頭挪開，開始祈禱。沒過多久，墓穴裡的「死人」居然走了出來，「手腳裹著布條，臉上也包著布」。

拜科技發展之賜，有些病患在死後仍被監控心臟活動一段時間，因此揭露了極為罕見、但也令人大惑不解的自動復甦（autoresuscitation）現象，謂之拉撒路現象。出現拉撒路現象的病患在心跳停止之後，會神祕地恢復脈搏，或是在心電圖上出現電性活動。這種現象通常會在心跳停止幾分鐘內發生，但病患無一例外還是會死，而且絕大多數是隨即死亡[28]。

不過，拉撒路現象也許比我們以為的還要常見，因為大家都知道公開發表的案例比實際上少。醫生們閉口不談的原因很多[29]：有的醫生心驚之餘也感到慚愧，因為自己居然都宣告病患死亡或停止急救了，才發現病患自動恢復部分功能；有的醫生則擔心這段插曲會引起法律糾紛，或是對家屬的情緒造成衝擊。

拉撒路現象反映出現代社會對死亡的觀察改變多大。死亡如今既然多半發生在家庭和社群之外，便也不在大多數人視線之內。在此同時，偵測死亡的工具也成了電極，不論它們有的貼在頭上，有的黏在胸前。醫生們則緊盯代表生命的波形不放。可是，這些波形其實只說明人體組織有電脈衝通過——這該解釋為人還活著，抑或只有部分細胞活著呢？學界至今語焉不詳。總統委員會其實說得很清楚：他們重視的不是「個別細胞或器官是否持續存活」，而是複雜、多層次的生理機制是否仍和諧運作，讓生物「整體」的生命獲得存續。

另一種思考死亡的方式或許是深究謀殺。殺人是最嚴重的罪行，不分古往今來，謀殺是所有社會公認最可憎的行為。但讓我們思考一下，殺人為什麼不對呢？是因為它剝奪人性？消滅意識？還是它抹除與生命有關的行為？要是哪個精神病患心神喪失，突然朝無辜路人脊椎頂上開了一槍，導致那人癱瘓或陷入重度昏迷，雖然意識都在，可是連動動眉毛都沒辦法，這算是謀殺嗎？或者某甲用某種方式重傷某乙，讓某乙能自行呼吸、感受疼痛，甚至保有一般人的日常能力，可是和受傷之前判若兩人，這算是謀殺嗎？如果這兩種情況都算謀殺，哪一種情況更嚴重呢？

或許，最「乾淨俐落」又顯而易見的死法是斬首。放眼歷史，斬首向來是最明確也最絕對的致死手段。我敢說沒人會多此一舉去量無頭屍體的脈搏，也沒人會去戳無身首級的眼球測試反應。斬首或許是最無庸置疑的死法，在生與死之間畫出最明確的界線。

可是我太瞭解學術界了。發現生命倫理學家、哲學家和神經學家對「斷頭必死」一事並無共識，我絲毫不感意外。換個方式來說可能比較容易懂：腦死常被稱為「生理上的斬首」[30]。對絕大多數人來說，斷頭必死是不證自明的事實，可是冬烘科學家們偏偏想提出反證。科學史上令人髮指的實驗所在多有，但論病態冷血恐怕都比不過這一個：有科學家把兩隻猴子的頭切斷，先互相移植身體，再以人工方式維持牠們的生命[31]。研究者指出：移植的猴頭保有意識達卅六小時之久。

看過電視影集《權力遊戲》（*Game of Thrones*）的人，或許都曾低頭沉思那些首級提出的大哉問。它們原本應該接在供應養分的身體上，現在卻和身體分家，神情詭異地道出一個又一個玄之又玄的問題。不過，首級本身倒是寓意清晰的象徵，頗能說明我們對身分和生命的直覺反應。想想剛才那兩隻身首異處、卻又以人工方式維持生命的猴子，你難道不覺得是頭的部分代表原來那隻猴子嗎？如果牠們真的還有意識，是不是更加證明代表身分和生命的是頭顱呢？那麼，身體又算什麼？它們既然有機器輔助呼吸和心跳，不也能說還有生命嗎？若是如此，砍頭就不是謀殺，更不是剝奪生命，反倒是讓生命以倍數增加[32]。

我那位吸食海洛因過量的病人又怎麼說呢？他到底是什麼時候過世的？依現行醫學法律制度，他是在移除呼吸器後六十秒左右跨過生死門檻。但我認為：他將近一個禮拜之前就去世了，就在他吸毒過量、倒在他女友浴室裡停止呼吸的那天早上。待在醫院的那段時間，他毫無腦幹反射，也沒辦法自行呼吸——但就法律而言，他還活著。

現行腦死認定框架確實飽受質疑，但儘管言過其實的記者常抨擊它基礎薄弱，現代腦死定義之所以能不動如山，是因為到目前為止還沒有腦死逆轉的例子。所以，請想像一下我那天多麼震驚：有位參與大型研究計畫的神經科醫生寄電郵給我，說他們團隊發現了第一個腦死逆轉的案例。不僅如此，研究成果也已在頂尖神經學會議中發表。點開附檔時我心跳加速，因為我很清楚：只要出現一份可靠的觀察紀錄，我們過去一百年對死亡的認識都將因此翻轉。

✢ ✢ ✢

神經科醫師強納森・斐勒斯（Jonathan Fellus）自陳，他是因為和同事一起照顧一位年輕女性病患，才開啟了他研究腦死病患的興趣。斐勒斯說：「五個月後我們發現，我們沒有一個人見過這樣的腦死現象。」應家屬要求，斐勒斯團隊開始給予病人「營養品及電流刺激」，據他報告，病人的腦電波圖「從原本典型的水平線明顯變為另一種模式」。但對於病患是否出現實際的臨床變化，斐勒斯的說明含糊得多。他在信裡告訴我：病人「顯然能依指示轉動頭部」，而且「似乎能豎起手指」。不過，在整個「治療」過程裡，病人始終需要使用呼吸器，也從沒睜過眼睛。

在斐勒斯的個案報告裡，這位隱去姓名的病人廿八歲，女性，出身海外名門，因心臟病發送醫。她服用抗精神病及抗焦慮藥物過量，接受三十分鐘心肺復甦術後雖然恢復脈搏，可是大腦已失去功能。醫生宣告她腦死，但她的家人基於宗教信仰，堅持繼續治療。在美國，家屬若依宗教理由要求讓腦死病患接受醫療照顧，只有紐澤西州許可，其他州沒有「腦死人」這個概念，因為對他們來說，腦死的「人」只是遺體而已。

我是和同事討論腦死議題時，才第一次聽說斐勒斯的事。我那位同事剛好是斐勒斯的表親，說他這個親戚正在進行一項研究，能證明腦死其實不是不可逆的。照斐勒斯團隊在神經學會議上的海報敘述，他們是在病患心臟病發後一個月和她見面的。老實說，這張海報以學術標準來看有些突兀，不但出現拼字錯誤，有些文字還特別用大寫或粗體強調，就學術出版品來說簡直大逆不道[33]。另外，病人的腦電波並不是平的，它其實有些活動，然而意義不明，也有可能是人為因素所致。斐勒斯團隊為她治療了六個月，除了電療之外，也施打多種維他命和精神病藥物。

據團隊報告：治療六個月後，他們已經能夠逆轉腦死，並大膽聲稱「一則反例便足以推翻整個理論」。可是，他們究竟逆轉了什麼呢？病人的腦電波活動增加了（但這顯然不代表這些活動是有意義的），而且「瞳孔對光線出現些微反應」。就這樣，結束。我揉揉眼睛，耐著性子又讀了這篇文風拙劣、用語滑稽的報告幾遍，實在不敢相信它的內容不過爾爾。我和斐勒斯聯絡幾個月後，有天依照慣例做追蹤調查，卻赫然發現他吃上官司，罪名是與病患發生不正當性關係，不僅判賠幾百萬美金，還被吊銷醫師執照[34]。

關於生物是生是死，心電圖和腦電波圖其實無法提供任何資訊。心電圖出現動靜，可能只代表心臟裡有部分細胞特別頑強，即使其他同袍全數犧牲也要最後一搏。腦電波圖也是一樣，只要有少數神經元執意死守放出訊號，檢查結果就會出現偏差。

雖然我們一直想在生死之間畫出一條絕對的界線，但直到今天，我們還是無法將這條線延伸到個別粒子層次。總統委員會在努力嚴格界定生命之餘，可能也無意中承認了這一點：「死者不思考、不互動、不自動調節，也不進行生物活動……死者缺少一整組屬性，而這種種屬性構成生物對內外環境的部分反應[35]。」到底這組屬性的範圍要多大，才足以影響全局呢？總統委員會沒有細講。

現代生物學知識的快速進展，已大幅開拓我們看待生命的視野。可是，人命不只是生物體而已。一個人還有少數神經元放出訊號，還剩少數心肌纖維持續收縮，並不代表這個人還活著。也許，這是上個世紀留給我們最沉重的遺產之一。我們重新界定的不是死亡，而是生命。「生命」原本意指千變萬化的行止、活潑不羈的朝氣，但現在，連永久插管、腦電波圖紋風不動的皮囊，都可輕獲這份榮銜。

註釋

1 Saba MM, Ventura HO, Saleh M, Mehra MR. Ancient Egyptian medicine and the concept of heart failure. *J Card Fail.* 2006;12(6):416–21.

2 Serageldin I. Ancient Alexandria and the dawn of medical science. *Global Cardiology Science and Practice.*2013;4(47).

3 Stanton JA. Aesculapius: a modern tale. *JAMA.* 1999;281(5):476–77.

4 Cheng TO. Hippocrates and cardiology. *Am Heart J.* 2001;141(2):173–83.

5 Quinsy J. The American Medical Lexicon, on the Plan of Quincy's Lexicon Physico-Medicum, with Many Retrenchments, Additions, and Improvements; Comprising an Explanation of the Etymology and Signification of the Terms Used in Anatomy, Physiology, Surgery, Materia. Reprint ed. London, UK: Forgotten Books; 2013.

6 Powner DJ, Ackerman BM, Grenvik A. Medical diagnosis of death in adults: historical contributions to current controversies. *Lancet.* 1996;348(9036):1219–23.

7 Death or coma? *BMJ.* 1885;2(1296):841–42.

8 Poe EA. *The Premature Burial.* Reprint ed. Quill Pen Classics; 2008.

9 Gairdner W. Case of lethargic stupor or trance. *Lancet.* 1884;123(3150):56–58.

10 Williamson J. Premature burial. *Scientific American.* May 9, 1896.

11 Anabiosis—life in death. *Literary Digest.* August 22, 1914:304.

12 Baldwin JF. Premature burial. *Scientific American.* October 24, 1896:315.

13 To stop premature burial; bill introduced yesterday in the assembly by Mr. Redington of New York. *New York Times.* January 19, 1899.

14 Alexander M. "The Rigid Embrace of the Narrow House": premature burial & the signs of death. *Hastings Cent Rep.* 1980;10(3):25–31.

15 Beecher, Ethical problems [see "How Death Was Redefined," note 28].

16 What and when is death? *JAMA.* 1968;204(6):539–40.

17 Watson CJ, Dark JH. Organ transplantation: historical perspective and current practice. *Br J Anaesth.* 2012;108(suppl 1):

i29–42.
18 Merrill JP, Murray JE, Harrison JH, Guild WR. Successful homotransplantation of the human kidney between identical twins. *J Am Med Assoc.* 1956;160(4):277–82.
19 Machado C. The first organ transplant from a brain-dead donor. *Neurology.* 2005;64(11):1938–42.
20 Powner et al., Medical diagnosis.
21 Iltis AS, Cherry MJ. Death revisited: rethinking death and the dead donor rule. *J Med Philos.* 2010;35(3):223–41.
22 DeVita MA, Snyder JV. Development of the University of Pittsburgh Medical Center policy for the care of terminally ill patients who may become organ donors after death following the removal of life support. *Kennedy Inst Ethics J.* 1993;3(2):131–43.
23 Institute of Medicine. Non-Heart-Beating Organ Transplantation. Practice and Protocols. Committee on Non-Heart-Beating Transplantation II: The Scientific and Ethical Basis for Practice and Protocols. Washington, DC: Institute of Medicine; 2000.
24 譯註：我國於二〇一七年底亦開放無心跳器捐。依照現行規定：撤除維生系統之後，難以判定腦死之捐贈者若連續五分鐘無心跳，即可摘取器官。至二〇一八年四月二日止，我國無心跳器捐已有六例，受惠病患共二十四位。
25 Halazun KJ, Al-Mukhtar A, Aldouri A, Willis S, Ahmad N. Warm ischemia in transplantation: search for a consensus definition. *Transplant Proc.* 2007; 39(5):1329–31.
26 Institute for Health Metrics and Evaluation, *The State of US Health* [see "How Life (and Death) Were Prolonged," note 9].
27〈約翰福音〉11：1–45。
28 Sheth KN, Nutter T, Stein DM, Scalea TM, Bernat JL. Autoresuscitation after asystole in patients being considered for organ donation. *Crit Care Med.* 2012; 40(1):158–61.
29 Krarup NH, Kaltoft A, Lenler-Petersen P. Risen from the dead: a case of the Lazarus phenomenon-with considerations on the termination of treatment following cardiac arrest in a prehospital setting. *Resuscitation.* 2010;81(11):1598–99.
30 Shewmon DA. Mental Disconnect: "Physiological Decapitation" as a Heuristic For Understanding Brain Death. Scripta Varia 110. Vatican City: Pontifical Academy of Sciences; 2007.
31 White RJ, Wolin LR, Massopust LC Jr, Taslitz N, Verdura J. Cephalic exchange transplantation in the monkey. *Surgery.*

1971;70(1):135–99.
32 Lizza JP. Where's Waldo? The "decapitation gambit" and the definition of death. *J Med Ethics*. 2011;37(12):743–46.
33 www.neurology.org/content/82/10_Supplement/P.4.285
34 www.washingtontimes.com/news/2015/may/10/jury-doctor-who-had-affair-with-patient-must-pay-h/
35 United States President's Commission for the Study of Ethical Problems in Medicine and Biomedical and Behavioral Research. *Defining Death: A Report on the Medical, Legal and Ethical Issues in the Determination of Death*. 1981.

CHAPTER 7

六合之外
When Death Transcends

也許沒有哪個兒子比大衛對母愛考驗更深。人屆中年，他從未結婚，卻有好幾個小孩；從不工作，倒是在牢裡待了好幾年，出獄後繼續和媽媽同住。他二十出頭就已吸食海洛因成癮，入院之前更每天吸上一包。社工和醫生問他為什麼不戒毒，他只是聳聳肩說：「吸海洛因讓我更像自己。」他的一個女兒曾親眼發現他吸毒過量，倒在家裡像死了一樣，可是全世界她最愛爸爸。

長年吸毒嚴重傷害大衛的身體。因為和別人共用針頭注射毒品，他染上C型肝炎和愛滋病。他的腎臟早已報銷，每個禮拜得洗腎三次；他的心臟也一併遭殃，肥大得難以將血液送往正確方向。他血壓控制得很差，即使服用六種藥物還是不在正常範圍。可能有人以為他的情況已糟到不能再糟，但我在醫院幾年之後已然領悟：天下事沒有最糟，只有更糟，事態發展永遠可能更壞。

他來就醫那天是因為腹部疼痛。其實，他已經好幾十次莫名其妙肚子痛了，可是這次不同。急診室將大衛送到我們科時，他已呼吸急促，氣喘如牛，血壓比正常值高出兩倍。他的心臟原已十分虛弱，根本舒緩不了這麼高的血壓，於是液體開始在他肺部淤積。醫護人員紛紛趕到，緊急為他做X光檢查和注射藥物，使盡渾身解數盡快降低他的血壓，可是他們終究追不上他惡化的速度。眼見頹勢難挽，他們發布藍色代號，急召麻醉科醫師來為他接呼吸器。他們最壞的預料果然成真——大衛脈搏消失，CPR開始。

接下來五分鐘，或許是大衛這輩子最重要的五分鐘，醫護人員為他注射各種藥物，連番上陣按壓他的胸口。以他整體健康情況來看，他能恢復脈搏簡直是奇蹟。成功之後，他們立刻將他送到加護病房。不料大衛出現痙攣，他們趕緊為他注射麻醉藥，並依原訂計畫為他蓋上降溫片。大衛接受標準降溫程序四十八小時後，輪到神經科醫師上場。遺憾的是，即使麻醉藥和鎮靜劑的藥效已經消退，大衛還是只剩幾項基本反射，例如瞳孔遇光收縮，代表腦幹仍有活動，但除此之外，他什麼反應也沒有，顯示他的高級腦可能已完全失去功能。光是有這項訊息參考，就足以推測他十有八九會嚴重失能，或是繼續維持植物人狀態[1]。神經科醫師將他的其他情況考慮進去之後，評估更加悲觀：由於他心臟病發後隨即痙攣，在降溫過程中亦痙攣不斷，依過去研究，這種病人百分之百預後不佳[2]。大衛最親的幾個家人馬上得知噩耗，隨後一一來訪的親戚也都知道了這個壞消息。

大衛的媽媽和其他親人都是虔誠的基督徒，沒過多久，他的病房就擺滿各種宗教飾品。在十字架和聖徒像的圍繞下，他們死命抓住信仰，竭力從中獲得想像與現實的力量。每當加護病房社工和院牧過來探訪，大衛的媽媽總追問一些看似簡單、卻沒人回答得了的問題：他有感覺嗎？他聽得見嗎？他知道自己的情況嗎？他感覺得到我們都在他身邊嗎？

醫療團隊與家屬懇談，坦承他們擔心以大衛現在的情況，要是再次心臟病發恐怕得做最壞打算，到時使用CPR也完全沒幫助，甚至可能造成傷害。家屬同意不採取CPR。在他們看來，如果大衛再次心臟病發，就代表神已決定將他召到另一個世界。

但除了CPR之外，家屬希望其他醫療一項不減。雖然大衛復原的機會十分渺茫，他的家人還是想盡一切可能留住他。他們請醫療團隊在他頸部造口，往肺部置入呼吸管，餵食管直通胃部。

由於大衛顯然無法與人溝通，我們得向家屬探詢他的意願，可是很多時候，他們沒辦法把自己的心願和大衛的想法分開。他的媽媽告訴我們其實他連洗腎都厭煩，一定難以接受自己裝上呼吸器，但她仍堅決反對撤除他現在的任何一項治療，因為這樣無異於「殺」了他。家屬們慢慢意識到無力回天，談到大衛時開始用過去式；大衛的媽媽則不斷祈禱，祈求讓自己代替兒子臥病。不過，有一次她和社工談話，卻說自己等待的奇蹟是大衛死去，不再受苦。

等到大衛轉入一般病房、我也接手照顧之後，他的家人已建立一套固定儀式：他們輪班過來坐在床邊，用棉花棒幫他潤濕嘴唇，讀聖經給他聽，只是他仍眼神空洞發呆出神，對周遭毫無意識。他已陷入永久植物人狀態，而隨著時間一週一週過去，其他問題也紛紛出現。他背後長了褥瘡，一直延伸到髖骨部位，大如橄欖球。他的骨髓也完全失去造血能力，幾乎每天都需要輸血。

幾個禮拜過去，我的實習醫生每天早上都去為他檢查，拿聽診器聽他胸口，揉揉他的腹部，用手電筒照他眼睛，在耳邊喊他名字，最後再按壓他的胸骨——其實我們根本不抱期望，他也始終毫無反應。無論如何，我的實習醫生還是繼續為他記錄病歷、更新數據、補充電解液。

接下來能做的，只有將大衛的情況送交發病與死亡週會（Morbidity and Mortality）討論。需要經由這個會議研商的案例，無一不是極嚴重或極悲慘的。我們將他轉往復健機構的過程並不順利，原因之一是機構要求大衛要有法律監護人。這原本不成問題，因為大衛的媽媽是不二人選。但文書作業繁瑣得驚人，我們通了不計其數的電郵，才總算等到法庭擇期仲裁。最後，法庭果然指定大衛的媽媽為監護人，我們開始準備將他轉往復健機構，他也很可能會在那裡度過餘生。

當天稍晚，我們收拾東西正要下班，我的實習醫生突然一臉狼狽跑來找我，神情慌亂地說：「你絕對不相信發生了什麼事！」

「什麼事？」我問他。

「大衛剛剛跟我說：『醫生好。』」

我不以為然地瞪了他一眼，可是他的表情一點都不像在開玩笑，下一秒鐘，我發現自己已經穿上消毒衣衝進病房。大衛身邊圍著家人，個個都在大聲祈禱，他們讓他面朝大門，只是他的眼神依舊空洞。他又一次開口說：「醫生好。」

他的情況其實稱不上正常，回應斷斷續續，時有時無，有時只是一再重複，也只配合得上最簡單的指令。總之，他和幾個禮拜前來就醫時判若雲泥。

可是對他的家人來說，這正是他們幾週來禱告不懈的成果。他們相信大衛的罪負終於勾銷，而所有見證這番轉折的人，都將重新調整人生的方向。這場磨難有如成年禮，鞭策他們憑藉信仰的力量通過考驗。現在回過頭來看，原來他們所做的每一個決定，都受到上天一一檢視。

宗教和靈性有如另類三稜鏡，唯有虔誠信徒才看得出它所折射的現實。對大衛的媽媽來說，他不斷發作的痙攣，就和他小時候抽泣不止一模一樣。她原本認為CPR使大衛無法自然死亡，但她現在相信，CPR也是神的計畫的一部分：CPR不一定有用，如果失敗，一定是因為神的旨意。她明白大衛很可能得終身臥床，但她也相信兒子對目前的狀態非常滿足。「時候到了，神就會帶走他的。」她堅信不疑。

雖然宗教並未滲透美國生活的每一個層面，但它依舊和死亡與臨終密不可分。在醫學與宗教漸行漸遠的同時，病人卻越來越傾向在醫學之外尋求支持，在病痛加身時尤其如此。

很多時候，現代世界過早宣判了宗教的死亡。雖然宗教發展在過去半個世紀空前蓬勃，但醫界中人直到最近才赫然驚覺：原來世人對於生命、老化和死亡的認知，始終深受宗教與靈性的形塑。

✢ ✢ ✢

除了少數幾個現代北歐國家之外，人類社會的世界觀沒有不受宗教信仰影響的[3]。人類文化很多層面都與宗教有關，從很多角度來說，宗教甚至是最能代表人類的特色。雖然很多物種都有形成複雜社會，可是到目前為止，發展出組織化宗教和形上探索的只有我們。話說回來，亞瑪（Hjalmar）等學者最近在《科學報導》（*Scientific Reports*）發表了一篇文章，他們發現黑猩猩也有儀式行為，例如以石頭丟擊樹木，他們推測那可能是牠們的靈修活動。

為了解宗教是如何成為人類生命中的重要部分，研究者從兩個方向進行探索。人類學家是全球奔波，到處挖掘古代遺跡和文物，嘗試從消逝的文明裡尋找人類對超越界發出的第一句探問；認知心理學家則是深入人類心智最隱密的角落，向內考掘形塑人心神學思考的生化機制。

象徵是宗教的中心，連最前衛的新興宗教都是透過媒介來詮釋神聖。在非洲最南端的一處偏遠洞窟，近年發現了人類運用象徵最古老的證據。學界原先推測，古人可能是在四萬年前開始賦予身邊的物體更高意義，但南非布隆伯斯洞窟（Blombos Cave）的證據顯示，人類早在十萬年前就這樣做了。考古學家發現，布隆伯斯洞窟裡有些赭色石頭刻著幾何圖形，可能是智人記錄周遭大事的最初嘗試，它們也是目前所知最早的象徵符號[4]。「在一個以象徵描繪行為的社會裡」，這些石頭的功能「有如文物」。

許多哲學家認為：宗教與超自然信仰背後的驅策力量，其實是個體存在的消逝——死亡。人類顯然很早就建立起與死亡相關的儀式，最早的喪葬儀式證據出現在以色列卡夫澤（Qafzeh），時間距今約九萬五千年[5]。考古學家發掘出一名九歲女孩的遺體，雙臂雙腿彎曲有如嬰兒，抱著一對鹿角陪葬。雖然這些儀式的意涵不得而知，但很清楚的是：即使是在最古老的社會裡，死亡也是會以儀式鄭重處理的特殊事件。

更能看出人類的彼世渴望之處，是現在已相當出名的法國肖維岩洞（Grotte Chauvet-Pont d'Arc）[6]。洞穴岩壁除了人類和動物圖像之外，也繪有人形、動物形或兩者皆非的超自然生命。三萬年前畫下的獅頭人身生物，不僅顯出當時的人的創作天分，也說明人類始終企盼見所未見、知所未知。沒過多久，人類社會也建立起神殿，組織起如今成為宗教骨幹的社會結構。文字書寫的發明，更讓我們能詳加查考這些社會的演進，並了解他們與神聖連結的獨特方式。

現代社會演進至今，我們已不難想像文化能獨立於宗教而存在，可是細讀歷史，我們可以發現文化與宗教大多時候唇齒相依。靈性體驗似乎是人與生俱來的本能，也有不少人相信，我們的大腦結構先天就傾向靈性思考[7]。要研究人為什麼會出現雛形宗教思考，最好的方式是觀察兒童，因為他們相對而言比較沒被社會文化影響。

我們之前談過，兒童對於生和死的想法會隨著年紀改變，他們也常常以為沒生命的東西也有意識。不過，相信周遭物體也會思考的不只兒童而已。心智理論（theory of mind）認為：人類很容易認為身邊的「主體」（agents）也有自己的想法、期盼和欲望[8]。心智理論讓我們能互動順暢而發揮社會功能，讓我們相信周遭的人雖然心思各異，但大致上人同此心，心同此理。心智理論讓我們能團結合作，組成社會，不但尊重他人的權利，也願意遵守社會訂下的規矩，即使沒人監視也是如此。心智理論也讓我們相信無生命的物體也有喜怒哀樂，不論那是宗教文物還是宗教經典。

人從小就有將東西主體化（agency）的傾向。有個實驗拿形狀各異的石頭給小孩子看，問他們石頭為什麼會是這個樣子，他們往往回答石頭是為了自我保護才長成這樣，很少有人認為那是地質作用隨機所致[9]。成人顯然也有這種目的論式的思考習慣，在遭受脅迫時尤其如此[10]。事實上，不管是聖誕老人這種童話角色，還是神明、靈體等宗教概念，對小孩子來說都比更為嚴謹的自然概念好懂[11]。從很多方面來看，超自然生命確實好了解得多：我們認識的人未必知道我們知道的事，也未必不會欺騙我們，於是，我們時常得忖度別人懂了多少，真正的心思又是什麼。可是超自然生命不一樣，全知全能的神更是如此，祂不但對一切洞若觀火，道德要求也是非分明。正因為祂毫不含糊，所以比我們平時打交道的人好懂得多。

關於宗教的起源，最有意思的理論出自社會學家：人類社會擴大之後，人們開始想方設法增加團體間的互惠效益，構思能迅速分辨「自己人」的責任訊號，也試著強化同胞意識，以便管理日益龐大的團體。其實只要看看大學裡的兄弟會就知道了：兄弟會宿舍一定訂有獨特的行為規範，入會之前也一定會有某種類似羞辱的儀式。這些規定具體而微地凸顯了上述特色。

宗教組織也是如此。由於加入標準嚴格，也要求成員提供物質貢獻（如奉獻）並規律參與（如儀式、祈禱、齋戒等等），宗教戒規足以發揮審查功能，長期檢視成員們對團體目標的投入程度[12]。相信超自然生命監控著自己的一舉一動，不但能敦促行善，對天譴的恐懼也能防止行為偏差和漠視職責。也許宗教團體正是因為有這種特色，所以才比非宗教團體更強韌、也延續得更久[13]。

這些理論各有優點，但我認為最關鍵的是：沒有死亡，或許也不會有宗教。宗教之所以存在，與我們銘心刻骨的天性息息相關。我們能任想像馳騁，勾勒出或真或假的飛禽走獸，但弔詭的是，我們難以腦袋放空什麼都不想。想強迫自己什麼都不想，就像是貓追尾巴一樣徒勞。這個弔詭從我們一出生就根植在潛意識裡，所以連小孩子都大多相信靈魂不朽，認為它能超越肉體死亡而存在[14]。換句話說，大多數人最恐懼的甚至不是墮入地獄永遠受罰，而是想到自己有朝一日不復存在，真的死去。

醫生這份工作有很多層面相當有趣，其中最不尋常的面向之一，是我們每天服務的對象大多心懷恐懼：有的怕打針，有的怕開刀，有的看到醫生就怕，更怕的是腋窩冒出硬塊、胸口長出黑痣、後腦痛個沒完——要是這代表時日無多該怎麼辦？

其實這一點也不奇怪。死亡原本就是我們最原始的恐懼之一，我們和其他物種一樣，都會盡一切努力求生避死。不過，我們直到現在才認清這份恐懼的影響範圍多廣。世人漸漸發現：原來恐懼死亡不但滲入生命的每一個層面，生活裡的每一個決定也都受這份恐懼左右。若想化解對死亡的恐懼，便不能不談宗教的作用。

在現代論述裡，怕死的人常被勾勒成庸懦無能的失敗者，不怕死的人則被捧為無私豁達的英雄。可是對死亡的恐懼是與生俱來的，它就像免疫系統一樣不足為怪，與人類存亡密不可分。正如在細胞層次有白血球保疆衛土，不斷殲滅所有已知、未知的入侵者，在生物整體層次，恐懼死亡也讓我們能在危機四伏的環境裡生存。人體甚至因此發展出某些機制，讓我們能迅速回應突如其來的死亡威脅（例如身陷火海或被獵食動物追捕）。所以，在我們各式各樣的恐懼裡，恐懼死亡或許是最自然也最必要的一個。

恐懼死亡很大程度是生理反應，但直到最近，我們才逐漸領悟它對人生安排主導之深。關於恐懼死亡對日常行為的影響，哲學家和心理學家已多所著墨，但最為詳盡的剖析，還是要屬人類學家恩內斯特．貝克（Ernest Becker）的普立茲獎得獎作品——《否認死亡》（*The Denial of Death*）（一九七三年出版）[15]。格林堡（Greenberg）、索羅門（Solomon）和皮茲欽斯基（Pyszczynski）等心理學家後來也結合貝克的看法，提出恐懼管理理論（TMT，terror management theory）[16]。依照這個理論，人類固然渴求生命長存，卻也心知肚明遲早必有一死，這是人類和絕大多數生物最不一樣的地方。因此，雖然我們在本能上傾向否認死亡，但為了克服亟欲求生卻自知必死的焦慮，我們轉而投入改善世道和創發思想，透過這些成就賦予生命意義。所謂「世道」（social institutions），包括了道德、文化、國族認同和種族意識。為了提升自我價值感，我們投身藝術、文學、慈善勸募等活動，希冀發揮不羈之才，建立不世之勳，讓自己超越死亡而永垂不朽。我們為子女付出甘之如飴，也無非是盼望他們能克紹箕裘，在記憶裡永遠留下我們的身影。

想起自己終有一死，會讓一個人更加堅持原本的價值信念和世界觀，也更難同理與自己不一樣的人。實驗顯示：對涉嫌賣淫者裁定保釋金時，法官若思及自身之死，裁定的保釋金平均為四百五十五美元，若並未想到死亡，裁定的保釋金平均為五十五美元[17]。在講者批判美國現狀時，只要對聽眾閃動「死亡」一詞廿八毫秒，就能顯著加深他們對講者的負面觀感[18]。此外，哪怕只是稍微點到死亡，就能讓人更加支持戰爭[19]。有趣的是，儘管支持恐懼管理理論的研究已有幾百份之多，美國學者原本還是滿腹狐疑（歐洲學者倒是早已接受），直到遇上幾十年來最強烈的死亡提示——九一一事件，美國學界才普遍接受這個理論[20]。

從很多方面來看，宗教都是恐懼管理最大的副產品。和道德、文化等社會價值不同，宗教拆解死亡恐懼的手段，不只是透過祈禱、朝聖、禮拜等投資提升自我價值，更斬釘截鐵直接否定死亡。幾乎每個宗教都應允來生，死亡被詮釋為轉折點而非終點，只不過是此生與彼世的過渡。無怪乎沉思死亡總能興發宗教思考，連無神論者也不例外[21]。

宗教是否真的能有效降低對死亡的恐懼呢？我們仍未完全確定，因為有些實驗證明恰恰相反。對於宗教信念和死亡焦慮的關係，有些實驗結果是正面的，但也有不少實驗顯示關係不大，甚至是負面的[22]。這些實驗結果或許正好說明：不論對於宗教還是信徒，其實都不能一概而論。但對於死亡恐懼和宗教信仰間的關係，最精闢的觀察或許是安大略省經濟學家德瑞克·派恩（Derek Pyne）所提出的[23]。若將最強硬的無神論者和最虔誠的信徒分別放在光譜兩端，可以發現：對死亡最感恐懼的是宗教信仰不強不弱的人。這項發現雖然是以數學模型為基礎，卻相當符合一般直覺：強硬的無神論者對未來毫無不確定感，因為他們絲毫不信來生，當然也完全沒有為來生預作準備；至於虔誠的信徒，他們積極強化信仰、祈禱不懈，也持續參加宗教活動，為來生投注大量心血，所以也相信自己上天堂的可能性遠比下地獄要高。可是不甚虔誠的宗教信徒不一樣，他們對未來充滿不確定感，既不確信是否真的有來生，而且即使真有來生，他們也不認為自己有多少勝算能進天堂，畢竟自己對宗教活動始終意興闌珊，其他研究也確認了這種非線性的關係。由於大多數人都不甚投入宗教活動，這或許也能解釋為何很多人在死亡將近時都滿心恐懼，也大多充滿不安全感。

現代醫學在延緩死亡上已有長足進展，可是醫學還是難以降低人們對死亡的恐懼。坦白說，現代人恐怕比以往任何時代的人更恐懼死亡，原因之一可能與醫學成功延長壽命有關。在已開發國家，絕大多數人都能活到過去認定的高壽，於是人們也開始依照現代預期壽命規劃人生。雖然沒人預料得到自己何時會死，但我們不知不覺做出的決定，正反映出我們已潛移默化，將過去一世紀來大幅增長的壽命視為理所當然。

這樣說吧，要是我們的預期壽命還是和十九世紀一樣，有多少人會三十好幾才開始當醫師或律師呢？另外，要是我們不確信自己能活得比祖先更久，我們還會延後結婚生子等人生大事嗎？現代人生孩子的數量之所以比以前少，是因為幼兒存活率已長足改善。我有一次問我姥姥：為什麼會想生八個孩子呢？她的理由有兩個：首先，她生了八個女兒才生出一個兒子（在巴基斯坦鄉村地區，男丁仍是可貴資產）；第二，誰知道這些孩子有幾個能長大成人呢？因為他們的確感受得到死亡在身邊環伺，所以他們也很習慣和它交手。現代人雖然從不承認死亡比以前好預測得多，但我們的生活方式卻透露出：我們已不自覺地認定自己能活得比前人更長。這樣看來，也難怪現代人會拖到三十多歲才成家立業、經濟獨立。就像我們前面已經提過的：在美國，死者只有百分之十二在五十歲以下，而且這個比例顯然還會繼續下降。雖然乍聽之下相當違反直覺，但死亡在過去難以預測，反倒使人更不懼死。

醫學促成的死亡生態變化，是人類比以前更恐懼死亡的另一原因。瑞士裔美籍精神科醫師、美國安寧療護推手伊麗莎白・庫伯勒－羅斯（Elisabeth Kübler-Ross）說：「在我看來，讓我們不再能平靜面對死亡的原因很多，其中的一大原因，是死亡的面貌如今更為猙獰——更孤獨，更機械化，也更沒人味。有些時候，連在技術上判定死亡時間都很困難[24]。」她在一九六九年寫下這些話，如今看來不但毫不過時，甚至愈加發人省思。

死亡變得如此可怕的另一個重要原因，是醫學在短短幾十年內迅速疏離化和世俗化[25]。從遠古時代開始，死亡始終是由傳統、習俗和儀式妥善安排的過程，全程受善於照顧臨終者和家屬靈性需求的人陪伴，如神父、牧師、薩滿、拉比和教長等等。可是現在不再有這層保護罩，病患和家屬不得不直接面對臨終時的恐懼與不確定感。但和前述現實相反的是，宗教與靈性需求對臨終病患還是相當重要，在病患逐漸走向人生最後一站時，宗教和靈性對他們的意義愈加深重。

✢ ✢ ✢

宗教到目前為止還是在美國舉足輕重，美國人年紀越大、越接近死亡，往往也變得越熱中宗教。認為自己有宗教信仰的美國人高達八成五，相信宗教對自己一生「意義深重」的人也超過半數。雖然很多人誤以為宗教對美國的影響越來越小，但根據蓋洛普民調幾十年來的調查，美國的宗教發展其實十分穩定[26]。

醫院裡病患情況也差不多。有項研究顯示：超過八成五的病患有宗教信仰，其中超過一半會定時參加宗教活動、祈禱和讀聖經[27]。在這份研究調查的病人裡，有四成表示信仰最能協助自己對抗疾病。更驚人的是：罹患的疾病越是嚴重，病患的信仰也越是虔誠。在罹患癌症的女性患者之中，有四分之三強調宗教在她們生命中有重大意義，也有一半的人說確診之後，她們從沒變得較不虔誠[28]。

但嚴格來說，宗教只是更大、也更難界定的靈性現象的表現形式之一。雖然宗教或可定義為「一套組織化的信仰體系、信念、禮拜、宗教儀式以及與神聖存有的關係」，但要為「靈性」下定義確實難如登天[29]。其實有人已經提過，我們對靈性的研究之所以嚴重不足，原因之一就是難以界定靈性。有些學者則精心梳理相關學術文獻，試圖為靈性畫出範圍：他們查閱將近一千篇研究靈性的論文，從中挑出不同作者對靈性的定義，再予以綜合[30]。最後整理出靈性的主要特徵，將它概念化為：「一套持續推進且有意識的過程，以兩種超越行動為特色，一種向內深入內在，一種朝外超越自身」。雖然大多數人藉助組織化宗教抒發靈性，但也有越來越多的人表示自己有靈性渴求，但不信仰任何宗教[31]。不過，無論是宗教還是靈性都對病患影響甚巨，不但能扭轉他們面對死亡的態度，也能左右他們在生命走向終點時作出的選擇。

在人生將盡時，宗教和靈性或許是病人唯一能尋求慰藉之處。相對於讓肉體保持安適，病人通常更想知道意義何在。他們渴望了解自己為何受苦，可是醫學往往無從提供答案。於是，病人常想在宗教和靈性裡尋求慰藉[32]，而在病情持續惡化、治療選項日益減少之後，他們對宗教的依賴也越來越深[33]。有證據顯示，靈性追求或許真能減輕疾病的痛苦：有人分析過好幾份研究資料，發現潛心信仰似乎能發揮降低憂鬱的效果[34]。但有趣的是，與真心傾服宗教信念的人相比，為了滿足社交需求而加入宗教組織的「外向型」信徒，陷入憂鬱的比例反而更高，與宗教格格不入的人也是如此。《刺胳針》上有篇論文也說：靈性滿足最能幫助臨終病患不受絕望之苦，也最能讓他們不致產生自殺意念或想加速死亡[35]。

為什麼投身宗教、信仰一個無處不在又掌管一切的神祇，能帶給恐懼不安的人慰藉呢？這個問題其實不難回答。有位名叫傑克的老年癌症病患接受訪問，被問到他得癌症所受的苦是否也是出自上帝旨意？他說：「那當然。是很痛苦沒錯，但這就是上帝的旨意……我該做的就是歡喜接受[36]。」傑克相信身邊有天使在幫助他、治療他，夢想將來能順利進入天堂，不再疾病纏身，永遠無苦無憂。

宗教信仰也讓人相信神與自己同在，自己並非孤身奮戰。乳癌患者也說她們總能感受神的陪伴，在與癌症纏鬥的過程裡，神一直與她們常相左右[37]。不過，宗教帶給病人慰藉並協助他們面對疾病的最重要方式，還是為他們的人生、存在與痛苦賦予意義。病人常追問自己的人生意義何在，也急切地想知道死後將會如何，可是對於這些問題，醫生的回應往往作用不大[38]。有宗教信仰的病人會求神解答，請求上蒼啟示自己何以受苦；有靈性追求的病人則會在藝術、科學和自己身上尋找答案，試圖解開生命中最艱難的問題。

雖然年齡、性別、病情、種族和社經條件都會影響病人的決定，但宗教信仰往往一枝獨秀，獨立於其他因素而直接左右思考方向。在病情已難以好轉時，宗教和靈性信念確實能幫助病人面對現實，這一點有目共睹。可是也有不少案例顯示：病人基於宗教信仰而堅持治療，拒不放手，以致最後一段路走得既艱辛又痛苦。很多研究證實：在信仰量表上得分較高的病患，通常更願意接受更激烈也更具侵入性的治療，生命的最後時日在加護病房住得更久，而且較不願意停止或撤除治療[39]。有項多中心研究長期追蹤全美各地的絕症病患，結果發現：病患的宗教信仰越是堅定，生命將盡時越有可能接上呼吸器並接受延命醫療[40]。此外，他們臨終時更常要求醫師採取「壯烈手段」，也較少簽署DNR、預立遺囑或指定醫療代理人。在這項研究裡，信仰較堅定的病患多半是黑人或西班牙裔，或是教育程度較低、沒有醫療保險或未婚，但就算把這些因素都考慮進去，宗教因素的影響還是顯而易見的：越看重宗教信仰的病患，越願意接受激烈治療。

既然資料在在顯示：病人的宗教信仰越強，臨終時希望接受的治療越多。我們接下來要問的是：這些治療對病人到底有沒有好處呢？我們現在已相當清楚：信仰堅定並不能讓人長命百歲。所以平心而論，這些病人所要求、接受的額外治療，很可能毫無作用，甚至是有害的[41]。

為什麼虔誠的病人臨終時會想接受激烈治療？部分原因可能是宗教因素剛好和其他社經因素（如收入、教育程度等）重疊[42]，而這些因素又和病重時傾向尋求激烈治療密切相關。不過，宗教信仰的影響還是遠大於這些因素。這讓我們更難了解何以信仰虔誠者更執著於治療，畢竟我們總以為和無信仰者相比，有信仰的人更期待面見他們的神[43]。

宗教十分強調生命的神聖性。整體而言，尊重生命是正向情感，也有助於宗教融入社會。然而，信徒有時會將尊重生命詮釋為不計代價延長生命。事實上，期盼病情出現奇蹟轉折的信徒不在少數，即使在機會極為渺茫時也是如此。有份對於病危病患的研究發現：在醫生告知醫療無效之後，有宗教信仰的病人和家屬大多仍抱持希望，相信遲早可能出現治療辦法[44]。此外，儘管虔心信教的病人還是會徵詢醫師建議，他們也總是會同時向神尋求第二意見。美國有份全國性調查也發現：肺癌病患及其照顧者在決定醫療方針時，最重視的固然是腫瘤科醫師的意見，但影響力第二大的因素就是對神的信仰。病患教育程度越低，醫療決定往往越依賴信仰。他們最在意的甚至不是治療效果好不好，而是如此一來合不合乎神的心意——醫生偏偏最少把後一種考量放在心上[45]。

宗教也可能以其他方式左右治療選擇。有天我在急診室值班，其他醫院突然轉來一名病人。他手臂刺滿刺青，皮膚黃如蛋黃，眼神也飄忽不定。由於酗酒多年，他不但肝硬化，胃和食道也湧出大量鮮血，血液濃度還不到最低可接受值的一半。其實這些情況我們都能處理，醫院裡多的是酒精性肝病病患，他們的食道也經常因為血管擴張而出血，這樣的病人我們司空見慣，也早已熟悉治療程序。這位病人唯一的棘手之處在於：他是耶和華見證人信徒，這個基督教教派認為輸血是罪惡之舉，即使攸關生死也不允許。我以前也照顧過這樣的病人，所以對如何調整做法還不算太陌生。問題是：他是單親爸爸，孩子也都還小。我很擔心要是有個萬一，孩子們就沒了依靠。病人自己倒是相當淡然，幾乎是置死生於度外，只實事求是地簽了份文件，聲明如果自己身故將由姊姊照顧孩子。

由於世界各地都有耶和華見證人因拒絕輸血而死（也有產婦在難產後拒絕輸血過世），他們後來總預先簽署這份聲明[46]。

雖然我的病人順利轉往加護病房，但少了輸血這個選項，醫生能做的其實不多，只能多加留意他的情況，並想盡辦法控制他的出血。這一次他熬過了。可是，既然他的肝臟已復元無望，他這輩子恐怕還得一再承受這番折騰。

遇上非常堅持宗教信念的病人，醫生往往不知如何應對，不過，醫生的確也很少和病人談宗教和靈性問題。有份針對住院醫師的研究發現：曾與病患討論急救措施（code status）的住院醫生裡，和病患談及宗教或靈性問題的只有百分之十[47]。既然這類議題對病人來說相當重要，為什麼醫生多半覺得難以啟齒呢？關鍵原因之一是：病患背景南轅北轍，所屬宗派也個個不同，而各大宗教就像其他文化現象一樣，對重大議題既有交集，也有對立，看待生命時是如此，面對死亡時當然也是如此。

✢ ✢ ✢

全世界來美國築夢的人絡繹不絕，他們出身不同，文化各異，更重要的是，他們信奉的宗教也各有堅持。我照顧過不同宗教的病患和家屬，陪伴他們度過人生中最艱難的時刻。大多數醫生都有同樣的經驗，或者該說：每一位醫生都治療過信仰背景殊異的病人。不同宗教對臨終照顧的方式各有主張，醫生身為健康照顧提供者，對此原應時時保持敏銳，可惜的是，我們不一定總能考慮周全。

傳統基督教信仰相當重視悔罪。基督宗教不能接受故意縮短生命，美國最高法院裁決禁止醫師協助自殺時，也再次重申了這一點。然而，基督宗教也「禁止不惜一切以醫療手段追求健康及拖延死亡」[48]。一九五七年，教宗碧岳十二世出席一場國際麻醉師會議時，在演講裡很明確地表達了這個立場[49]。當時醫學突破已隱隱對法律現狀構成挑戰，這份聲明可謂開風氣之先，同時為醫界和法界提供了指引。一九九五年，教宗若望．保祿二世也重申：在病患無康復可能時，可容許縮限或撤除醫療照護[50]。在凱倫．安．昆蘭案裡，碧岳十二世的演說不但一再被引用，也成為判決的基礎。不過，由於悔罪對基督徒而言極為重要，教會也勸誡不應在病患臨終時以藥物使其失去意識，以免「剝奪其最後悔罪機會」。

雖然很多病患會說自己是基督徒，但「基督徒」的範圍其實很廣，包括摩門教徒、獨一神派（Unitarian）、天主教徒、新教徒、東正教徒等等，他們彼此之間可能差異很大，醫師不太可能用單一框架了解他們。即使在各教派之內，都還未對臨終治療的所有面向達成共識，安樂死議題就是個好例子。獨一神派呼籲尊重病患自主權，也支持醫師協助自殺，在一九八八年通過的聲明裡，他們明確表示「支持立法保障尊嚴死的權利，為自主選擇提供法律保障」[51]。光譜的另一端是希臘東正教，他們嚴禁撤除任何醫療照護，即使治療已毫無作用亦然，因為他們堅信：「凡事都有可能：醫療判斷可能有誤，病情可能出現未能預料的結果，甚至奇蹟也可能發生。[52]」

猶太律法強調身體是上帝的資產，人不該做傷身的事，因此猶太教反對自殺及安樂死。可是在極端嚴酷的情境下，猶太教容許消極安樂死（passive euthanasia），例如撤除治療，或是給予可能加速死亡的止痛藥[53]。雖然依照猶太傳統，靈魂佇足於人的氣息（*ruach*），但猶太教已與時俱進採納現代死亡定義，包括一開始由哈佛委員會提出的腦死判準[54]。不過，對於什麼時候可以停止或撤除醫療照顧，猶太教仍無共識，相關爭議圍繞在如何定義「彌留」（*goses*），亦即在生死之間徘徊的瀕死狀態。有些文獻認為無法吞嚥、且四天內必定喪命的人算彌留，但也有人主張重傷或重病而無法治癒者即是彌留[55]。此外，對於能否以管灌或注射等人為方式提供營養，猶太教也意見分歧[56]。

猶太教和其他宗教一樣，也鼓勵信徒追求幸福。但有趣的是，照身兼猶太拉比和倫理學教授的艾略特．多福（Elliott Dorff）所說：「與美國世俗倫理相比，猶太文獻並沒有把病患自主權看得那麼重。反倒是醫師的權威在猶太文獻裡大得多，他們更能決定該採取什麼療程……在醫療過程中，醫師和病人一樣重要，兩者在治療時是完全的夥伴[57]。」雖然正統派猶太教徒仍依字面意義嚴守律法，在就醫時也常諮詢拉比的意見，改革派猶太教徒已傾向自主決定。

至於全球成長速度最快的宗教——伊斯蘭教，對外人來說仍充滿神祕，對美國人來說尤其如此。伊斯蘭教相信自己承繼了中東一神教傳統，也是該地區誕生的最後一個偉大宗教[58]。伊斯蘭教的核心精神就是它的名稱：「伊斯蘭」即阿拉伯文的「順服」。人生在世的目標，就是要證明自己對真主意旨的忠誠與順服。穆斯林相信，真主派遣了成千上萬名先知來宣告祂的旨意，摩西、挪亞和耶穌都是先知，而穆罕默德是最後、最偉大的先知。

現代伊斯蘭世界嚴守教規如故。在全球最看重宗教的十個國家裡，穆斯林占人口多數的多達七國[59]。不過，穆斯林也是相當多元的團體，由於缺乏中央宗教領袖或組織維繫一統，伊斯蘭教始終維持高度彈性。一般而言，穆斯林領袖會請照顧病人的醫生決定臨終治療方針，這可能反映了穆斯林間普遍存在的家父長態度，也可能是因為大多數伊斯蘭國家仍是發展中國家。為跨越因缺乏中央組織而產生的空白地帶，伊斯蘭國家組織（Organization of Islamic Countries）已召開多次會議，對臨終照顧問題的現代立場多予肯定，例如禁止安樂死、接受腦死定義等等，和其他主要宗教並無二致[60]。

穆斯林也和其他宗教的信徒一樣，費了不少心思解釋痛苦和磨難的意義。穆斯林傳統上將苦難看作試煉，是生命裡不可或缺的考驗[61]。穆斯林相信世間萬事都是真主的旨意，苦難也不例外，不論是肉體的痛苦或精神的折磨，都是真主在考驗受苦者的決心[62]。也有人說伊斯蘭教將苦難視為靈性成長的階梯，讓信徒藉此實現自我，並更加珍惜與神聖的相會[63]。有些穆斯林宗教菁英認為：「臨終時受的折磨，也許正是為了滌淨前非，讓人能以更純淨的模樣面見真主。[64]」很多穆斯林也相信：在此生受盡磨難的人，到來生將不再有任何痛苦。這些信仰詮釋即所謂神義論（theodicy）——即使邪惡與苦難當前，也要為神的慈愛與公義辯解。雖然每個一神論宗教都用心建構神義論，但伊斯蘭教的神義論色彩尤其突出。不過，伊斯蘭教還是容許在病患臨終時給予止痛藥，即使會加速病人死亡亦然，只要醫師投藥的目的是緩解痛苦而非加速死亡即可[65]。

印度教對相關議題的見解也相當分歧。印度教認為死亡不是終點，只是過渡。經由死亡，生命或是走向另一個生命，或是進入天界，或是融入無所不在的絕對真實，達成梵我合一的最高境界[66]。因此，印度教關切的是死的本質，而死亡有好有壞。善終是在家中往生，更理想的情況是在恆河河畔離世。善終讓亡者圓滿一切世間責任，而善業能助其轉生於更好的來世（惡業則導致下墮）[67]。

由於印度教徒相信善終無痛無苦，所以極少要求延長心肺復甦術或以人工方式維生，畢竟後者往往無法安詳離世。印度教徒很能接受撤除或停止治療，有些教派甚至以主動加速死亡聞名。不過，印度教也不容許安樂死，如果是因為無法忍受痛苦而想盡快了斷，印度教更不能接受[68]。

照道理說，醫生在照顧臨終病患時，應該要能大致掌握各大宗教對相關議題的立場，可是現實情況通常十分複雜。舉例來說，病患是否嚴守教規？是否熟悉儀式？都可能影響他們對自己大限將至的想法。即使病患自認信奉宗教，也不代表他們真心相信該宗教的形上概念，例如來生、天堂、地獄等等[69]。病患若是移民，原有的價值觀往往會隨著融入新文化而調整，從而改變他們對自小信奉的宗教的認知[70]。此外，信徒與他們信仰的神未必關係和睦：很多病患對神感到憤怒，覺得自己無端受懲，覺得神根本棄他們於不顧。已有研究證實：負面的宗教情緒其實會增加絕症病患的痛苦與絕望[71]。

現代生命倫理學帶有濃郁的西方色彩，它在科技突飛猛進時應運而生，此後廣傳全球，四處擾人清夢，但那些被迫對話的文化和傳統至今仍一頭霧水，只能硬著頭皮設法了解它究竟想談什麼。更尷尬的是：醫生明明必須和病患討論攸關生死的問題，但他們對病人的終極關懷幾乎一無所知。

想像人生盡頭的場景，我們很容易忽略一件事：畫面裡不只有病患和他們的親人而已。醫生基於職責、基於經驗，原本就該是這一幕的必要角色。很多時候，必須主動開口討論臨終問題是醫生，必須做出生死決定的也是醫生。我們越來越清楚：病榻上的人如何離開人世，不但和他們本身的靈性需求息息相關，也和病榻旁的人的宗教認知密不可分。

✣ ✣ ✣

近代以來，醫學的面貌已今非昔比，從斗室裡望聞問切的不傳之祕，一躍而成羽翼豐滿的科學巨獸，每年產出研究論文五十萬篇。儘管如此，行醫始終是一門藝術。即使毫無規則前例參考，醫生每天還是得解決成千上百個小問題，絞盡腦汁做出好幾個重大決定。醫學訓練的可貴之處正在於此。如果凡事都有成規可循——例如多久該做一次結腸鏡檢查？該給誰開降膽固醇藥？——醫學就能簡化成演算法了。醫師經年累月受訓所培養的判斷力，正是用在這些別無先例之處，也要到遇上這些問題時，才真正看得出一名醫師綜觀全局的本領。

醫師的決定當然與以往所受的訓練息息相關。但我們也漸漸發現：每一個重大醫療決定背後，都隱隱烙印著醫生的個性。遇上雖然胸痛、但並非心臟病發的病人，謹慎小心的醫生比較會要求他們住院觀察[72]，也更傾向安排造影檢查[73]。同理心強的醫生不輕易開藥或介入，但照顧品質往往更好[74]。此外像經驗、性別、工作量等因素，也都會影響醫師的醫療決定[75]。雖然醫生的首要考量一定是病人的情況，但這些因素或多或少都會在決定過程中起作用。

因此，不難想見醫生思考問題時會滲入個人信仰，在事關病人生死時或許更是如此。那麼，美國醫界的宗教景觀又是如何？有份二〇〇五年的研究試圖回答這個問題[76]。研究人員隨機挑選全美兩千名醫師寄發問卷，回覆人數大約三分之二。醫生們有宗教信仰的比例和美國民眾差不多：百分之九十的醫生傾向特定宗教，有宗教信仰的美國人則占百分之八十七。但除此之外，醫生和一般民眾在宗教上差異不少：醫生中信奉猶太教、印度教或伊斯蘭教的比例遠高於美國民眾，也比一般民眾更強調自己有的是靈性追求，而不是宗教信仰。相對來說，美國民眾覺得靈性和宗教是同一件事，不是自認既有靈性需求也有宗教信仰，就是回答自己既不信教也沒靈性渴求。此外，醫生相信有神祇或來世的比例比一般人低得多，做決定時也更「不依賴神明」。

因此在宗教傾向上，醫界雖然表面看來與美國民眾類似，他們將宗教信仰融入思考的方式卻獨樹一幟，和一般人很不一樣。相對於基督徒醫生而言，少數族裔的醫生很少讓宗教踏進人生其他領域。由於沒有回覆問卷的醫生約三分之一，又有半數醫生出身國外醫學院，所以實際比例可能更低。

不過，大多數醫生都認為宗教是股正面力量，對病人來說尤其如此。四分之三的醫生相信宗教有助於病患對抗疾病，也能幫助他們保持正面心態[77]。宗教心強的醫生還有其他特質：他們談及病患提出宗教與靈性問題的次數，比宗教心弱的醫生高出三倍；他們認為靈性需求對健康影響很大的人數，比其他醫生高出五倍；他們感到自己太少與病患討論靈性問題的人數，也比其他同儕高出三倍[78]。因此，有宗教心的醫生更可能與病患討論宗教和靈性問題，也更能接受病患提出這些問題。

雖然相信宗教足以影響「實際」結果的醫生只有百分之六[79]，但很多報告顯示：在考慮臨終治療（或不治療）選項時，醫生的宗教傾向和虔信程度的確會影響他們的決定。在以色列[80]、美國[81]、歐洲[82]所做的研究也發現：宗教心強的醫生較反對為絕症病患安樂死或撤除醫療。在護理師身上也觀察得到類似模式[83]。歐洲有份研究還留意到一個現象：被無宗教傾向的醫師所照顧的病患，在撤除延命醫療後活得最久，這可能代表宗教心強的醫生容易拖延決定，直到病人即將身故才撤除治療[84]。

不過，醫生們的信仰也極具彈性，常隨執業所在國家的風俗文化調整[85]。舉例來說，雖然有些穆斯林國家無法選擇DNR，而醫生也覺得非為病人實施心肺復甦術不可[86]，可是在美國行醫的穆斯林醫師不會如此，他們對心肺復甦術的想法似乎和美國醫師一樣[87]。

常有病人問我來自哪個國家。這很正常，大家總想多知道一些自己醫生的事。他們有時還會先預想答案，開口問只是為了確定自己猜得對不對。病人之所以想多了解醫師，無非是希望能在提出十分嚴肅的話題時，對醫師的背景能有基本的認識。每當他們聽我回答「巴基斯坦」，談話方向總會有些變化。有人會脫口說出他們唯一認識的巴基斯坦人，接著問我會不會剛好認識（可惜從來也沒這種巧合）。但三不五時，也總有人對巴基斯坦熟得令我驚訝，他們知道一些很細微的知識，也對它的歷史和主要城市如數家珍。不過，偶爾也會有人開始談敏感的政治議題，我只好想辦法盡快脫身。我有一種感覺：病人知道我出身巴基斯坦之後，好像都覺得禮貌上該談談我的宗教。有一次我遇上一位十分貼心的女士，我才進病房，她就雙手合十對我微笑問候：「Namaste。」（按：梵文，「禮敬尊駕」）我笑了笑對她說：「我是巴基斯坦人，但我也喜歡『Namaste』。」她又對我微笑，盡最大努力念好「*assalam-u-alaikum*」（按：阿拉伯文，「願你平安」）。

我最近負責照顧一位黑人老先生。他得了絕症，剩下的醫療選擇原本就不多，卻又一再發生感染，入院時腹部遭受嚴重侵襲，幾乎已無法治療。總之問題不小，可能有性命之虞。他是位剛毅木訥的人，話非常少，除了回答問題之外不太開口。也許他原本就不愛說話，但肝病讓他常感昏沉應該也有關係。由於溝通不良，我們沒辦法向他解釋這次感染的嚴重性，只好請他的家人來趟醫院，向他們講解病情。

老先生的太太倒是活潑開朗，一下子就讓病房變得充滿朝氣，氣氛截然不同。我的病人心情大好，開始聊天、開玩笑，和他弟弟鬥嘴——就像是在家裡一樣。這樣熱鬧了一陣，那位太太突然注意到我的名牌，她眼睛一亮，立刻問我：「你是穆斯林嗎？」

我來美國前被問這個問題的次數屈指可數。巴基斯坦雖然民族十分多元，宗教倒是相當一致，所以我從小到大，幾乎沒人問過我信什麼教。巴基斯坦人不太需要建立宗教認同，因為它早已根深柢固。

我還沒來得及回答，她就指著她老伴說：「他也是！」

宏觀來看，宗教常被當成挑撥離間的工具，煽動家用它分化人民，野心家用它分疆裂地，可是身為醫生，我們不能因噎廢食，永遠對宗教話題敬而遠之。相反地，我們應該用它拉近和病人的距離，讓他們願意敞開心扉表達想法。在白袍的口袋裡，我們已經塞了太多令人望而生畏的東西，如果有什麼事能讓病人更接近我們一點，更了解我們也是血肉之軀、凡常之人，那絕對不是壞事。

在醫療討論中帶入宗教和靈性議題需要經驗，怎麼做最為妥當仍待討論。在很多社會和文化裡，醫生隨口引用宗教經文再自然不過，而且他們從不認為需要跟別人討論自己的決定。問題是：在種族多元、宗教分歧的今日美國，這種作風行得通嗎？

✛ ✛ ✛

宗教或靈性面向的界線何在？恐怕大多數人都說不清。比較能確定的是：人一旦生病，分隔靈性需求和其他渴望的界線只會更加模糊。而病情越重、死亡越近，人也越是傾向以更抽象的方式思索人生與世界。根據調查：來醫院就診的病人，有三分之一希望醫生詢問自己的信仰，至於重症住院病患，期盼醫師這樣做的高達七成[88]。這讓人不禁想問：既然病人這麼在意信仰，為什麼願意開口討論的醫生總是不多[89]？

如果你到現在還不夠了解醫生，讓我偷偷透露一個祕密：他們總是繃得非常、非常緊。醫生們說話快，走路快，吃飯快，想得也快。要是你問他們為什麼不多跟病人談談靈性問題，他們八成會說時間不夠。的確，大多數病人還是希望醫生把重點放在解釋病情，可是有些病人不一樣，他們就是想和醫生交換靈性意見，即使壓縮到討論病情的時間也無所謂，非裔美人尤其如此[90]。

除了時間不夠之外，醫生也會擔心分寸不好拿捏，一不小心就把自己的信仰投射到病人身上，或是談完之後發現信念不合，反而影響醫病關係[91]。還有一些醫生之所以避談宗教，是因為他們從沒受過討論這種話題的訓練[92]——我得說，這種審慎保留的態度的確不無道理。我當實習醫生時，有天晚上在加護病房值班。大半夜裡來了消息，說有位病人食道大出血，正要送來我們醫院。他以前沒在這裡就診過，所以我完全不知道他的病史。人送進來時，他喉嚨裡已經放了兩根引流管，血不斷從管子裡湧出來，接血容器一瓶又一瓶地換。我們開始「大量輸血程序」（massive transfusion protocol），拚命想起上他失血的速度。這是我印象極深的醫療場景，為了救他一命，短短幾個小時之內，護理團隊為他輸了六十單位左右的血和血製品，彼此配合無間，行動如歌劇般優美，效率如作戰般驚人。他的家人後來總算帶著病歷匆匆趕到，我連忙掃過，才知道這位年輕人已因為酗酒而肝硬化多年，癌細胞也已擴散到腦部。根據最近一次的安寧療護出診評估，他的壽命只剩不到一個月。

這項資訊讓我們幾個小時的努力全然走調：原來，我們不是光榮挽回一位年輕人的命，而是水中撈月，徒然阻撓一名臨終病患步下舞台而已。我正想找外科醫生或放射腫瘤科醫生請教，問問是否還有其他醫療選擇可以提供給病人，這才猛然想起：我們都還沒人去和病人家屬談。我從加護病房穿過走廊，直接前往家屬等候室。房裡一家老小十多個人，沒等我自我介紹，病人的媽媽就開口問：「他快死了嗎？」

「是。」

我向他們說明情況，他們似乎也明白能做的已經不多，該是時候放手讓他走了。我看了一下房間，有幾位老人家聽得很專心，有幾位開始啜泣，還有幾個小孩好像不太知道出了什麼事，自顧自地追著玩。談完之後，我回加護病房跟護理師們講了會面的事，也請他們幫忙清理病房，好讓那位媽媽來見兒子最後一面。其中一位老經驗的護理師提醒了我：有問過他們需不需要神職人員嗎？我再次穿過走廊，問他們希不希望有神職人員到場？他們看起來鬆了口氣，馬上點頭說要。我回到加護病房，又想起忘了問他們屬於哪個宗派。於是，我第三次走出鬧哄哄的加護病房，穿過走廊，走進一片死寂的家屬等候室。最後，我用呼叫器聯絡一位天主教神父，他立刻動身出發，在黎明時分抵達醫院。那位媽媽走進病房向兒子道別時，神父已一臉肅穆站在床邊。一個小時後，那名年輕人走了。

這樣的靈性介入對人幫助很大[93]，不論在病患臨終時或治療過程中都是如此。有項研究持續追蹤三百四十三名癌症病患，直到他們去世，結果發現：與未獲提供靈性照護的病患相比，獲靈性照護的病患去世前生活品質較好，更可能在安寧療護機構中離世，過世前也更不會接受侵襲性或非必要的治療。如果病患虔心以宗教信仰預備死亡，靈性照護的效果可加乘五倍之多，但值得一提的是，即使接受靈性照護的病患對宗教沒有那麼虔誠，靈性照護的效果還是很好[94]。此外，不論靈性指引是由醫師或院牧提供，成效相差不大。

對十分依賴宗教社群信仰支持的病人來說，院方提供的靈性介入尤其重要。對前述病人的進一步分析顯示：病患從宗教團體接受的靈性支持越大，在加護病房去世的可能性越高，他們也更常接受激烈治療，在臨終前生活品質較低[95]。這些病患往往是少數族裔，教育程度較低，健康保險保額也較低，然而即使他們的社經環境不差，臨終經驗還是和其他人判然有別。值得注意的是：如果這樣的病人願意接受醫療團隊的靈性協助，情況可以顯著改變，病人也能坦然接受更舒適的死亡方式。

這個弔詭恰恰顯出醫院內外的宗教文化差異何在。宗教團體常將重點放在迎戰疾病及抱持希望。因此病患如果是從宗教團體獲得支持，他們雖然更能意識到自身疾病的危險性，但生活品質基本上還是不錯。不過，隨著病情日益嚴重，曾帶給他們力量的信念開始與現實病況衝突，從而導致他們臨終時生活品質降低。如果醫師和院方人員也能適時提供靈性支持，實事求是地根據病程提供靈性指引與安慰，這樣的認知差距或可縮小。這個現象值得重視，因為它強而有力地證明：不論是自行介入或是請院牧部門協助，醫師主動提供靈性或宗教輔導資源十分重要。

醫師與病患討論靈性問題的最大挑戰，或許就是不知如何開口。直到今天，記錄病史仍是醫學傳統最神聖的部分。幾乎從進入醫學院第一天開始，醫學生就得學著怎麼當偵探，學著仔細查考每一個細節，找出隱藏在咳嗽、發燒、疼痛背後的原因——您有沒有進洞穴探險呢？您有重新加熱炒飯嗎？您小便時尿液變黑嗎？光是這些問題的答案，就足以挑起待過醫學院的人的神經。收集敏感資訊也是住院醫師訓練的重點之一（例如如何讓性侵受害者願意道出創傷），可是幾乎沒人教過我怎麼詢問病人的心靈歷程。

我想或許可以用簡單的問題開頭：「你覺得自己有靈性追求或宗教信仰嗎？」不帶評判的開放性問題，或許能溫和穩健地探知病人深藏於心的掙扎[96]。一般說來，只要醫生願意起頭，病人就會滔滔道出自己在意的問題。病人往往會講出信仰對自己的重要性，並透露他們怎麼看待信仰和醫療照顧的關係。這時，醫生可以進一步問：「那麼，在治療過程中，你希望我和你討論這些問題嗎？」

醫師詢問這類問題時，常遇上的另一個難題是：如果病患或家屬請醫生和他們一起祈禱，到底該不該加入呢[97]？我請教的醫生看法不一，有的會大方加入，即使病患家庭的傳統習俗和醫生自己的不同；另一些醫生則態度保留，在自身信仰與病患希望他們參與的儀式有所衝突時尤其如此，況且病患祈求的東西有時恰好與醫生的立場扞格，例如病患祈求「奇蹟」，但就醫生來看，心存這種期盼其實有害無益。

此外，病患也可能對自己信仰的神充滿怨懟。事實上，很多病人都覺得自己被神挑出來受罪。醫師這時雖可給予安慰，卻很容易不自覺地陷入兩種困境：不是涉入自己並不精通的議題，就是說出具有誤導性的寬慰之詞，讓病人對病情產生不切實際的期待。因此在這種時候，單純專注傾聽，讓病人好好宣洩不滿，或許就是醫生所能提供的最佳治療。

對於自認是無神論或不可知論的患者，保持沉默或許是大多數醫生的最佳策略。住院病患裡無信仰者的比例正大幅增加，他們臨終時的靈性需求與有信仰的病患並不一樣。其實，現在很多醫生也不認為自己有宗教信仰。雖然對於醫療靈性面向的研究如今蔚為風潮，相關論文在一九六〇年代僅廿四篇，二〇〇〇到二〇〇五年間已暴增為二二七一篇，但對於無信仰者的研究仍嚴重偏低，關於他們如何面對自身肉體的消滅，相關研究更是少之又少[98]。

✢ ✢ ✢

我們醫院照顧過一位數學教授。他已癌症末期，一入院就明白表示希望醫生幫他結束生命。對腫瘤醫生和安寧療護專家來說，這是他們最難處理的問題之一。沒錯，美國人在填表格時，有五分之一會在「宗教傾向」那欄勾「無」，可是臨終病患極少勾「無」[99]。聽完數學教授坦率而理性的陳詞，連看盡生死的安寧療護專家都無言以對。

如果說對超自然存在和神祇的信仰源於神祕（也源於一層又一層的考古瓦礫），無信仰的源起或許更虛無飄渺。無信仰者以文藝復興和啟蒙運動為黃金時代，奉休謨、尼采、康德和羅素等哲學家為先知聖賢。從認知心理學家、考古學家、社會學家和演化哲學家的角度來看，無信仰者的持續存在及其在富裕社會的擴散，與人類傾向接受宗教信仰的天性背道而馳[100]。無信仰的扎根方式和宗教很像：從家庭或社會代代相傳。這種現象在北歐國家及已開發社會尤其明顯，近代以來，這些地方的無信仰者與日俱增，隨處可見[101]。宗教信仰必須寄寓在與泛靈論相應的腦袋，要是沒這慧根，恐怕也無緣召喚那位情感豐富的上主。無怪乎自閉兒裡也有無神論者，畢竟他們無法想像有個神聖的主宰存在[102]。不信宗教也和生活富裕密切相關[103]。一個人要是家無恆產，又天天得為錢操心，當然希望自己的一切煩憂都是值得的，也期盼宇宙間有股正直、公平的力量會給他們酬賞。不過，對另一群為數不少的人來說，與宗教決裂意味著全面開戰，對抗與生俱來的本能，推翻從小接受的傳統，否定一切追求意義的衝動。因此從某個角度來說，揚棄宗教之路就好似另類的宗教與靈性之旅。

沒有人知道到底有多少人自認為無信仰者，相關調查也始終不易進行。為什麼呢？因為很多自認傾向特定宗教的人，其實根本沒有認真看待信仰。舉例來說，有一份在歐洲做的研究顯示：在自稱為猶太教徒的醫師裡，真正相信猶太教形上教理的只有三成三[104]。這個結果和美國所做的研究很接近：在美國，只有三成四的猶太教醫師對教義深信不疑[105]。信奉其他宗教的信徒，真心接受自身教義的比例也相去不遠。

相關調查難以進行的另一個原因，是連用詞選擇都有爭議。無信仰者和宗教信徒不同，他們彼此之間差異極大，也不一定有群體認同。「無神論者」通常是個集合名詞，把不信宇宙之中有更高力量的人全歸做一類。可是，這個詞彙不僅無法含括各類型的無信仰者，很多傳統上被視為無神論者的人也不喜歡這個標籤。有份針對於無神論團體所做的調查發現：回覆者更希望被稱為「懷疑論者」、「自由思考人士」或「世俗人文主義者」[106]，也有人偏好「世俗主義者」或「自然主義者」這種稱呼，還有人說自己應該叫「明白人」[107]。

無信仰者不喜「無神論者」一詞的最大原因，是因為這個詞已經嚴重汙名化。近年一份皮尤（Pew）調查顯示：在美國，無神論者（和穆斯林）是最不受歡迎的宗教族群[108]。美國人多半不願投票給無神論者[109]，也不願和無神論者結婚[110]。有項研究發現更是令人震驚：對一般美國民眾來說，無神論者的檔次和強暴犯不相上下，都是既不可靠又有犯罪傾向的人，有宗教信仰的人就不會被這樣看待[111]。

不過，無神論者之所以飽受歧視，不只是因為這個詞被汙名化而已。有項研究顯示：人不但會歧視被稱為無神論者的人，也會排擠被指為「不信上帝」的人[112]。這種不信任感主要出自「不信教即不道德」的聯想[113]，而人類社會普遍對無神論者心存警戒的結果，就是無神論者和無信仰者更不願透露身分[114]。

雖然無信仰者行事低調，從不拋頭露面宣揚理念，但無信仰者的比例還是越來越高，據估計，全球無信仰者的人數已高達五億[115]。這項調查也將不可知論者包括在內，他們不確定神存在或不存在，也不認為自己有辦法證明或推翻超自然存有的存在。最近一份對美國人的調查顯示：百分之十四的民眾表示自己沒有宗教傾向，而自認既無靈性需求也無宗教信仰者達百分之廿六[116]。

相關研究也發現：病人通常比一般民眾更有宗教信仰。有份對於女性癌症患者的研究顯示：接受調查的病患絕大多數都很虔誠，在死亡將近時甚至投入宗教更深[117]。如果病患已時日無多，他們經常會既恐懼又充滿希望，在一種既矛盾又興奮的情緒中搖擺。這種狀態常能激發靈性渴求，即使是原本毫無宗教信仰的人也不例外。有蘇格蘭團隊徵求六名臨終病患參與研究，他們原本都沒有宗教信仰，可是隨著病程日益推進，他們漸漸產生靈性思考，也開始提出生命的大哉問[118]。有位病人健康時對一切滿不在乎，後來她說：「人哪，就是得被逼上絕境，才會想得到一點外在幫助。」有些病人對神感到憤怒（「祂只照顧祂自己的人！」），另一些人則想知道更基本的問題（「我身體以後會是什麼樣子？」還有「到時候我怎麼認得出其他人？」）。

有句話說「戰壕裡頭沒有無神論」，事實上，還是有無神論者死亡當前仍不改其志，他們對生命的看法和有宗教信仰的人恰恰相反。有位無神論病人談起他對生命與死亡的看法，說：「我們生活、改進、革新，然後把位子讓出來給其他人。」另一位無神論病人則說：「我只相信我們不論出生、生活或死亡，很大部分都是隨機的[119]。」

另一些無神論者在生命盡頭談起靈性，言詞就沒那麼客氣了。有一位說：「我呢，我現在唯一在意的事，就是離那些連我死了都想利用的人遠一點。那種人成天想拿我的身體狀況說教，鼓動人去相信什麼天神啊、永生啊等等的[120]。」神職人員的確常去探視無信仰者，有時是受擔心病人情況的醫護人員之託，有時是受病患那些有信仰的家人請求[121]。雖然有些病人不介意和神職人員聊聊，但也有人覺得自己不受尊重。對他們來說，這就像你明知某位病人是印度教徒，卻偏偏請個拉比去跟他談。在選擇有限的情況下，有些無信仰者寧可圖個耳根清靜，也不想被怪力亂神打擾。

直到生命最後一刻，無信仰者仍不放鬆對於理性的追求。由於他們不信來生，他們往往只珍惜具體有限的生命。他們重視的是減少痛苦，並努力盡好對所愛的人的責任。他們對自主權毫不妥協，甚至想掌控自己何時嚥下最後一口氣。因此，也難怪無神論者支持安樂死和協助自殺的比率高達九成五，遠遠超過任何宗派的信徒[122]。沒有宗教信仰的醫師似乎也對此心有戚戚，調查發現：他們比有信仰的醫師更支持安樂死[123]。

無信仰者其實也像其他宗教的信徒一樣，彼此之間的信念和看法各有差異。由於無信仰者缺乏組織，我們又一再便宜行事，把各種不屬主要宗教的團體全歸為「無信仰者」，因此不難想見，所謂「無信仰者」對死亡的想法其實千差萬別。舉例來說，思及死亡常常能讓宗教信徒強化信仰，有時也能讓狐疑滿腹的不可知論者接受信仰，可是對無神論者來說，想到死亡往往不會動搖他們的立場[124]。

從很多方面來看，無神論者和相信超自然的人其實有不少共同點：為了參透人生和宇宙的意義，他們上窮碧落下黃泉，細審世間萬象，深觀起心動念。於是，有人驚艷於神聖中的至美燦爛，有人震懾於神經傳導物質和電脈衝竟是意識之源；有人讚嘆宇宙設計之精妙，有人平靜接受渾沌的實然。不過，不論是最虔誠的信徒還是最激進的異端，能坦然面對死亡者幾希，因此，引導病人度過這道難關是醫生的分內之事。每個人一生只需要接待死亡一次，可是醫生不同，醫生比任何人更常見識死亡，而且得不斷逼視死亡的每一個過程。不論我們願不願意承擔，以最能體認病人信仰的方式與他們溝通，無疑是我們應盡的責任。沒有信仰並不只是負面看待世界，無信仰者也不僅止於否定宗教而已。即使對有宗教信仰的病人，醫師都得跌跌撞撞才學得會如何給予靈性協助，面對那些連死亡都不看在眼裡的人，我們又有多少功課有待學習呢？

✢ ✢ ✢

在人類歷史上大多數時間，宗教和靈性是與醫療分不開的，醫師能身兼薩滿，宗教經文也能權充藥方。在某些社會，宗教和醫學到現在還沒有分家。我有一次回巴基斯坦一家地方診所看看，正好有個年輕人來找家庭醫生看性功能障礙。那名醫生是虔誠的穆斯林，留著一把大鬍子，他隨手就在處方箋上寫了一小段阿拉伯文禱詞，鄭重其事地遞給那位年輕人。年輕人苦著臉念得挺吃力，醫生馬上打斷他說：「好好念！喉音發清楚，光動嘴巴沒用。念不準就沒效果。」那名年輕人對自己字不正、腔不圓很是沮喪。

宗教和政治一樣，雖然能成就好事，卻也能煽動仇恨。因宗教差異而起的血腥屠殺或滅族慘劇，在世界上比比皆是。雖然不是每個人都愛把宗教掛在嘴邊，但信仰對很多人來說的確非常重要。我們現在在工作場合不太談宗教話題了，或許這是好事也說不定。在我受訓的美國東北部，避談宗教的現象尤其明顯。

醫生也許能把宗教和其他問題斷然分開，可是很多病人做不到，在人生旅程即將邁入終點時更是如此。面對死亡就像關在正要倒塌的大樓裡，儘管明知一切都將化為斷垣殘壁，卻還是忍不住想緊抓或緊靠舉目所見的任何東西。死亡對人來說關乎掌控，一如生命也是關於掌控。我們會在人生某些時刻催眠自己，告訴自己事態仍在掌控之中，面對死亡時也一樣，只是各人方法不同：有人試著掌控死亡本身，也有人刻意選擇放手，把決定權交給醫生，交給摯愛的親友，交給他們虔心信奉的神。

那位希望醫師為他結束生命的數學家未能如願。除了幫他了斷生命之外，醫療團隊能做的都為他做了。不過，他還是相當失望。他出院回家沒多久，我們就聽說了他的死訊，詳細情形成謎。也許，在知道別人無法為他突破人生困境之後，他決定自行處理。

宗教、靈性與死亡的交口，是大多數醫師不願踏入的禁區。很多人認為那是潘朵拉的盒子，開啟之後的傷害我們彌補不起。可是，對病人的信仰噤口不言，不啻於不把他們當人對待。事實上，醫療機構認證聯合委員會（Joint Commission on Accreditation of Healthcare Organizations）和世界衛生組織都已要求：醫師應該依照病患的靈性觀點和需求提供照顧[125]。很多安寧療護守則也要求記錄病人的靈性史，以便進一步了解他們的信仰及可能的需求。

在病人的世界行將崩解時，幫助他們找出什麼能給他們帶來安慰，才是幫助病人的重中之重。茱莉．諾普（Julie Knopp）是我們醫院裡老資格的安寧療護專家，某個雨天她對我說：「遇上難關時，有些病人需要家人或死黨相挺，另一些人則需要走進森林，默默與自然溝通。」對信仰堅定的人來說，宗教當然很重要：「虔誠的人有東西能依靠，那能讓他們心平氣和。他們長期以來都是如此，靠著信仰熬過每一次難關。」

我站在一位老太太床邊，一面檢查她變形的手，一面玩味茱莉的話。老太太與類風濕性關節炎鏖戰多年，身子早已虛弱不堪，連呼吸都有困難。入院後的斷層掃描發現肺癌，切片又顯示那是最窮凶惡極的一種——小細胞肺癌。她的病情快速惡化，我們不得不為她接上呼吸器，並緊急進行高劑量化學治療。事後我們試著為她取下呼吸器，雖然失敗多次，但最後總算成功。

麻醉退去後，老太太像是換了個人，她風趣幽默，說話充滿機鋒，而且十分溫暖。她問加護病房團隊：「要是我決定不再用這些勞什子，會怎麼樣？」她可以接受插管，但堅決不要CPR。一個禮拜之後，她的病情急轉直下，呼吸幾乎耗盡她每一寸肌肉的力量。我用了各種方法都無法改善她的情況，只好呼叫加護病房住院醫師，通知他們我準備送她回加護病房。我回房告訴她得回加護病房治療，令我意外的是：她不願意，她已經受夠了。

我一時不知該作何反應。她已上氣不接下氣，久久才鼻孔一鬆，好不容易喘上一口氣。我實在不想在這種時候和她討論這種問題，但我也非常驚訝：雖然身體極度不適，但她顯然思路清晰，很清楚自己要做的決定。她說她試了化療，但心裡清楚一點用也沒有，這些日子一直在醫院進進出出，她實在倦了。我和團隊其他成員都到了她床邊，她說她想舒舒服服、安安靜靜地一個人走。我們問她想不想用藥舒緩呼吸，可是會有昏沉的副作用，她欣然同意。我們又問她知不知道可能無法出院回家？她完全了解，但也泰然自若。

我站在床邊，她繼續盯著我背後的電視看，她是那個烹飪節目的忠實觀眾。她很虛弱，雙手都因關節炎而變形，戴的眼鏡有點太大，頭髮倒是打理得相當雅緻。最重要的是，她看起來未免太若無其事了，我們沒人見過這種狀況。

「您要我們打電話給誰嗎？」

「不用。」

「您有沒有什麼事想做？」

「沒有。」

「宗教信仰或靈性需求對您來說很重要嗎？」我問。

結果她幾乎是一臉詫異地看著我說：「沒有。」

「您想跟牧師或神父談談嗎？」

「不用。」

她神態自若地盯著那位金髮主廚啜飲雞尾酒，品嘗點心時興奮得手舞足蹈。有人需要我們能夠提供的一切幫助，希望我們握住他們的手，和他們一起祈禱，聽聽他們的夢想，看看他們的照片，和他們一起吃吃東西，陪他們在走廊散步，只盼望苦痛能暫時離去，離得越遠越好。但也有人完全不需要我們，他們從容等待死亡到來，彷彿死亡是他們唯一熟悉的事。宗教、醫學、幽默……人類有多少成就是以恐懼之火鍛造的啊。可是，當你看著一個人直視死亡，從容不迫、甚至帶點漫不經心地盯著它瞧，那幅畫面還是讓你振奮，讓你激昂，那證明了我們內心都有無窮的力量。

註釋

1 Levy DE, Caronna JJ, Singer BH, Lapinski RH, Frydman H, Plum F. Predicting outcome from hypoxic-ischemic coma. *JAMA*. 1985;253(10):1420–26.

2 Wijdicks EF, Hijdra A, Young GB, Bassetti CL, Wiebe S. Practice parameter: prediction of outcome in comatose survivors after cardiopulmonary resuscitation (an evidence-based review): report of the Quality Standards Subcommittee of the American Academy of Neurology. *Neurology*. 2006;67(2):203–10.

3 Culotta E. Origins. On the origin of religion. *Science*. 2009;326(5954):784–87.

4 Henshilwood CS, d'Errico F, Watts I. Engraved ochres from the Middle Stone Age levels at Blombos Cave, South Africa. *J Hum Evol*. 2009;57(1):27–47.

5 Vandermeersch B. The excavation of Qafzeh. Bulletin du Centre de recherche français à Jérusalem. 2002;10:65–70.

6 Culotta, On the origin of religion.

7 Barrett JL. Exploring the natural foundations of religion. *Trends Cogn Sci*. 2000; 4(1):29–34.

8 Povinelli DJ, Preuss TM. Theory of mind: evolutionary history of a cognitive specialization. *Trends Neurosci*. 1995;18(9):418–24.

9 Kelemen D. Why are rocks pointy? Children's preference for teleological explanations of the natural world. *Dev Psychol*. 1999;35(6):1440–52.

10 Kelemen D, Rosset E. The human function compunction: teleological explanation in adults. *Cognition*. 2009;111(1):138–43.

11 Harris P. On not falling down to earth: children's metaphysical questions. In: Rosegren K, Johnson C, Harris P, eds. *Imagining the Impossible: Magical, Scientific, and Religious Thinking in Children*. Cambridge University Press; 2000.

12 Sosis R. Religious behaviors, badges, and bans: signaling theory and the evolution of religion. In: McNamara P, ed. *Where God and Science Meet: How Brain and Evolutionary Studies Alter Our Understanding of Religion*. Vol. 1. Praeger; 2006:61–86.

13 Sosis R, Bressler, ER. Cooperation and commune longevity: a test of the costly signaling theory of religion. *Cross Cultural Research*. 2003;37:211–39.

14 Bering JM, Blasi CH, Bjorklund DF. The development of afterlife beliefs in religiously and secularly schooled children. *Br J Dev Psychol*. 2005;23(4):587–607.

15 Becker E. *The Denial of Death.* Reprint ed. Free Press; 1987.

16 Rosenblatt A, Greenberg J, Solomon S, Pyszczynski T, Lyon D. Evidence for terror management theory, I: the effects of mortality salience on reactions to those who violate or uphold cultural values. *J Pers Soc Psychol.* 1989;57(4):681–90.

17 Rosenblatt et al., Evidence.

18 Pyszczynski T, Abdollahi A, Solomon S, Greenberg J, Cohen F, Weise D. Mortality salience, martyrdom, and military might: the great satan versus the axis of evil. *Pers Soc Psychol Bull.* 2006;32(4):525–37.

19 Landau MJ, Solomon S, Greenberg J, Cohen F, Pyszczynski T, Arndt J, et al. Deliver us from evil: the effects of mortality salience and reminders of 9/11 on support for President George W. Bush. *Pers Soc Psychol Bull.* 2004;30(9):1136–50.

20 Yum YO, Schenck-Hamlin W. Reactions to 9/11 as a function of terror management and perspective taking. *J Soc Psychol.* 2005;145(3):265–86.

21 Jong J, Halberstadt J, Bluemke M. Foxhole atheism, revisited: the effects of mortality salience on explicit and implicit religious belief. *Journal of Experimental Social Psychology.* 2012;48(5):983–89.

22 Dezutter J, Soenens B, Luyckx K, Bruyneel S, Vansteenkiste M, Duriez B, et al. The role of religion in death attitudes: distinguishing between religious belief and style of processing religious contents. *Death Stud.* 2009;33(1):73–92.

23 Pyne D. A model of religion and death. *Journal of Socio-Economics.* 2010;39(1):46.

24 Kubler-Ross E. *On Death and Dying.* Simon and Schuster; 1969:479–83.

25 Branson R. The secularization of American medicine. *Stud Hastings Cent.* 1973;1(2):17–28.

26 Gallup. Religion. 2014. www.gallup.com/poll/1690/religion.aspx.

27 Koenig HG. Religious attitudes and practices of hospitalized medically ill older adults. *Int J Geriatr Psychiatry.* 1998;13(4):213–24.

28 Roberts JA, Brown D, Elkins T, Larson DB. Factors influencing views of patients with gynecologic cancer about end-of-life decisions. *Am J Obstet Gynecol.* 1997;176(1 Pt 1):166–72.

29 Breitbart W, Gibson C, Poppito SR, Berg A. Psychotherapeutic interventions at the end of life: a focus on meaning and spirituality. *Can J Psychiatry.* 2004; 49(6):366–72.

30 Vachon M, Fillion L, Achille M. A conceptual analysis of spirituality at the end of life. *J Palliat Med.* 2009;12(1):53–59.

31 Shahabi L, Powell LH, Musick MA, Pargament KI, Thoresen CE, Williams D, et al. Correlates of self-perceptions of spirituality in American adults. *Ann Behav Med.* 2002;24(1):59–68.

32 Halstead MT, Fernsler JI. Coping strategies of long-term cancer survivors. *Can- cer Nurs.* 1994;17(2):94–100; Gall TL. The role of religious coping in adjustment to prostate cancer. *Cancer Nurs.* 2004;27(6):454–61; VandeCreek L, Rogers E, Lester J. Use of alternative therapies among breast cancer outpatients compared with the general population. *Altern Ther Health Med.* 1999;5(1):71–76.

33 Yates JW, Chalmer BJ, St James P, Follansbee M, McKegney FP. Religion in patients with advanced cancer. *Med Pediatr Oncol.* 1981;9(2):121–28.

34 Smith TB, McCullough ME, Poll J. Religiousness and depression: evidence for a main effect and the moderating influence of stressful life events. *Psychol Bull.* 2003;129(4):614–36.

35 McClain CS, Rosenfeld B, Breitbart W. Effect of spiritual well-being on end-of- life despair in terminally-ill cancer patients. *Lancet.* 2003;361(9369):1603–7.

36 Koffman J, Morgan M, Edmonds P, Speck P, Higginson IJ. "I know he controls cancer": the meanings of religion among Black Caribbean and White British patients with advanced cancer. *Soc Sci Med.* 2008;67(5):780–89.

37 Morgan PD, Fogel J, Rose L, Barnett K, Mock V, Davis BL, et al. African American couples merging strengths to successfully cope with breast cancer. *Oncol Nurs Forum.* 2005;32(5):979–87.

38 Okon TR. Spiritual, religious, and existential aspects of palliative care. *J Palliat Med.* 2005;8(2):392–414.

39 Balboni TA, Vanderwerker LC, Block SD, Paulk ME, Lathan CS, Peteet JR, et al. Religiousness and spiritual support among advanced cancer patients and associations with end-of-life treatment preferences and quality of life. *J Clin Oncol.* 2007;25(5):555–60; True G, Phipps EJ, Braitman LE, Harralson T, Harris D, Tester W. Treatment preferences and advance care planning at end of life: the role of ethnicity and spiritual coping in cancer patients. *Ann Behav Med.* 2005;30(2):174–79; Johnson KS, Elbert-Avila KI, Tulsky JA. The influence of spiritual beliefs and practices on the treatment preferences of African Americans: a review of the literature. *J Am Geriatr Soc.* 2005;53(4):711–19.

40 Phelps AC, Maciejewski PK, Nilsson M, Balboni TA, Wright AA, Paulk ME, et al. Religious coping and use of intensive life-prolonging care near death in patients with advanced cancer. *JAMA*. 2009;301(11):1140–47.
41 Powell LH, Shahabi L, Thoresen CE. Religion and spirituality. Linkages to physical health. *Am Psychol.* 2003;58(1):36–52.
42 PRRI, Pre-Election American Values Survey. publicreligion.org/research/2012 /10/american-values-survey-2012/. 2012.
43 Phelps et al., Religious coping.
44 Jacobs LM, Burns K, Bennett Jacobs B. Trauma death: views of the public and trauma professionals on death and dying from injuries. *Arch Surg.* 2008; 143(8):730–35.
45 Silvestri GA, Knittig S, Zoller JS, Nietert PJ. Importance of faith on medical decisions regarding cancer care. *J Clin Oncol.* 2003;21(7):1379–82.
46 BBC. Mother dies after refusing blood. news.bbc.co.uk/2/hi/uk_news/england/shropshire/7078455.stm. 2007.
47 Tulsky JA, Chesney MA, Lo B. How do medical residents discuss resuscitation with patients? *J Gen Intern Med.* 1995;10(8):436–42.
48 Engelhardt HT Jr, Iltis AS. End-of-life: the traditional Christian view. *Lancet.* 2005;366(9490):1045–49.
49 Pope Pius XII, *The Prolongation of Life* [see "How We Learned Not to Resuscitate," note 39].
50 Pope John Paul II (1995) Evangelium Vitae, 25 March, www.vatican.va.
51 Unitarian Universalist Association. The Right to Die with Dignity. 1988 General Resolution. www.uua.org/statements/statements/14486.shtml.
52 The Holy Synod of the Church of Greece, Bioethics Committee (2000) Press release, 17 August. Basic positions on the ethics of transplantation and euthanasia. www.bioethics.org.gr.
53 Steinberg A, Sprung CL. The dying patient: new Israeli legislation. *Intensive Care Med.* 2006;32(8):1234–7; Weiss RB. Pain management at the end of life and the principle of double effect: a Jewish perspective. *Cancer Invest.* 2007;25(4):274–47.
54 Rappaport ZH, Rappaport IT. Brain death and organ transplantation: concepts and principles in Judaism. *Adv Exp Med Biol.* 2004;550:133–37.
55 Dorff EN. End-of-life: Jewish perspectives. *Lancet.* 2005;366(9488):862–65.

56 Dorff, End-of-life.
57 Dorff, End-of-life.
58 Foreign Policy. The List: The world's fastest growing religions. www.foreignpolicy.com/articles/2007/05/13/the_list_the_worlds_fastest_growing_religions. May 2007.
59 Crabtree S. Gallup World. Religiosity highest in world's poorest nations. www .gallup.com/poll/142727/religiosity-highest-world-poorest-nations.aspx-1. August 31. 2010.
60 Padela AI, Arozullah A, Moosa E. Brain death in Islamic ethico-legal deliberation: challenges for applied Islamic bioethics. *Bioethics.* 2013;27(3):132–39.
61 Baeke G, Wils JP, Broeckaert B. "Be patient and grateful"—elderly Muslim women's responses to illness and suffering. *J Pastoral Care Counsel.* 2012;66(3–4):5.
62 Banning M, Hafeez H, Faisal S, Hassan M, Zafar A. The impact of culture and sociological and psychological issues on Muslim patients with breast cancer in Pakistan. *Cancer Nurs.* 2009;32(4):317–24.
63 Dein S, Swinton J, Abbas SQ. Theodicy and end-of-life care. *J Soc Work End Life Palliat Care.* 2013;9(2–3):191–208.
64 Pew Research Center. Religious groups' views on end-of-life issues. November 2013.
65 da Costa DE, Ghazal H, Al Khusaiby S. Do Not Resuscitate orders and ethical decisions in a neonatal intensive care unit in a Muslim community. *Arch Dis Child Fetal Neonatal Ed.* 2002;86(2):F115–9; Ebrahim AF. The living will (Wasi- yat Al-Hayy): a study of its legality in the light of Islamic jurisprudence. *Med Law.* 2000;19(1):147–60.
66 Gupta R. Death beliefs and practices from an Asian Indian American Hindu perspective. *Death Stud.* 2011;35(3):244–66.
67 Firth S. End-of-life: a Hindu view. *Lancet.* 2005;366(9486):682–86.
68 Desai PN. Medical ethics in India. *J Med Philos.* 1988;13(3):231–55.
69 McClain-Jacobson C, Rosenfeld B, Kosinski A, Pessin H, Cimino JE, Breitbart W. Belief in an afterlife, spiritual well-being and end-of-life despair in patients with advanced cancer. *Gen Hosp Psychiatry.* 2004;26(6):484–86.
70 Matsumura S, Bito S, Liu H, Kahn K, Fukuhara S, Kagawa-Singer M, et al. Acculturation of attitudes toward end-of-life care: a cross-cultural survey of Japanese Americans and Japanese. *J Gen Intern Med.* 2002;17(7):531–39.

71 Pirutinsky S, Rosmarin DH, Pargament KI, Midlarsky E. Does negative religious coping accompany, precede, or follow depression among Orthodox Jews? *J Affect Disord.* 2011;132(3):401–5.
72 Pearson SD, Goldman L, Orav EJ, Guadagnoli E, Garcia TB, Johnson PA, et al. Triage decisions for emergency department patients with chest pain: do physicians' risk attitudes make the difference? *J Gen Intern Med.* 1995;10(10):557–64.
73 Pines JM, Hollander JE, Isserman JA, Chen EH, Dean AJ, Shofer FS, et al. The association between physician risk tolerance and imaging use in abdominal pain. *Am J Emerg Med.* 2009;27(5):552–7.
74 Bensing J, Schreurs K, De Rijk AD. The role of the general practitioner's affective behaviour in medical encounters. *Psychology and Health.* 1996;11(6):825–38.
75 Geller SE, Burns LR, Brailer DJ. The impact of nonclinical factors on practice variations: the case of hysterectomies. *Health Serv Res.* 1996;30(6):729–50.
76 Curlin FA, Lantos JD, Roach CJ, Sellergren SA, Chin MH. Religious characteris- tics of U.S. physicians: a national survey. *J Gen Intern Med.* 2005;20(7):629–34.
77 Curlin FA, Sellergren SA, Lantos JD, Chin MH. Physicians' observations and interpretations of the influence of religion and spirituality on health. *Arch Intern Med.* 2007;167(7):649–54.
78 Curlin FA, Chin MH, Sellergren SA, Roach CJ, Lantos JD. The association of physicians' religious characteristics with their attitudes and self-reported behaviors regarding religion and spirituality in the clinical encounter. *Med Care.* 2006; 44(5):446–53.
79 Curlin et al., Physicians' observations.
80 Wenger NS, Carmel S. Physicians' religiosity and end-of-life care attitudes and behaviors. *Mt Sinai J Med.* 2004;71(5):335–43.
81 Curlin FA, Nwodim C, Vance JL, Chin MH, Lantos JD. To die, to sleep: US physicians' religious and other objections to physician-assisted suicide, terminal sedation, and withdrawal of life support. *Am J Hosp Palliat Care.* 2008;25(2): 112–20.
82 Cohen J, van Delden J, Mortier F, Lofmark R, Norup M, Cartwright C, et al. Influence of physicians' life stances on attitudes to end-of-life decisions and actual end-of-life decision-making in six countries. *J Med Ethics.* 2008;34(4):247–53.
83 Asch DA, DeKay ML. Euthanasia among US critical care nurses. Practices, attitudes, and social and professional correlates. *Med Care.* 1997;35(9):890–900.

84 Sprung CL, Maia P, Bulow HH, Ricou B, Armaganidis A, Baras M, et al. The importance of religious affiliation and culture on end-of-life decisions in European intensive care units. *Intensive Care Med.* 2007;33(10):1732–39.
85 Romain M, Sprung CL. End-of-life practices in the intensive care unit: the importance of geography, religion, religious affiliation, and culture. *Rambam Maimonides Med J.* 2014;5(1):e0003.
86 Tierney E, Kauts V. "Do Not Resuscitate" (DNR) policies in the ICU—the time has come for openness and change. *Bahrain Medical Bulletin.* 2014;36(2).
87 Saeed F, Kousar N, Aleem S, Khawaja O, Javaid A, Siddiqui MF, et al. End-of-life care beliefs among Muslim physicians. *Am J Hosp Palliat Care.* 2014.
88 MacLean CD, Susi B, Phifer N, Schultz L, Bynum D, Franco M, et al. Patient preference for physician discussion and practice of spirituality. *J Gen Intern Med.* 2003;18(1):38–43.
89 Monroe MH, Bynum D, Susi B, Phifer N, Schultz L, Franco M, et al. Primary care physician preferences regarding spiritual behavior in medical practice. *Arch Intern Med.* 2003;163(22):2751–56.
90 MacLean et al., Patient preference.
91 Ellis MR, Vinson DC, Ewigman B. Addressing spiritual concerns of patients: family physicians' attitudes and practices. *J Fam Pract.* 1999;48(2):105–9.
92 Luckhaupt SE, Yi MS, Mueller CV, Mrus JM, Peterman AH, Puchalski CM, et al. Beliefs of primary care residents regarding spirituality and religion in clinical encounters with patients: a study at a midwestern U.S. teaching institution. *Acad Med.* 2005;80(6):560–70.
93 譯註：本段提及的靈性介入（spiritual intervention）、靈性照護（spiritual care）和靈性指引（spiritual guidance）都是由院方醫師或宗教師提供，與下段「由宗教社群提供的信仰支持」（religious support in the community）有別，兩種途徑的成效差異是作者有意申論的重點之一，還請讀者留意。
94 Balboni TA, Paulk ME, Balboni MJ, Phelps AC, Loggers ET, Wright AA, et al. Provision of spiritual care to patients with advanced cancer: associations with medical care and quality of life near death. *J Clin Oncol.* 2010;28(3):445–52.
95 Balboni TA, Balboni M, Enzinger AC, Gallivan K, Paulk ME, Wright A, et al. Provision of spiritual support to patients

with advanced cancer by religious communities and associations with medical care at the end of life. *JAMA Intern Med.* 2013;173(12):1109–17.

96 Puchalski C, Romer AL. Taking a spiritual history allows clinicians to understand patients more fully. *J Palliat Med.* 2000;3(1):129–37.

97 Lo B, Kates LW, Ruston D, Arnold RM, Cohen CB, Puchalski CM, et al. Responding to requests regarding prayer and religious ceremonies by patients near the end of life and their families. *J Palliat Med.* 2003;6(3):409–15.

98 Sinclair S, Pereira J, Raffin S. A thematic review of the spirituality literature within palliative care. *J Palliat Med.* 2006;9(2):464–79.

99 PRRI, Pre-Election American Values Survey.

100 Norenzayan A, Gervais WM. The origins of religious disbelief. *Trends Cogn Sci.* 2013;17(1):20–25.

101 Zuckerman P. *Society without God.* New York University Press; 2008.

102 Norenzayan A, Gervais WM, Trzesniewski KH. Mentalizing deficits constrain belief in a personal God. *PLoS ONE.* 2012;7(5):e36880.

103 Paul GS. Religiosity tied to socioeconomic status. *Science.* 2010;327(5966):642.

104 Bulow HH, Sprung CL, Baras M, Carmel S, Svantesson M, Benbenishty J, et al. Are religion and religiosity important to end-of-life decisions and patient autonomy in the ICU? The Ethicatt study. *Intensive Care Med.* 2012;38(7):1126–33.

105 Curlin et al., Religious characteristics.

106 Smith-Stoner M. End-of-life preferences for atheists. *J Palliat Med.* 2007;10(4): 923–28.

107 Dennett D. The bright stuff. *New York Times.* July 12, 2003.

108 Pew Research Center. How Americans Feel About Religious Groups. www.pewforum.org/2014/07/16/how-americans-feel-about-religious-groups/. July 16, 2014.

109 Jones JM. Some Americans reluctant to vote for Mormon, 72-year-old presidential candidates: Based on February 9–11, 2007, Gallup poll. Gallup News Service. www.gallup.com/poll/26611/some-americans-reluctant-vote-mormon -72yearold-presidential-candidates.aspx. 2007.

110 Edgell P, Gerteis J, Hartmann D. Atheists as "other": moral boundaries and cultural membership in American society. *American Sociological Review.* 2006:71(2):211–34.

111 Gervais WM, Shariff AF, Norenzayan A. Do you believe in atheists? Distrust is central to anti-atheist prejudice. *J Pers Soc Psychol.* 2011;101(6):1189–206.

112 Swan LK, Heesacker M. Anti-atheist bias in the United States: testing two critical assumptions. *Secularism and Nonreligion.* 2012;1:32–42.

113 Gervais WM. Everything is permitted? People intuitively judge immorality as representative of atheists. *PLoS ONE* 2014;9(4):e92302.

114 Charles et al., Insights from studying prejudice [see "How We Learned Not to Resuscitate," note 37].

115 Zuckerman et al., Atheism [see "How We Learned Not to Resuscitate," note 38].

116 Shahabi et al., Correlates of self-perceptions.

117 Roberts et al., Factors influencing views of patients.

118 Collin M. The search for a higher power among terminally ill people with no previous religion or belief. *Int J Palliat Nurs.* 2012;18(8):384–89.

119 Smith-Stoner, End-of-life preferences.

120 Smith-Stoner, End-of-life preferences.

121 Baggini J, Pym M. End of life: the humanist view. *Lancet.* 2005;366(9492):1235–37.

122 Smith-Stoner, End-of-life preferences.

123 Wenger and Carmel, Physicians' religiosity; Cohen et al., Influence of physicians' life stances; Bulow et al., Are religion and religiosity important.

124 Vail KE III, Arndt J, Abdollahi A. Exploring the existential function of religion and supernatural agent beliefs among Christians, Muslims, atheists, and agnostics. *Pers Soc Psychol Bull.* 2012;38(10):1288–300.

125 The World Health Organization Quality of Life assessment (WHOQOL): position paper from the World Health Organization. *Soc Sci Med.* 1995;41(10):1403– 9; JCAHO. Joint Commission on Accreditation of Healthcare Organizations. CAMH Refreshed Core, January, RI1. 1998.

CHAPTER 8

照顧之擔
When Guardians Are Burdened

死亡向來是全家人的事，但死的質變已拖長病人的臨終時間，病患家屬的角色也隨之改變。由於平均壽命大幅增加，現代人在準備退休的同時，往往也搖身一變成為父母的主要照顧者。儘管不少變化已一一出現，過世時隻身一人的情況還是相當罕見。換句話說：大多數時候，死亡不只帶走死者，也會一併波及死者身邊的人。

每間病房從表面看來都一模一樣：白床單，白毛巾，牆上掛著風景照片和軟木板，床邊豎著點滴架和生理食鹽水。病人看起來也一模一樣：身穿淺藍病人服，腳踏防滑拖鞋，頭頂住院式髮型——在床上動也不動躺久了，頭髮難免蓬亂翹起。他們的醫生看起來也一模一樣：身穿白袍，口袋裡塞滿筆和紙張，腰上掛著呼叫器，時不時讓病人疑惑他們是不是人類。但只要我仔細瞧、用心看，光是從病房裡的細節，我就能得知不少病人的事。

有些病人住院時除了人到，幾乎沒帶任何東西。這通常有兩種可能：不是病人緊急入院，就是他們不常住院。我之所以知道，是因為我見識過常住院的病人準備得多周全。看看他們的病房：不但自備換洗睡衣，也一定帶了小零嘴和沐浴乳，看得出來他們已久病而成「專業病人」。他們有些人還會準備日誌，每天仔細記錄身體感覺、排尿量、排便次數、血壓值和血糖值，當然，其他指數和變化也一項不漏。

時不時會有成年病患帶著大型填充玩偶入院，我每次看到都特別留心。會帶動物玩偶住院的病人，帶的毛毯通常也會有獨角獸之類圖案。不過，這些充滿童趣的用品往往透露令人不安的訊息——這樣的病人常常濫用迷幻藥物成癮，而且明顯具有精神疾病或情緒不穩的特徵。留意到這種現象的不只是我，九〇年代在華特．里德陸軍醫療中心（Walter Reed Army Medical Center）進行的研究顯示：如果病床邊擺著泰迪熊，病人很可能有邊緣性人格疾患[1]。另一項研究也發現：出現「泰迪熊跡象」的成人，發作心因性癲癇而非真正癲癇的可能是一般人的三倍[2]。還有個案例是這樣的：有位三十歲的女病人入院時帶了十七個無尾熊玩偶，每個玩偶都代表一位之前的治療師[3]。

病床旁的桌子通常也有不少線索。如果有宗教擺飾（如耶穌像）或猶太燈台，一眼就能看出病人的信仰。病人帶來的書也能透露不少資訊（很多癌症病人都讀抗癌成功者的書），如果他們讀的書我剛好也熟，我通常都會和他們聊聊內容。牆上和軟木板上往往也有跡可循，例如朋友或家人寫的卡片，每每能道出病人的人際關係。照片更是重要，它們讓我們得以一窺病人日常生活的樣貌——通常充滿喜悅、充滿微笑，身旁有重要的人圍繞。

走進克麗絲婷娜（Christina）的病房，我一眼就看到她擺在床邊的結婚照。她大半生都在當公務員，年近四十才與現在的丈夫相遇並墜入情網，交往多年之後結為連理。磁振造影發現她卵巢有腫瘤，於是手術切除子宮、輸卵管和卵巢，無奈殘留的腫瘤持續擴大。第一輪化療未能發揮效果，腫瘤也開始壓迫到她的腸子。這位堅強的新娘決定再次一搏，入院接受第二線治療。

看她的言談舉止，實在難以想像她經歷了何等折磨。病房裡就屬她最亮眼，不但毫無怨言，也總是樂觀開朗。我們醫護人員還得特別勸她如果疼痛一定要說，千萬別忍著不講，她則說她想盡可能不打擾我們。她在病房裡綻放的笑靨，就和幾個月前結婚照上的笑臉一模一樣。不過，她畢竟只是結婚照的一半。結婚照上日益重要的另一半多半坐在床邊，有時待在家屬等候室，有時則心事忡忡地在走廊踱步，絞盡腦汁細想到底是哪裡出了問題。這另一半就是病人的新婚丈夫，一大家子和眾多朋友的主要代表。仔細觀察病房的確能得到不少資訊，但與他們身邊那位不離不棄的照顧者談談，一定能對病人了解更深。

儘管頭髮大片掉落，儘管飽受腹部阻塞之苦，克麗絲婷娜也許因為天生善良堅強，她在過程中一直保持開朗。可是她的丈夫就沒那麼鎮定了，他神情憔悴，幾乎掩不住心中的恐懼與焦慮，不時顯得既憂愁又焦心。但在此同時，他也盡最大努力當太太的後盾，陪伴克麗絲婷娜度過艱辛的療程，如果無可避免的結局提前到來，他也會陪在她的身邊一同面對。

總之，光是病房便能透露不少訊息，若能再和病房裡的病患親友聊聊，也一定可以看見病人的另外一面。差不多在克麗絲婷娜住院期間，我也負責照顧一位患有阿茲海默症的老先生。他前一晚騎摩托車溜出養老院，後來在高速公路上沒油了，才被警方尋獲送回。我清晨看他時他一臉嚴肅，什麼話都不想說。沒過多久，他的子女接到通知紛紛趕來，還帶著他的孫子孫女一起，病房熱鬧了，他也笑開了。我們這才知道：原來他前晚之所以溜走，是因為實在太想家裡這些小開心果，在失智症誘發的譫妄推波助瀾下，他老人家老夫聊發少年狂，跳上機車就要去找他們。

從遠古時代開始，為病弱者提供照顧與安慰的向來是家人。可是，現代醫療照顧內容繁複得多，與家庭以往為患病家人提供的照料大為不同。由於照顧病人的負擔越來越重，疾病如今不只折磨病人，也常常進一步拖累病患親屬。現在的照顧者往往隨時待命，日以繼夜為病人管灌餵食、換尿片、注射抗生素、購買醫療用品，而且經常前路茫茫，了無寧日。從歷史上看，孤獨赴死者本來就少之又少，死亡現在則如漩渦，一股腦兒地將死者身邊的人一起吞沒。

✢ ✢ ✢

小時候在巴基斯坦，我很少看到有人不結婚或不生小孩的。對我那懵懂幼稚的腦袋來說，婚姻雖說沒人能免俗，但似乎是件自找麻煩的無聊事，部分的我甚至覺得當「宅男」也滿好的。可是，我每次問爸媽人為什麼非結婚生子不可，他們總懶得多費唇舌，只告訴我等我又老又病，就知道生兒育女有多重要了（很巧，我問的每個人都這樣說）。

我覺得這的確有些道理。我祖父過世時我還小，但祖母一直和我們同住（我們叫她「奶奶」）。我們那個世界之所以還非常重男輕女，重要原因之一就是照顧問題——老人絕大多數都與兒子同住，由女兒奉養的相當少見，直到今天仍是如此。但較之以往，女性地位還是有顯著提升，因為她們對家中經濟的貢獻日益重要。

照顧奶奶其實不難。她很少去醫院，除了抗憂鬱藥之外也不需要其他藥物，而且活到九十多歲還耳聰目明，毫無失智跡象。她只有一次下階梯踩空，腿上擦了道大傷口，可是恢復得很好。有一次她股骨骨折去城裡開刀，手術成功後我爸就把她帶回村裡，自己當起物理治療師幫她復健。後來有一天她胸痛，眼一閉就過世了。

對我家來說，照顧奶奶只是舉手之勞，因為我爸媽那時都年輕，如果真的需要幫忙也要多少有多少。我們整個家族都住在附近，就算一時湊不出人手，臨時請個人來幫忙也很容易。美國曾經也是這樣，不過幾十年前，照顧老人和臨終病人並不是什麼負擔。當時慢性病並不普遍，重傷（injury）、感染（infection）和局部缺血（ischemia，即心臟病）等「三I急症」造成的死亡則比比皆是，換句話說：長期失能的病人非常少見。然而隨著平均壽命延長，現代照顧的面貌也大為改變。

在以前，只有健康情況極好的人才有辦法活到九十多歲，我家奶奶就是如此。可是這樣的人鳳毛麟角，在巴基斯坦屈指可數，在美國也寥寥無幾。巴基斯坦絕大多數的人不會這麼長壽，所以照顧父母的子女多半正值壯年。然而現代醫療的發展，已經能讓原本年命不永的人活到高壽，對於心臟病、肺病、甚至癌症的治療，如今也有長足進展，很多人即使身患重症，也能經年累月地與疾病共存。

不過，推延死亡是有代價的，道格拉斯太太（化名）深知箇中滋味。那天她原已安排好了家庭野餐，但八十四歲的她朝自己開了三槍[4]。她奇蹟似地從自殺中生還，在醫院醒來時，她鬆了口氣──她總算卸下了照顧她八十六歲的丈夫的擔子。道格拉斯先生早已年老體衰，依賴老伴照顧好一段時間了。雖然他們的兩個女兒就住附近，但道格拉斯太太還是獨力擔起照顧之責。無止盡地照顧風燭殘年的老伴，卻又從沒得到應有的肯定，她早已感到生不如死。她後來坦承已經想自殺兩年了，而光是想到還有自殺這條路可走，她都覺得稍感寬慰。

家庭照顧者（informal caregivers）無處不在，旁人卻常常對他們視若無睹。以道格拉斯太太為例，她的兩個女兒雖然也會幫忙，卻從不知道她已瀕臨崩潰。她年事已高卻沒有自己的醫生，反倒總是陪著丈夫就診。事實上，即使是接受照顧的人，也經常忽略自己帶給照顧者的負擔多重——道格拉斯太太得不到幫助的主要原因，正是因為她丈夫不讓外人進屋，也不接受居家照顧服務。「我再也受不了了，」道格拉斯太太在醫院裡告訴醫生：「我跟我先生說了不只一次，請這些人來幫幫忙有什麼不好？至少幫忙洗洗澡之類的……可是他就是不要。」道格拉斯太太自殺失敗兩個月後，老先生終於去世了，而愛他一生、也照顧他一生的髮妻，也總算獲得喘息。

另外一次，我在老年醫學門診遇上一位老先生。他幾個月前才從別州搬來，打算在波士頓度過退休時光。他當了一輩子律師，陪他就診的是一位年輕女士。原來他的元配已經過世，想到自己年紀大了需要照顧，才娶了一位年輕的伴度過晚年。只是他的病程發展快速，已經越來越難自理生活。我在診間裡跟他們夫妻談話時，明顯感覺得出他越來越迷糊。他想不起自己吃的是哪些藥，也不太清楚為什麼得來醫院就診。然而，他的妻子每一次想開口代答，他都強勢粗魯地打斷她說話。動輒發怒是失智症的典型症狀[5]。

看診結束，老律師起身離開，我正整理問診紀錄，他的妻子又推門進入診間。她眼眶含淚，雙手顫抖：她罹患了一種極具侵襲性的腦部腫瘤。這項診斷無異於死刑判決，她完全不知如何面對，更不曉得該怎麼配合治療——她全部心力都用來照顧丈夫了。更令人心痛的是，即使她已費盡心思要照顧好年老的丈夫，她還是惟恐自己力有未逮，沉重的罪惡感壓得她喘不過氣。她對我說：他之所以娶她就是希望老來有人照顧，哪有他反過來照顧她的道理？

我也想談談羅伯茲太太的例子：她的類風濕性關節炎情況嚴重，卻還得擠出氣力照顧老伴（事實上，她丈夫不到七十歲就需要她照顧了），更糟的是：她最近診斷出胰腺癌，目前根本沒有治癒機會[6]。「我早就知道自己會親自照顧他，因為我們一直形影不離，什麼事都一起做。」她說：「我們一起工作了三十年。從我十八歲開始，我們就一起玩樂、一起出遊，做什麼事都一起。」由於羅伯茲先生從七〇年代起便成為法定盲人，羅伯茲太太此後總是陪在他身邊。她堅定地說：「我從沒想過自己會不會繼續陪他，這不是問題，我也絕不考慮放手不管。」然而，儘管羅伯茲太太對丈夫一往情深，隨著照顧負擔日益沉重，她的癌症也不斷加速死亡腳步，她變得形容憔悴，弱不禁風。她越來越常因為感染、腹瀉、嘔吐、脫水而入院，但每次出院她都直奔家中照顧丈夫，因為羅伯茲先生已經虛弱到必須臥床。他們有兩個孩子，可是很少過來探望他們。羅伯茲太太每天都得花上十個鐘頭照顧丈夫，但她無怨無悔：「我絕不會停手，因為這不是照顧，而是我對他的承諾。」當照顧者也成了病患，他們病得越重，也就越擔心無法照顧好心愛的人，羅伯茲太太語氣沉重地說：「我知道自己要是有個萬一，就完全顧不了他了。」

這些例子只是冰山一角：在美國，高達四分之一的成年人都有擔任家庭照顧者的經驗[7]。可以想見的是：在死亡過程不斷延長的今日，會有越來越多人必須陪伴至親走完人生最後一段路，送他們走向苦候已久的死亡。而對於死亡加諸現代照顧者的重擔，我們才剛剛開始察覺而已。

✢ ✢ ✢

梅若・寇默（Meryl Comer）的丈夫患有早發性失智症，我和她見面時，她說她丈夫上一次認得她是誰，已經是十二年前的事了，「不過，我知道他還記得我的撫摸。」哈維・葛蘭尼克（Harvey Gralnick）曾是頂尖研究人才，曾為美國國家衛生研究院（National Institutes of Health）主持血液與腫瘤研究。他的人生可謂一帆風順，直到五十多歲出現早發性失智症，發病至今已二十餘年。梅若・寇默原本是商業記者，職場表現十分出色，但回首當年，她像是在說另一個人的故事——近二十年來，她每天得花十二個小時照顧她的先生，已經算全職照顧者了。她的經歷正是全美照顧者每一天的日常人生。

對美國人來說，照顧臨終親友漸漸像是人生必經之路。二〇一四年，為患病家人提供照顧的美國人達四千三百五十萬名[8]，其中有四成承受高度照顧壓力[9]。就像我剛才舉的幾個例子一樣，絕大多數的照顧者都是女性，而且高達八成五與病患有親屬關係[10]。

照顧者投入的時間也相當可觀：平均來看，照顧者每週得花廿一小時協助親友吃飯、洗澡、購物、服藥、理財、約診、接送和換尿片，他們也變得很會操作導管、餵食管和點滴等醫療器材。每週義務照料病患超過四十小時的照顧者達五分之一[11]，梅若花在照顧丈夫上的時間也很長：「我算校長兼撞鐘，既是醫療團隊組長也是個案管理師，每天還要值班十二小時。」

臨終病患的居家照顧工作，有九成是由家庭照顧者承擔，他們的犧牲奉獻為醫療機構省下大筆開支。據估計，家庭照顧者提供的志願性無償服務，在二〇〇九年總值四千五百億美元，如果現在重新評估一次，數字很可能有增無減[12]。根據另一項研究的推估，親朋好友們為失智症患者提供的照顧，每年平均是五萬六千兩百九十美元[13]。隨著照顧費用日益增加，家中其他開銷顯然也將日趨拮据。原本應該用在食品、修繕、旅遊、教育和休閒的積蓄，如今全都挪來照顧病人。但即使如此，照顧品質還是會受到影響：「照顧者手頭一緊，就會開始選擇品質堪慮的便宜貨，於是導管滲漏、尿布破損，你一個晚上得起來換好幾次床單。」於是，五分之一的照顧者最後決定辭去工作，在志願照顧過程中耗盡全部或大部分積蓄的人，則多達三分之一[14]。

照顧者不僅有散盡家財的風險，也經常得付出高昂的健康代價。有研究顯示：積極投身照顧親友的人，死亡風險比沒參與照顧的人高出百分之六十三[15]。相較之下，雖然配偶失能、但本身並未參與照顧的人，死亡率毫無增高之虞。更有意思的是：如果照料親友的人本身不感壓力，他們的死亡率也不會增加。我們不難想見，照顧者受憂鬱[16]、焦慮[17]與失眠之苦的比例比一般人高，他們的自殺風險也高於常人[18]。但或許因為照顧者的心思常完全放在生病的親友身上，他們不在意自己的健康似乎也不足為怪。

令人驚訝的是：雖然照顧者不太將自己的健康放在心上，他們卻比大多數人更了解醫療體系。我當醫生這些年，見到照顧者的次數有時比看病人還多。他們總在醫院大廳或走廊等候，一得空就猛喝咖啡，晚上就縮在病床旁的沙發上睡一覺。在家屬等候室裡坐立難安的是他們，在手術室外憂心如焚的是他們，在急診室外如坐針氈的也是他們。他們經常陪我的病人進診間，手上拿著筆記，夾鍊袋裡裝著藥品，一張紙上滿滿寫著問題。他們甚至比病人更常撥電話來，預約看診時間，追蹤檢驗結果，詢問殘障證明申請流程……可是，儘管他們天天在醫院走動，常常與醫護人員溝通，為了另一個人的健康鞠躬盡瘁，卻總是忘了好好照顧自己。

不過，最悲哀的或許還不是照顧者忽視自己的健康，而是連醫療機構都忽視照顧者的重擔。照顧者不在醫療機構業務範圍，他們的需求也常無人聞問。「照顧者寂寞得很。」梅若對我說。即使我發現陪伴病人的照顧者一臉病容，我也沒有法律立場詢問他們身體情況，除非他們剛好也是我的病人，但這種巧合微乎其微。正因為照顧者在醫療體系中並無一席之地，對於這群志願在家照顧病人的奉獻者，醫療機構反而很少過問。等到照顧者也積勞成疾，他們自然難以繼續提供病人同等的照顧，這對照顧者來說又是一大打擊，畢竟病人的福祉才是他們心之所繫。照顧配偶又比照顧父母負擔更大，因為病患配偶通常毫無選擇，只能默默擔起照顧責任[19]。

要想比較哪種照顧者尤其辛苦，答案毫無疑問會是女性。不但絕大多數照顧者都是女性[20]，她們的負擔往往也是男性照顧者的兩倍之多[21]。此外，家境貧困和教育程度低落，常常也會加重照顧者的負擔，其他因素如失業、別無選擇和照顧時間增加，也都會讓照顧者的負荷更加沉重[22]。照顧者與病患發病之前的關係深淺，往往也會決定他們照顧病患的感受，在責任增加時直接影響他們的抗壓性[23]。值得我們深思的是：社會後盾對照顧者壓力感的影響之大，不但超過病人罹患的疾病種類（不管是癌症、肺病或心臟衰竭），也超過病人當下病情的嚴重程度。儘管照顧者的求助經常無人回應，但他們的確很需要親戚朋友提供更多協助。及時伸出的援手，足以抵銷任何照顧需求加諸他們身上的壓力[24]。

如果病人已毫無康復希望，其所接受的照顧不過是在推延死亡，可以想見照顧者將何等消沉。

在照顧病人的過程裡，照顧者往往會以病患的情況評價自己。但在大多數案例中，接受照顧者往往預後不佳，不論付出再多努力，也只能眼看病情日益惡化。隨著死亡的腳步接近，照顧者能從病人身上得到的回應也越來越少。在這段步步煎熬的過程中，照顧者逐漸化為「隱形患者」，隨時寸步不離，卻也總是茫然無依，他們的心神已被病患耗盡[25]。

直到今天，照顧者仍未被正式納入醫療體系。雖然醫護人員對他們的付出心存敬意，但醫界目前還不知道該怎麼給予他們適當照顧，或是借助他們的力量改善對病人的服務。梅若告訴我：在她照顧丈夫超過二十年的歲月裡，只有一位醫生問過她她還好嗎？「如果你不管付出多少心血，你對抗的疾病終究會贏，你真的會需要有人關心你一下，讓你覺得自己做的事多少還有點意義。」

✢ ✢ ✢

照顧者的擔子的確很重，但在病人步向人生盡頭時，照顧者還有另一項考驗必須面對。死亡和臨終向來是美國文化的熱門主題，翻翻書本、看看電視、讀讀報紙、逛逛網路，隨處可見美國人對死亡的窺視欲。事實上，既然你現在正在讀這本書，我想我不需要進一步證明了。然而，儘管美國文化裡充斥死亡，我們實際上卻很少討論這個話題。我照顧過的很多病人也是如此，即使大限將至，他們還是不願好好談談臨終問題。好在情況已漸漸改變，越來越多人開始領悟：關於臨終選擇的對話，其實是大多數人一生中最重要的對話。

普立茲獎得主、《波士頓環球報》（*Boston Globe*）專欄作家艾倫．古德曼（Ellen Goodman）說：她是到退休之後，才發現馬上有份新工作等著她接手——照顧她年老的媽媽。其實這不算意外，因為她的職涯生活進入下半場後，就已自然而然開始實習這份工作，只是當時還不知道這份責任多沉重而已。她與我分享了一則往事：有一天她忙得焦頭爛額，截稿時間分秒逼近，醫院就在這緊要關頭來了電話，醫生對她說老太太因為肺炎入院，問她願不願意讓老人家接受抗生素治療？是的，在接手照顧老年至親之後，艾倫和其他照顧者就是得耐住性子，日復一日不斷回應這些瑣碎問題。「這些問題突然雪崩似地向我湧來，我根本沒準備好。」

艾倫和媽媽很親。她們像很多母女一樣無話不談，百無禁忌，「除了一件事以外」——她們從來不談媽媽希望如何迎接死亡。等到艾倫發現這件事多重要時，老媽媽已嚴重失智，最多也只能談談吃喝這種簡單的事，不可能理解現代醫學裡幽微複雜的臨終照顧問題。

艾倫的處境並非特例，其實，普遍情況都是如此。有份全國性調查顯示：曾經表達自己臨終時希望接受何種治療的病人，僅僅只有百分之三十[26]。曾與醫師討論臨終選擇的病患，據報只有百分之七。不過，討論臨終問題的比例之所以低得令人洩氣，並不是因為大家不了解這個問題何等重要——調查發現：認為事先討論臨終時希望接受何種治療非常重要的人，在百分之八十二到九十之譜。

因此，雖然我們對死亡議題極感興趣，願意實際討論的人還是少之又少。即使我們開口談論死亡，往往也只是以事不關己的角度誇誇其談。古往今來，死亡向來是禁忌話題，即使死亡已近在眼前，很多文化直到今天仍忌諱談死。我們有一次收了一位亞裔中年病人，他只會說日語，那時剛剛被診斷出肝衰竭，因為血壓驟降被送來加護病房。他打完點滴之後情況好轉很多，但為保險起見，我們還是送他下樓做腹部磁振造影，好確認沒有其他問題。送他下樓之後，他的太太和兒子又上來找我們，對我們說無論結果如何，請務必先讓他們知道。由於病患之前也同意這樣做，我們決定尊重他們一家的共識。

病人做完檢查回到加護病房，我們也開始準備幫他轉入普通病房，這時磁振造影影像傳過來了。我迫不及待想看看放射科醫師的判讀，立刻點開檔案。老實說，因為我接受的是內科專科醫師訓練，我不認為自己有辦法看出名堂，除非影像裡出現很大、很明顯的東西。所以，當我那門外漢的眼睛看到一顆巨大的腫瘤，不但明顯侵襲到肝臟和膽囊，甚至直逼胃部，我知道事態嚴重了。果然，放射科醫師的診斷是轉移性癌症，病人幾乎整個腹部都已淪陷。我馬上聯絡他的肝臟科主治醫師，那位醫生也馬上放下手邊的事，匆匆趕來加護病房。我對他說病患家屬想保護病人，希望能先一步得知檢查結果。於是，我們請那對母子到一間空辦公室談。那裡幾乎成了儲藏室，除了擺放多出來的印表機和監視器之外，就是一整列色調陰沉的檔案櫃。

那位太太也只會說日語，兒子倒是說得一口道地美式英語。他年紀實在不大，但看得出來他努力擔起家庭代表的重任。我和很多資深醫師一樣，有點懷疑他們會不會把結果告知病人，或是會輕描淡寫把問題講得沒那麼嚴重。可是那位出身愛爾蘭的醫生不一樣，他告知病情向來以坦誠直率聞名。他很清楚地告訴那兒子：他父親的癌症無法治療，現在已沒有治療選擇，幾個月或幾週之內，他隨時可能撒手人寰。那兒子勉力吸收這些資訊時，我定定觀察他的表情，他的母親則一臉焦急等在一旁。他聽的時候還算鎮定，但轉頭開始翻譯給媽媽聽時，他似乎才真正感受到這則消息的重量。

他一邊翻譯，臉色也越來越蒼白，等到他終於說完，母子兩人已抱頭痛哭。他們想獨處一下平復情緒，請我們暫時離開。等到回加護病房時，他們已忍住眼淚，按捺顫抖，裝作若無其事回到病人身邊，彷彿什麼事也沒發生。我透過玻璃窗看他們時，只覺背脊一涼，像是在看懸疑驚悚劇。他們擠出笑容，狀似興奮地說個沒完。病人離開加護病房時，渾然不知自己的生命已攔腰而斬。

有些文化對討論死亡極為排斥，納瓦荷（Navajo）文化就是如此。他們傳統上認為光是談死就會引死亡上門，因此，與納瓦荷老人談臨終照顧問題時必須尤其謹慎[27]。其實我們現在的文化也是如此，而且我們不但避談死亡和臨終議題，連「死亡」和「臨終」這兩個詞都能避則避。有一份在英國做的調查發現：雖然三分之一的人每個禮拜都會想到死亡，但覺得討論死亡很不自在的人更多——三分之二[28]。另外，雖然大家普遍認為敞開來談死有益臨終照顧，但曾與家人或醫師討論自身臨終照顧問題的人，還不到三分之一。甚至連醫師都對討論死亡有所顧忌，前述調查顯示：家庭醫師（general practitioner）未曾與任何一位病患談及死亡的比例，竟然高達百分之卅五。

雖然我實在無法接受醫生不與病人談死，但我能理解為什麼有些醫生不想和病人談這個話題。大多數人是把死亡當成抽象、假設性的問題來思考，總覺得它離自己很遠很遠。可是人一旦開始認真思索死亡，不把它當成抽象概念，而真正意識到它是自己無可避免的終局，他們會立刻受到兩股力量拉扯：一方面對必有一死有所覺悟，另一方面也無能接受這個事實。

每次我幫住院病人記錄病史，總會遇上一個尷尬場面。病史記錄表有制式問題：您為什麼入院？目前身體狀況如何？平時服用哪些藥物？您有吸菸、喝酒或使用管制藥物嗎？這件例行公事我已駕輕就熟，雖然問卷很長，但我用不了多少時間就能問完。不過，每次問到最後一個問題，我還是忍不住會停頓一下：接近死亡時，您希望接受哪種治療呢？

我還在當實習醫生時十分天真，總以為病人要是情況嚴重到需要掛急診，而且急診之後還得繼續住院治療，一定已經仔細想過自己希望如何迎接死亡（何況他們很多人都不是第一次住院了）。然而令我意外的是，即使他們已奄奄一息，即使他們已與重症纏鬥了好幾十年，即使他們還沒從大手術中恢復，大多數人還是從沒想過該以什麼方式離開人世。

很多時候，我一問病人要是有個萬一，他們希望我們怎麼做？他們便啞口無言，一下子不知作何反應。如果談的是心臟病資訊，病人都很樂意多聽一些，他們會想知道胸口發麻可能是病發前兆，也不介意被我們諄諄告誡：如果情況嚴重，我們得把他們麻醉了擺在手術台上刀針相向。這種話題我們說得自然，病人也聽得專心。可是一講到「死」，他們第一個念頭往往是「時候沒到，還輪不到我」，其他敏感聯想也立刻被這念頭遮蓋過去。

有些人想得更細，他們認為：像「希望如何走向死亡」這麼重要的話題，不該拖到進了醫院才講，他們相信這件事越早談開越好，在家裡講比較自在，也該找自己深愛又信任的人談。艾倫·古德曼就是這樣想的，她對我說：「這些話應該在餐桌上講，而不是在大禍臨頭時慌慌張張交代。」很多人像艾倫一樣，希望能盡量拉高這個話題的分貝，可是他們的挑戰的確不小，畢竟「死亡」是大多數人不願碰觸的話題。於是，除了日以繼夜提供照顧之外，病患親友又多了一項艱鉅任務——

和病人討論臨終照顧計畫。

✢ ✢ ✢

長期為《紐約客》供稿的漫畫家蘿姿．卻斯特（Roz Chast），最近出了一本小回憶錄，記錄她父母年紀漸長的瑣事，還有自己怎麼試著和他們討論臨終照顧問題。這本圖文書光是書名就很傳神：《我們談些愉快點的事好嗎？》（*Can't We Talk About Something More Pleasant?*）。書中有一篇講到她和父母無話不談，可是從不談死。她覺得這樣不是辦法，決定主動挑起這個話題，結果她爸媽先是顧左右而言他裝沒聽到，接著開始有點困惑，然後是歇斯底里地假笑，最後變得神情焦慮，局促不安，於是蘿姿舉手投降：「好好好，當我沒說，放乎伊去。」下一張圖氣氛輕鬆多了，不但蘿姿的爸媽如釋重負，連蘿姿自己都鬆了一口氣。這話題結束得真好——不了了之。

艾倫．古德曼對忌諱談死的現象深深不以為然，她說這簡直可以稱作「沉默的陰謀」：「父母怕子女擔心所以不談，子女覺得這問題太私密也太陰沉，所以也不談。也有人擔心自己跟父母談這種事，他們會以為自己在等他們死。」

迴避臨終照顧問題後果堪慮。畢竟，不論一個人是有意識地向另一個人吐露心聲，或是正式把心願白紙黑字寫下來，他們顯然都對如何善終有自己的想法。有些人希望到時候人事不知，無苦無痛；另一些人則希望在永遠失去感受之前，盡可能多感受一點。有些人想在自己的床鋪上離開人間，另一些人則希望離家去世，別讓家人睹物傷情。有些人想平平靜靜地走，有些人想奮戰到最後一刻。

我覺得我能接受人生無法盡如人意。學測沒考好又怎麼樣呢？再多考幾次就是了。可是死亡難纏多了，它在歷史上的勝率是百分之百，而且從不給人第二次機會。死亡通常意味著所有夢想化為烏有，對醫生來說，死亡代表再也幫不上病人的忙。有些時候，讓病人最後的心願能夠圓滿，就是醫生能力所及最有意義的事。波士頓安寧療護專家拉克蘭・佛洛（Lachlan Forrow）說得好：病患不願接受的治療，都是能充分預防的傷害[29]。

為了不讓大家錯過表達臨終意願的機會，很多團體已設計表格、架設網站，協助社會大眾和親朋好友討論這個話題。艾倫・古德曼也為此出了一份力，她登高一呼成立「對話專案」（Conversation Project），目的正是打破討論臨終議題的禁忌。她對我說：「避談死亡是文化通病，我們非改變不可。」對話專案和很多類似的倡議計畫一樣，都志在扭轉社會氛圍，期盼能讓「你希望如何走向死亡？」的問題，變得像「小孩子是怎麼來的？」一樣自然。

為人父母，與孩子談性也許難免尷尬，但討論死亡的難度完全是另一個層次，畢竟現代醫學相當複雜，病症與療程能構成多少排列組合，病人對善終的想法就可能出現多少變化。

現代預立醫療照顧計畫的前身是生前預囑（living will），也稱為預立醫囑（advance directives）。「生前預囑」一詞是路易斯・庫特納（Luis Kutner）提出的，他是律師，同時也是國際特赦組織的共同創立者，一生積極參與人權運動。生前預囑的概念，他是在一九六九年發表於《印第安納大學法學期刊》(*Indiana Law Journal*)[30]。根據庫特納的觀察，一九六〇年代末的醫療狀況是：病患可以拒絕治療，可是他們一旦失去行為能力或無法表達意願，醫師便有法律責任盡一切可能予以救治。庫特納的結論是：「筆者建議：在仍保有完整官能及表達能力時，便明示自身同意接受何種程度的治療。」不過這項方案也有但書：它只適用於「完全陷入植物人狀態」或「無法恢復心理及生理功能」的病人。雖然這則但書縮限了適用範圍，但這項方案還是廣獲採用，在凱倫・安・昆蘭案後尤其如此。一九七六年，生前預囑首度入法，被寫入加州《自然死法案》(Natural Death Act)，然而適用條件更為嚴苛[31]：除非病患罹患的「絕症」將迅速致死，否則不得撤除維生治療；此外，病患還必須在確診兩週之後才能簽署撤除或拒絕治療預囑。儘管如此，生前預囑的概念還是引起全美各地重視，也陸續被大多數州納入法案。到了一九九〇年，生前預囑終於獲得聯邦眾議院背書——《病人自主權利法》(Patient Self-Determination Act)規定：醫院必須提供教育資料給聯邦醫療保險受益人，務使其充分了解自身擁有訂定預立醫囑之權[32]。至此，生前預囑不需以罹患絕症為前提，不論身體健康與否，都可隨時訂立。

預立醫囑推廣至今已數十餘年，現在已發展成全面性的預立醫療照顧計畫。各種版本相繼出現，希望能讓病人真正深思這些艱難的問題，而不只是打勾簽名而已。它們以協助病人決定為目的，以各種方式探詢他們對醫療照顧的想法，範圍廣及維生治療、器官與組織捐贈、洗腎、疼痛控制、人工供給營養和水分、急救手段和CPR，以及希望在哪裡接受治療[33]。這些協助病人決定和思考的工具形式多樣，有電腦程式、網站、小冊子，也有影片、DVD和CD。雖然這些輔助工具多半是為一般民眾設計，但也有一些是為醫療機構量身定做，方便他們把病人的偏好記錄在電子病歷裡。

不過，雖然推廣工作不斷推陳出新，生前預囑及其相關規劃仍有不少問題尚待改進，它們或許是不錯的權宜之計，但終究不是可長可久的解決方案。儘管預立醫囑獲得主流媒體關注，即使國會、最高法院[34]和醫界都相繼為它背書，大多數美國民眾還是沒做規劃。一份在波士頓進行的調查顯示：有填寫預立醫囑的一般民眾只有百分之十八，診所病患的填寫比例甚至更低，只有百分之十五。相較之下，有預作遺產安排的一般民眾達百分之七十四，診所病患也有百分之五十七[35]。照理說人病得越重（例如已經需要洗腎），應該越會思考臨終照顧問題，可是根據調查，這類病患預立醫囑的比例也只略微增加：百分之三十五[36]。更離譜的是，即使病患已經填了預立醫囑，醫囑內容沒有載入病歷的時候高達百分之七十四，事實上，有包含預立醫囑的病歷表也只有百分之十六[37]。

另一方面，病人會做出何種決定，往往與簽署醫囑或表達意願的時機息息相關。剛出院的病人多半不願接受侵襲性治療，但通常不到六個月就會改變想法[38]。對自身疾病及其預後的了解多深也非常重要。像癌症就是預測性較高的疾病，病程發展相當固定，間或有變化空間。舉例來說，如果病人罹患肺癌且已發生轉移，他們會很清楚自己最多只剩幾個月壽命，而這份認識當然會影響他們的治療選擇。相對來說，罹患腎臟病、心臟病、肺病或其他非癌疾病的人，就很難預測病程發展，也難以預料人生還有多少時間。

傳達資訊的方式也會深刻影響病人的抉擇。病人通常是依醫師提供的資訊來思考，而醫生的表達方式往往能左右病人的決定。以乳癌前兆——乳管原位癌（ductal carcinoma in situ）——為例，醫師告知病人的用語若是「非侵襲性癌症」而非「乳房病變」，病人選擇手術治療的比例會高出很多[39]。此外，不論醫師提供的統計數據是成功率、失敗率、長期效果或短期效果，都會為病人的思考方向再添變數。事實上，醫生傳達資訊的措辭若有不同，五分之四的病人會改變想法[40]。

醫師們未必都是溝通長才，不一定能將艱難的情況妥善告知病人。我常腆著臉跟同事進入病房，觀摩他們怎麼把話說得既明確又周到。我得說：對於極好或極壞的情況，醫師多半表達得很好。問題是醫學充滿不確定性，所以大多數時候，我們面對的都是模糊曖昧的難題。我們得在朦朧不清、甚至伸手不見五指的迷霧中辨識方向，而幽微難明、捉摸不定的事物很少能傳達得當，在我們連假設推論都舉棋不定時更是如此。

在我看來，病患感受或許是決定醫病對話結果的最重要因素。與確實感受到死亡威脅的病人相比，健康的人很少會把這些對話當一回事。當我詢問大致健康的病人是否想過臨終問題，我多少知道自己是明知故問，因為對從未切身體驗死亡現代樣貌的人來說，他們對相關議題的了解其實相當有限。我也十分清楚：不論病人做了什麼決定，他們也很容易改變心意。有研究顯示：以生前預囑表示希望接受最大程度治療的病人中，兩年後仍回答相同的答案的只有百分之四十三[41]。

當然，就算沒人做過相關研究，我也知道病人有這種傾向。很多事情都會讓病人重新思考決定他們希望如何死去：新的診斷結果，新的住院經驗，一輪成功的化療，都足以讓病人改變原本的想法。在此同時，也有不少沒那麼具體的事物會讓病人改變主意，例如親眼見到深愛的人生病受苦，期待能參加一場重要的婚禮或等待新家人誕生，或是希望能用最後一絲氣力完成畢生志業。由於變數實在太多，我服務過的一家醫院甚至不將預立醫囑載入電子病歷——要是有人上次住院時同意接受激烈治療，可是後來想法變了，我們真該照他上一次的醫囑積極治療嗎？當然相反的情況也完全可能：病人在不同情境下表達的醫療意願可能誤導醫師判斷，讓他們以為病人在任何情況下都不願接受積極治療，以致病人此時得不到他們其實想得到的治療。

生前預囑的另一個大問題是內容難定，很容易過於籠統或失之瑣碎。以紐約律師公會提供的生前預囑範例為例，裡頭寫道：「若我（a）罹患絕症（terminal condition）[42]；（b）永久失去意識；或（c）即使有意識，但腦部受到無法逆轉的傷害……我不接受心肺復甦術……人工呼吸器……管灌餵食……抗生素治療[43]。」持平而論，這份生前預囑的確寫得很具體，可是它未必幫得上醫生做決定：假設我接到一位失智或心臟衰竭的病人（這兩種疾病都屬絕症），而他入院後感染肺炎（並非絕症，通常口服抗生素即可改善，有時也需要使用人工呼吸器幾天，好讓肺部有時間痊癒），我該從何判斷他願不願意服用抗生素，甚至願不願意使用人工呼吸器呢？此外，很多生前預囑都有前後矛盾的問題，讓醫護人員無所適從。有位醫生就講過：他有位病人願意在出血時接受輸血，卻不願接受內視鏡手術，可是手術明明可以為他止住出血點，防止他進一步出血[44]。我之前也說過，我有個病人願意接受人工呼吸器，但堅決拒絕心肺復甦術。

美國的確也有生前預囑成效顯著的地方——威斯康辛州西部的拉克羅斯（La Crosse），一個環境優美、古色古香的小鎮。它位在密西西比河河谷，四周峭壁環抱，很多人認為這裡是全美最適合人生謝幕的地方。我去過那裡，在密西西比河畔的餐廳吃鮭魚，在陡峭的岩壁上欣賞河谷風光，但我當時並不知道它是全美善終首選，也不知道高達九成五的拉克羅斯居民都有預立醫囑，從妙齡少女到八十老翁都簽[45]。雖然因果關係難斷，但拉克羅斯正好也是全美人均醫療花費最少的地方之一，每人大約是一萬八千美元。在這裡去世的居民，不接受延命醫療的高達九成八，這會不會是原因所在？值得注意的還有：曾經被施予CPR的病人，簽訂預立醫囑時都拒絕往後有需要時再接受CPR[46]。

坦白說，拉克羅斯是很特殊的例子。這裡不論地理景觀或人口組成都同質性很高（白人占九成二），換句話說，它還維持著美國過去的樣貌[47]。我們不得不承認：整體而言，美國人對預立醫囑興趣缺缺。相關宣導已經進行幾十年了，簽署預立醫囑的人口比例仍持續偏低。生前預囑的問題在於：它是靜態的醫療指示，卻企圖規範隨時變動又極其複雜的醫療情境。研究已經顯示：百分之七十一到七十八的人，其實寧願讓照顧者或深愛的人為自己做醫療決定，即使他們的決定不合自己心意也無所謂[48]。於是，對病人來說最艱難的決定，到頭來還是落到了照顧者肩上，在照顧者所有的擔子裡，這無疑是最沉重的一個。

註釋

1 Labbate LA, Benedek DM. Bedside stuffed animals and borderline personality. *Psychol Rep.* 1996;79(2):624–26.

2 Cervenka MC, Lesser R, Tran TT, Fortune T, Muthugovindan D, Miglioretti DL. Does the teddy bear sign predict psychogenic nonepileptic seizures? *Epilepsy Behav.* 2013;28(2):217–20; Schmaling KB, DiClementi JD, Hammerly J. The positive teddy bear sign: transitional objects in the medical setting. *J Nerv Ment Dis.* 1994;182(12):725.

3 Stern TA, Glick RL. Significance of stuffed animals at the bedside and what they can reveal about patients. *Psychosomatics.* 1993;34(6):519–21.

4 Adelman RD, Tmanova LL, Delgado D, Dion S, Lachs MS. Caregiver burden: a clinical review. *JAMA.* 2014;311(10): 1052–60.

5 Liu Y, Kim K, Almeida DM, Zarit SH. Daily fluctuation in negative affect for family caregivers of individuals with dementia. *Health Psychol.* 2014.

6 Rabow MW, Hauser JM, Adams J. Supporting family caregivers at the end of life: "they don't know what they don't know." *JAMA.* 2004;291(4):483–91.

7 Lynn Feinberg SCR, Ari Houser, and Rita Choula. Valuing the Invaluable: 2011 Update. The Growing Contributions and Costs of Family Caregiving. AARP Public Policy Institute; 2011.

8 Feinberg et al., *Valuing.*

9 National Alliance for Caregiving and AARP. *Caregiving in the U.S.* www.caregiving.org/wp-content/uploads/2015/05/2015_CaregivingintheUS_Final-Report-June-4_WEB.pdf. 2015.

10 National Alliance for Caregiving and AARP, *Caregiving.*

11 National Alliance for Caregiving and AARP, *Caregiving.*

12 Feinberg et al., *Valuing.*

13 Hurd MD, Martorell P, Delavande A, Mullen KJ, Langa KM. Monetary costs of dementia in the United States. *N Engl J Med.* 2013;368(14):1326–34.

14 Hurd et al., Monetary costs.

15 Schulz R, Beach SR. Caregiving as a risk factor for mortality: the Caregiver Health Effects Study. *JAMA*. 1999;282(23): 2215–19.

16 Pochard F, Azoulay E, Chevret S, Lemaire F, Hubert P, Canoui P, et al. Symptoms of anxiety and depression in family members of intensive care unit patients: ethical hypothesis regarding decision-making capacity. *Crit Care Med*. 2001;29(10): 1893–97.

17 Cochrane JJ, Goering PN, Rogers JM. The mental health of informal caregivers in Ontario: an epidemiological survey. *Am J Public Health*. 1997;87(12):2002–7.

18 Prigerson HG, Jacobs SC. Perspectives on care at the close of life. Caring for be- reaved patients: "all the doctors just suddenly go." *JAMA*. 2001;286(11):1369–76.

19 Christakis NA, Allison PD. Mortality after the hospitalization of a spouse. *N Engl J Med*. 2006;354(7):719–30.

20 Emanuel EJ, Fairclough DL, Slutsman J, Alpert H, Baldwin D, Emanuel LL. Assistance from family members, friends, paid care givers, and volunteers in the care of terminally ill patients. *N Engl J Med*. 1999;341(13):956–63.

21 Gallicchio L, Siddiqi N, Langenberg P, Baumgarten M. Gender differences in burden and depression among informal caregivers of demented elders in the community. *Int J Geriatr Psychiatry*. 2002;17(2):154–63.

22 Vincent C, Desrosiers J, Landreville P, Demers L, group B. Burden of caregivers of people with stroke: evolution and predictors. *Cerebrovasc Dis*. 2009;27(5):456– 64; Salmon JR, Kwak J, Acquaviva KD, Brandt K, Egan KA. Transformative aspects of caregiving at life's end. *J Pain Symptom Manage*. 2005;29(2):121–29.

23 Steadman PL, Tremont G, Davis JD. Premorbid relationship satisfaction and caregiver burden in dementia caregivers. *J Geriatr Psychiatry Neurol*. 2007;20(2): 115–19.

24 Burton AM, Sautter JM, Tulsky JA, Lindquist JH, Hays JC, Olsen MK, et al. Bur- den and well-being among a diverse sample of cancer, congestive heart failure, and chronic obstructive pulmonary disease caregivers. *J Pain Symptom Manage*. 2012;44(3):410–20.

25 van Exel J, Bobinac A, Koopmanschap M, Brouwer W. The invisible hands made visible: recognizing the value of informal care in healthcare decision-making. *Expert Rev Pharmacoecon Outcomes Res*. 2008;8(6):557–61.

26 Kelton Global. The Conversation Project National Survey. theconversationproject.org/wp-content/uploads/2013/09/TCP-Survey-Release_FINAL-9-18-13 .pdf. 2013.
27 Daitz B. With poem, broaching the topic of death. *New York Times.* January 24, 2011.
28 Dying Matters Coalition Survey. comres.co.uk/poll/669/dying-matters-coalition -survey-of-gps-and-the-public.htm. 2012.
29 Forrow L. The "4 R's" of respecting patients' preferences. www.boston.com /lifestyle/health/mortalmatters/2013/09/the_4_rs_of_respecting_patients _preferences.html. 2013.
30 Kutner L. Due process of euthanasia: the living will, a proposal. *Indiana Law Journal.* 1969;44(4):539–54.
31 Annas GJ. The health care proxy and the living will. *N Engl J Med.* 1991; 324(17):1210–13.
32 La Puma J, Orentlicher D, Moss RJ. Advance directives on admission. Clinical implications and analysis of the Patient Self-Determination Act of 1990. *JAMA.* 1991;266(3):402–5.
33 Butler M, Ratner E, McCreedy E, Shippee N, Kane RL. Decision aids for advance care planning: an overview of the state of the science. *Ann Intern Med.* 2014; 161(6):408–18.
34 In re Martin. 538 NW2d 399; Mich. 1995.
35 Emanuel LL, Barry MJ, Stoeckle JD, Ettelson LM, Emanuel EJ. Advance directives for medical care—a case for greater use. *N Engl J Med.* 1991;324(13): 889–95.
36 Holley JL, Stackiewicz L, Dacko C, Rault R. Factors influencing dialysis patients' completion of advance directives. *Am J Kidney Dis.* 1997;30(3):356–60.
37 Morrison RS, Olson E, Mertz KR, Meier DE. The inaccessibility of advance directives on transfer from ambulatory to acute care settings. *JAMA.* 1995;274(6): 478–82.
38 Morrison et al., The inaccessibility of advance directives.
39 Omer ZB, Hwang ES, Esserman LJ, Howe R, Ozanne EM. Impact of ductal carcinoma in situ terminology on patient treatment preferences. *JAMA Intern Med.* 2013;173(19):1830–31.（譯註：關於乳管原位癌應否歸為「癌症」，可參考：https://goo.gl/SCy7JM）
40 Ott BB. Advance directives: the emerging body of research. *Am J Crit Care.* 1999;8(1):514–19.

41 Danis M, Garrett J, Harris R, Patrick DL. Stability of choices about life-sustaining treatments. *Ann Intern Med.* 1994;120(7):567–73.

42 譯註：《末期病人「致權利法》（Uniform Rights of the Terminally Ill Act）定義，「terminal condition」指的是「無法治癒且無回復可能之狀態」，我國通常譯為「末期狀態」或「臨終狀態」，本段依文意脈絡譯為「絕症」。

43 New York Bar Association. New York Living Will. www.nysba.org/WorkArea/DownloadAsset.aspx?id=26506. 2014.

44 Brett AS. Limitations of listing specific medical interventions in advance direc- tives. *JAMA*. 1991;266(6):825–28.

45 NPR. Episode 521: The Town That Loves Death. Planet Money. www.npr.org/blogs /money/2014/02/28/283444163/episode-521-the-town-that-loves-death. 2014.

46 Hammes BJ, Rooney BL. Death and end-of-life planning in one midwestern community. *Arch Intern Med.* 1998;158(4):383–90.

47 United States Census Bureau. QuicksFacts: La Crosse County, Wisconsin. quickfacts.census.gov/qfd/states/55/55063.html. 2014.

48 Puchalski CM, Zhong Z, Jacobs MM, Fox E, Lynn J, Harrold J, et al. Patients who want their family and physician to make resuscitation decisions for them: observations from SUPPORT and HELP. Study to Understand Prognoses and Preferences for Outcomes and Risks of Treatment. Hospitalized Elderly Longitudinal Project. *J Am Geriatr Soc.* 2000;48(5 suppl):S84–90.

CHAPTER
9

斡旋死亡
How Death is Negotiated

史方（Sven）是來我們醫院見習的德國醫學生。他又高又瘦，襯衫總燙得筆挺，皮鞋總擦得雪亮，也從不繫腰帶。除了隨時備妥一般醫學生的標準配備（如聽診器、口袋本教科書、反射錘、音叉等），他還隨身帶本小厚書不時翻查，那是本英德醫學詞典。

史方不遠千里從法蘭克福過來，我當然想讓他看看美國醫療的特殊面向。傷腦筋的是，我們有的酷炫玩意兒德國都有——最先進的心導管設備？有；最科幻的機器人手術？有；超大型綜合醫院呢？還是有；帥氣的醫師袍？當然也有。這種東西他們統統都有，而且說來慚愧，德國民眾的整體醫療環境比美國更好。我想了又想，總算給我想出一件德國見識不到的事，既然史方只會在這兒待上短短幾個星期，我當然不能讓他錯過家屬會談。

那位病人是個老太太，來自新罕布夏州。她一開始是心臟病發入院，檢查時發現她多重器官衰竭。她的病情太重，沒辦法做心導管檢查，我們先把她安頓在加護病房照料。她的心臟衰弱到幾乎不跳，只微微顫動，勉強把一部分的血液輸送出去。她的腎臟也幾乎失去功能，沒辦法再過濾身體裡的毒素。加護病房團隊緊急為她透析，希望能多少為她奄奄一息的腎臟盡一份力。不管是什麼原因造成她腎臟怠工，我們都希望能化險為夷，讓她不必長期洗腎。豈料我們等了幾天，又等了幾個星期，她的腎臟毫無起色。透析治療的心血付諸東流。

她的情況日益惡化，治療越來越像是在拆東牆補西牆：由於她的心臟十分虛弱，我們每次為她透析，她的血壓都劇降到危險範圍。眼見她的病況已難以承受透析，透析人員也漸漸不忍再作嘗試。我知道希望已非常渺茫，覺得是時候和家屬談談，討論一下後續照顧方向了。

老太太住進醫院的時候，她丈夫其實就帶了張皺巴巴的紙過來，那是她的預立醫囑，她在拒絕CPR和人工呼吸器的那個選項上打了勾。可是對我來說，這份預囑實在作用不大，因為我不知道她是在哪種情況下簽字的，更不曉得她是否充分了解這些治療的內容，也無從得知她對善終的想法。更重要的是：這份預囑無法解決我們目前的難題——是該冒著讓她腦部缺氧的風險繼續透析？還是姑息那些未經過濾的毒素全身橫行？

正是為了解決這種困境，社會、司法與醫療體系擠出了個辦法：病患除了預先備妥文件，聲明自己失能時希望接受何種照顧之外，也能事先指定人選，在自己無法全然了解臨床處境或有效參與決定時，由他們代替自己發聲。這種人選稱作醫療委託人（healthcare proxy），他們必須以病患最佳利益為核心考量，也要能揣摩病患對各種情境的反應與決定。謝天謝地，我的病人已經指定她的丈夫為醫療委託人，所以我撥電話給他，告訴他醫療團隊想和他見面談談，他說他的兩個女兒也會一起過來。

我請史方傳呼所有應該參加會談的人：能說明心臟衰竭情況的心臟科醫師，能請教透析問題的腎臟科醫師，熟悉病患一家的社工師，還有我們醫療團隊的其他成員，亦即每天負責照顧老太太的骨幹。我們進病房時，老太太嘴巴張開面朝天花板，不發一語。我環視病房：小女兒趴在媽媽身上啜泣，大女兒靜靜望著窗外，她們的老父親坐在椅子上，不安地擰著帽子。

一番寒暄介紹之後，我試著切入正題，請醫護人員向他們說明最新情況。由心臟科醫師開始，先坦承以告她的心臟依舊虛弱，我們能做的恐怕不多；腎臟科醫師最後一位說明，語帶遺憾地表示繼續做透析可能有害無益，也誠懇建議撤回透析治療。

大女兒向來自嘲是「不孝女」，她態度悲觀，似乎傾向接受我們的建議。她也一再表示她的想法和我們一樣，現階段做得越多，對媽媽的傷害越大。只是，她心裡還是有些掙扎：「有時候我半夜醒來，會覺得不多努力一下有點像害死了她。」小女兒的態度截然不同，她幾乎一直待在媽媽床邊，而且顯然對現在的對話極為震驚。她又是哭又是笑，試著對媽媽說話，有時還突然打斷討論，激動地說她媽媽有反應了（其實是她自己反應過度弄錯）。她不太聽人說話，只是自顧自地指責我們討厭她媽媽，說我們是厭倦照顧才千方百計想「把她弄走」。她不斷說自己才是媽媽最疼愛的人，雖然她知道自己不是醫療委託人，但她知道媽媽的最愛是她。

窗外不知何時起了暴風雪。我清楚記得狂風呼嘯，將大雪鋪天蓋地捲向各個角落。在灰撲撲的天色下，我看著一片雪花迴旋飛舞如小龍捲風，緩緩攀上紅褐色的牆垣。老太太的醫療委託人是她先生，但他現在幾乎手足無措。光是面對老伴目前的情況就已超出他的負荷，他又怎麼有氣力做出決斷打破僵局？「我覺得自己的情感在和理智作戰，」他對我們說：「我理智上知道再做治療也沒有用了，可是心裡放不下，我不想她死，不想她離開我們。」

我掃一眼病房，感覺得出空氣凝重，宛如工廠廢氣一般令人窒息。我也偷偷瞄了一眼史方，他滿臉通紅，表情很不自在，看得出來他在德國從沒遇過這種場面。我想只要再稍微給他一點壓力，他眼睛裡八成會滲出血來。但當然，我們的壓力遠遠比不上病患家屬的壓力。老太太身體惡化這些年，貼身照顧她的一直是他們，可是現在情況不一樣了，他們不得不面對未曾面對的問題。那位爸爸說：「我從沒想過什麼時候該放手。」

醫療委託人是世上最難勝任的角色之一。不論我們在醫療照顧上投入多少心血，最後贏得勝利的還是疾病，醫療委託人面臨的困境也是如此。醫療委託人最大的成就，也只是確保他們深愛的人能合理地走向死亡，而他們肩負的重任，也只有到性命相託的親友過世那天才能放下。需要醫療委託人作主的問題都不容易：如果醫師已有良好方案，委託人往往樂於背書，作用不大；只有在醫師進退維谷、僅能兩害相權取其輕時，才需要委託人做出關鍵抉擇。在漸漸了解醫療委託人的任務多重之後，我敢說：簽名同意擔任親友醫療委託人的人，幾乎都沒意識到自己接下了何等挑戰。

✢ ✢ ✢

從很多方面來看，醫療委託人都是現代醫療進步衍生的產物。不過幾十年前，醫療仍未普遍以科學證據為基礎，藥房櫃台也仍擺著水蛭，當時的醫生不太能扭轉病程發展。後來我們終於掌握抗生素、手術、疫苗等獨門絕技，也憑著這些招式所向披靡，於是我們越來越傲慢，傲慢到對病人和家屬的想法不屑一顧。少數情況也的確不可能讓病人參與醫療決定：他們前一秒還活著，後一秒就死了。死亡來得太快，快到我們幾乎沒時間對話。

直到凱倫．安．昆蘭案發生，病人臨終過程牽涉的議題之多，才總算引起全美關注。事實上，從人工呼吸器和CPR技術成熟之後，昆蘭案裡出現的難題就從沒少過，只是直到這時才引起媒體注意而已。因昆蘭案之故，社會大眾才知道醫師原來沒有一貫的處理方式，決斷過程往往因人而異：他們有時會先和病患家屬取得共識，有時則逕自做出重大決定，沒有取得家屬明示同意。

幸好此時出現病患自主權革命，在醫界未及以「病患福祉」為由篡奪病患權利之前，適時將態勢往正確的方向引導。為了讓病患充分享有自主權，有識之士開始推廣預立醫囑的概念，將病患自主權延伸到病患失能之時。預立醫囑的初衷，是讓病患在生理上或認知上失去表達能力時，仍可持續主張自己的治療選擇。然而由於預立醫囑問題不少，為補其不足，才又發展出醫療委託人制度，又稱代理人（surrogates）。

啟動醫療代理程序的首要條件是：病人無法為自己做出決定。用醫學術語來說，病人這時缺乏「行為能力」（capacity）。所謂「行為能力」，指的是成人理解自身醫療及心理狀態的能力，有行為能力的人能明瞭自己有哪些治療選擇，也了解不接受醫生建議的方案將有何種後果，在此同時，他們也能與他人溝通自己的想法。由於病人不會永久失去行為能力，所以行為評估需要當場研判（spot check）。如果我要評估病人的行為能力，一定會請精神醫學專家提供專業意見。因此，每當醫師認為病人的決定是因認知受損而起，都必須仔細評估病人的行為能力。舉例來說，如果自殺獲救的病人想立刻出院，我會立刻請精神科醫師來評估行為能力，這名病人之後每次提出出院要求，也都需要重新評估行為能力。

在病人與醫師看法相左時，很多醫師會以為病患不具行為能力，但實際上，病人只要內心思考前後一致就算具備行為能力。只要一個人的腦部機制足以理解自身決定，即使他們做了不符自身最佳利益的蠢決定，我們也必須尊重。不過，也有病人雖然具備行為能力，卻還是將重大決定交給代理人定奪。

對於病人正式指定代理人需要滿足哪些條件，美國各州規定不同。有些州要求簽署文件時須有公證人在場，但逐漸地，病人只需要有兩個人非正式見證，便可依最簡化的文書流程指定親友為代理人，目的是賦予親友醫療照顧決定權時尤其如此。

病患指定代理人的程序也許越簡便越好，因為醫院給病人的表格、資料和垃圾信已經太多，而其中大多數是律師執筆或要求的例行公事。在接受醫師訓練那段日子，我漸漸發現：指定醫療代理人對病患重掌自主權極其重要。但遺憾的是，雖然我不斷增進行醫技巧，盡可能在諸事纏身之餘提醒病人填寫表格，全美指定醫療代理人的病患比例還是低得出奇。照道理說，病情越重的病人越需要指定醫療代理人，但根據紐約一間加護病房的調查，即使是病情凶險的病人，有指定醫療代理人的仍不到五分之一[1]，其他研究的數字也沒高出多少[2]。

指定醫療代理人後，病患一旦失去行為能力，代理人便須開始履行職責，等到病患恢復行為能力，代理人也立刻功成身退。值得我們嚴肅以對的是：在代理人肩負重任時，他們的權力就和病患本人一樣大——所有醫療同意都得經過他們認可，所有檢驗結果都要先向他們報告，所有決定也都須獲得他們首肯。無奈的是，充分了解代理人制度運作原則的人不多，甚至連接受這份重責大任的人都常常一知半解。

如果病人已具體表達他們的醫療偏好，代理人的責任就是遵循他們的指示。這種代理決定依據的是病人主觀標準（subjective standard），亦即病人如果已經填具醫療預囑，代理人的作用就只有遵循指示。在絕大多數情況下，代理人都會同意病患在醫療預囑裡寫下的要求。病人與代理人的雙重表態是強而有力的聲明，在代理人和病患醫療預囑意見一致時，超過九成五的醫生會同意病人的抉擇[3]。然而，代理人和病人預囑意見相左的情形，的確也不時發生。

這是每個醫師都不想碰上的惡夢。醫療預囑雖不完美，但仍直接傳達病患的心願（儘管我們不得不承認：醫療預囑經常未能提供充分脈絡）；相對來說，代理人不是表格，而是活生生的人，可以綜合所有資訊再予回應，他們理論上不但會竭盡全力為病人發聲，也會提出自己認為對病人最有利的決定。而無論是確保病人意願獲得尊重，或是提出自身認定對病人最好的方案，都是他們份內的重要權力。雖然代理人意見和病人預囑衝突的情況並不常見，但一旦發生，醫師一定進退兩難。根據一份對瑞士醫生的調查，在代理人和醫療預囑出現矛盾時，他們採用侵入性較低的治療的可能性躍升兩倍[4]。

如果沒有預囑之類的證據供代理人參考，他們便須改採最佳利益標準（best-interest standard）為病人決定[5]。仔細點說：如果病人對自己在特定情境的醫療意願，並未留下任何直接或間接的證據，代理人便須以客觀第三者的角度進行思考（技術上來說，就是以醫生的眼光看待問題）。最佳利益標準要求代理人考量病患身體有多孱弱？預後如何？眼前有哪些選擇？如果採取某種治療能得到什麼好處？要是接受上述治療得受多大痛苦？以及接受治療的好處是否大於其所帶來的傷害？

可是，不論是病人主觀標準或最佳利益標準，大多數臨終照顧情境都不會用上。因為填具醫療預囑的人不多，所以病人主觀標準鮮有用武之地，但一旦用上就很少遭到質疑。至於最佳利益標準，大多時候不是用於兒童病患，就是代理人完全不知道病患對治療的想法（有時則是代理人和病患非親非故，但這種情況並不常見）。於是，大部分的代理決定都得依賴一項時有爭議的標準——替代判斷（substituted judgment）。

✣ ✣ ✣

遇上複雜的問題，病人常想在身穿白袍的人身上尋求解答，不論是醫學生、資深醫師，甚至藥劑師，都可能成為病人徵詢建議的對象。答案當然因人而異，但不變的事實是：生與死都是必然，醫療決定則對財務影響甚巨。在美國，醫療費用是造成破產最大的單一原因，每年波及兩百萬人[6]。醫護人員的回答常能左右照顧者的重大決定，因此我們幾乎每一個回應都茲事體大，不可不慎。我遇過很多困難的問題，例如：「我姊姊還得這樣活多久？」、「我兒子捱過這場手術的機會多大？」、「我爸以後還能走路嗎？」，不過，最艱難的問題總是這種形式：「醫生，如果這是你媽媽，你會怎麼辦？」

這是病人的至親能向醫師提出最精明的問題之一，卻也是最沒幫助的。醫生對病人來說常像是手機軟體，他們的回答不帶情緒，似乎絲毫無法體會病患親友的心情。和照顧者談話時，他們總是過度依賴數據、統計和專業術語，看起來漠不關心（或許也真是如此）[7]。所以你也許會想：拿醫生自己的家人當例子，是不是能趁機一探他們的同理心呢？會這樣想的確有道理，想讓一個人流露人性，這樣的問題通常萬無一失。

可是，這種思路恰恰違反醫療人員秉持的核心原則——替代判斷。這項原則真正體現了醫療代理人的精神：醫療代理人的責任，就是在病人無法發聲時為他們代言，讓醫師能推測病人在眼前處境下可能有何想法。設立醫療代理人制度的目的，正是希望能藉助他們對病患的認識，了解病人在個人、靈性、醫療、倫理等各個面向的偏好與價值觀，從而試著判斷病人在當前情境中可能作何選擇。因此有趣的是，在病人失去行為能力時，最重要的答案不是出自醫師，而是出自病人為自己指定的代理人。

所以，替代判斷其實是要代理人做預測——無奈人類的預測能力奇差無比。在社會群體層次，我們對政治變化、金融潮流、運動勝負的預測紀錄向來不佳；在小規模的個人層次，我們的預測甚至更為失準。在〈生前預囑的失敗〉（The Failure of the Living Will）裡，安琪拉・法傑林（Angela Fagerlin）和卡爾・史奈德（Carl Schneider）寫道：「人經常錯估自己喜歡什麼海報、在雜貨店裡會花多少錢買東西、吃冰淇淋時感覺多棒，還有在居住規劃上會作多少調整」[8]。更令人意外的是，數據顯示半身不遂者不比一般人更憂鬱，樂透得主也不比其他人更快樂[9]。沒錯，半身不遂的人在意外剛發生時，的確會為雙腿失去功能悲痛萬分，但只要短短幾個星期，他們對人生的態度又會重新轉為正面[10]。雖然這與我們的直覺相去甚遠，卻恰好說明我們的想像多能誤導判斷。我們勾勒的未來常常是錯誤而不完整的，不是描繪得太精采，就是設想得太黯淡。舉例來說，雖然美國中西部人常認為是環境導致自己不幸福，埋怨沒能住在南加州那種氣候溫暖、人文薈萃的地區，但事實上，中西部人的生活滿意度和南加州人差不了多少[11]。

同樣地，病人也預測不準自己將來的偏好與選擇。所以我們不難想見：讓另一個人代替病人預測他們的偏好，錯誤的機率會有多高。《內科學年鑑》（*Annals of Internal Medicine*）裡有篇論文非常值得參考：作者群先收集許多設計良好的研究，主題都是比較代理人對病患治療選擇的預測到底多準，進行後設分析後結果驚人——從接受手術與否到是否要用抗生素，能正確預測病人對各種治療的傾向的代理人，只有百分之六十八而已[12]。如果病人失智或中風，代理人預測病患偏好的準確率更只有百分之五十八。在作者群收集的研究裡，代理人比病患本身要求更多治療的有三篇，代理人拒絕病患想接受的治療的只有一篇，這透露出一個訊息：相對於親身接受治療的病人，不需接受治療的代理人態度更為積極，也更傾向（為病患）選擇侵襲性治療。更有趣的是，與醫師隨意指定的代理人相比，病患親自挑選的代理人並沒有表現得更好。

代理人的立場之所以艱難，常常是因為病人自己都不曉得該怎麼處理將來的問題。教堂山（Chapel Hill）和西雅圖的研究者調查約兩千名老年病患後發現：兩年之間，改變治療選擇的病患超過半數；整體來看，病患會越來越傾向較不具侵襲性的治療[13]。事實上，從兩年調查期開始就選擇最少治療的病患，兩年後有八成五還是做了同樣選擇，是調查計畫中最穩定的一組。相反地，一開始願意接受最具侵襲性的治療的病人，也最有可能改變心意：兩年過後，從這組轉往最少治療組的病患比留在原組的還多。傾向接受更多治療的病患，兩年後往往更貧窮、更沮喪，有醫療保險的也更少，雖然與傾向接受較少治療的病患相比，他們的病情並沒有更重。

既然病患改變想法的可能性高得令人心驚，很多研究也發現代理人的準確率不比擲銅板更好，為數不少的醫師、倫理學家和哲學家開始質疑替代判斷的可行性。問題是：替代判斷雖是作倫理文章的好題目，要在臨床實務上找出更好的辦法卻幾乎不可能[14]。替代判斷可謂臨終照顧決定的聖杯，天真懵懂的醫學生和住院醫師還不知道它多不可靠，就已心存敬畏地將它奉為圭臬。所以我們該問的問題是：為什麼我們還是選擇依賴替代判斷，以它為臨終照顧討論的準繩？

也許，我們之所以還是請代理人傳達他們親友的意願，最重要的原因是我們實在找不出別的辦法。醫師的預測能力也不好，幾份專門分析這個問題的研究顯示：醫師預測病人意向的準確度比代理人更差[15]。此外，既然病人原本就視決定重大問題為畏途，如果代理人自認只是為另一個人傳達意願，即使可能出錯，他們的心理負擔還是比受命擔任決定者來得小[16]。

雖然醫師無法回答「史密斯先生／太太的心願是什麼？」他們還是能換個方式幫史密斯一家找出最可能的選項。在過去，醫生會直接告訴家屬「病患應該會怎麼想」；而現在，我們學到的程序是請代理人出馬，由他們來判斷病人願不願意接受某種治療。老實說，這些對話帶來的傷害往往大於好處：醫師和家屬經常各說各話，雞同鴨講，像是做三明治般把各種治療塞在一起。

所以，要是有人問我：「醫生，如果這是你媽媽，你會怎麼辦？」我不會不假思索地回答易地而處我會作何決定。我和大多數人一樣，從來沒有明確和媽媽談過這些問題，也不清楚她對特定維生治療有何想法。但我們一起生活了幾十年，我對她多少有些了解。她喜歡食物，喜歡小寶寶，喜歡刺繡的衣服，各種顏色的都喜歡。不過，她最喜歡的莫過於幾個孩子，我知道她每天最快樂的時光，就是和我們幾個兄弟姊妹說說話或通通Skype，即使只有短短幾分鐘也好。光是這些認識就夠我判斷：如有可能，她會想多活一段時間的，因此，她會認為多做一些治療也值得。

世上沒有兩對父母一模一樣。所以，且讓我們再次回到那個暴風雪天，回到那間氣氛凝重的病房裡，回到史方身邊，回到那兩個女兒和她們父親面前，回到那位心臟、腎臟雙雙重創的老太太病榻。那位大女兒問了我一句：醫生，如果是你媽媽，你會怎麼辦？我一聽就知道機會來了，是時候調整對話方向了。我們已經花了很多時間談她的透析、血壓以及用藥，可是我的病患到底是個怎麼樣的人？我覺得自己還是不清楚。

「可不可以多談一些令堂的事？」我問。

那家人面面相覷，完全沒料到有此一問，所以我繼續說：「我覺得我們已經講了不少關於她的事，可是我覺得還不夠了解她。」

兩個女兒像是受到觸動，開始緩緩講起印象裡的媽媽。老太太也許是世上最溫厚的人之一吧，大女兒說：「她心軟得很……連螞蟻都不打……」她最愛做的事，就是為親朋好友煮大餐。我們慢慢看見一位慈祥和煦的人，甚至會邀陌生人到家裡煮晚餐請他們吃。最後，小女兒止不住眼淚悵然開口：「她什麼都教了我，就是沒教這件……」

隨著她的聲音漸漸淡去，病房裡的氣氛不一樣了。我簡直不敢相信我的眼睛，彷彿走進了哪齣肥皂劇裡——暴風雪停了，天空一片清朗，明亮得不可思議。老太太的溫暖化開了凝重，我小心翼翼地問：「你們覺得，對她來說最重要的是什麼？」

一直沉默不語的老先生，這時總算開口：「對她來說，要是沒辦法煮大餐給大家吃，沒辦法跟朋友出去走走，人生也沒什麼意思了。」

他們原本希望我們能提供解答，但經過這些回憶，答案已變得不證自明，不需要我們再多說什麼了。他們看得出老媽媽不再能回家下廚，更清楚做菜這件事對她多麼重要，他們現在已心裡雪亮：她絕不想一直待在醫院，不斷在加護病房和普通病房間轉來轉去。他們一家終於有了共識：也許，她不會願意接受侵襲性治療和延命治療。

我們團隊的人一一走出門外，每個人都鬆了口氣，慶幸這場以摩擦起頭的會談完美收場。我在人群裡望了一下，看見史方遠遠落在後頭。我向他走去，只見他面紅耳赤，眼中似乎還泛著淚光。他說：「這麼百感交集的事，我以前從沒碰過。」

✢ ✢ ✢

對病人來說，希望接受哪些治療？想在哪裡過世？什麼時候不願意再接受治療？的確都是很重要的問題，但選好自己失能時為自己做決定的人，也許才是重中之重。可是，病人指定代理人時多半沒有仔細思考一個重要問題：醫療代理人得符合哪些條件才算適任？

要回答這個問題，我們不妨複習一下代理人的作用。代理人的主要功能有兩個：第一，在病患曾明示或暗示自己的臨終照顧偏好時，代理人應遵循他們的心願；第二，如果沒有病患就此課題留下的直接或間接證據，代理人必須以公認的醫療標準為基礎，深入思考病患的最佳利益何在。

不難想見，代理人必須和病人夠親，才有可能協助醫療團隊判斷病人的意願。因此在選擇代理人的過程裡，可能人選與病人的關係親疏至為重要。舉例來說，文森腦部大規模出血時年僅四十二歲，他心跳停止，接受了三次CPR搶救。雖然他的心臟終於恢復功能，可是大腦嚴重受創，斷層掃描顯示他的大腦已黏糊腫脹，甚至開始擠出顱骨[17]。他的醫師為他做神經測試，最後認定他已腦死。醫療團隊準備為他移除呼吸器時，也發現他的過去十分複雜：文森與十個被領養的兄弟姊妹一起長大，自己有兩段婚姻、五個孩子，其中兩個兒子已經成年，都是二十一歲，一個叫泰德，另一個叫威爾。威爾從小和文森疏遠，兩個人已十年不相往來；泰德和文森很親，可是他是文森前妻外遇時和別人生下的孩子。簡言之，威爾雖是文森的血親，可是兩個人形同陌路；泰德雖是文森帶大的，但與他毫無血緣關係。在這個案例中，文森的醫師指派泰德為決定者。這個選擇合情合理，也彰顯出關係深淺的重要性甚於血緣連繫。

在遇上未知情境時，理想的代理人應該也要能判斷病人最佳利益何在。這實際上並不容易，或許也是大多數代理人未能勝任的原因。最佳利益的爭議之一是，它可能喚起過去盛行的醫療父權主義。《大西洋週刊》（*Atlantic*）登過一篇文章：〈我媽媽值得安詳去世〉（My Mother Deserved to Die Comfortably）。那位年輕作者的媽媽長年與肺癌搏鬥，一路承受諸多痛苦。作者與父親關係不睦，因為爸爸雖然是媽媽的主要照顧者，也總是陪在她的身邊，卻總是不願正視妻子病重的事實，也瞞著不讓她知道預後不佳、病情日益惡化。對作者的父親來說，妻子的最佳利益是盡可能保持希望，為了延長生命，不論什麼治療都應該接受。可是身為女兒，作者看到媽媽「如此可憐，整天皺著眉頭盯著天花板，張著嘴巴像在呼救」，實在於心不忍。雖然她不是媽媽的醫療代理人，但她有天終於逮到機會，代替媽媽簽了份醫療預囑，表明自己不願繼續接受任何治療——對作者來說，這才是媽媽的最佳利益。可是細讀之後，你會發現作者完全沒提媽媽自己的心願，不但對她的價值觀隻字未提，也沒有談到如果媽媽可以開口，她會怎麼說。

代理人也應該以病人在乎的事為第一考量。對此，我有一次相當難忘的經驗：有位長年罹患慢性肺病的病患因肺氣腫入院，由於病情嚴重進了加護病房。我一如往常去為他記錄病史，發現他一大家子都到了。擔任醫療代理人的是他女兒，也看得出來這個家是由她作主。病人不太說話，但穿了件紅襪隊球衫，我想也許可以拿這個當話題跟他聊聊。一講起紅襪隊，他話匣子就開了。他對戰績表現如數家珍，也對導致我隊前幾天鎩羽而歸的慘劇瞭若指掌。不過除了棒球之外，他好像什麼也不清楚，不太知道自己為什麼入院，也不曉得今年是哪一年，偶爾甚至忘了自己身在何處。「他唯一還知道的就是紅襪隊。」他女兒點點頭向我確認了這點。問到他對維生治療的打算時，他女兒篤定地說：「球季一結束，他就沒什麼放不下的事了。」我從來沒聽過這種醫療預囑，可是在那當下，這聽起來的確既真誠又合理。我們立刻降低治療等級。

有些時候，代理人雖然和病人很親，卻未必能妥切判斷病人的最佳利益何在。以我自己為例，我知道世上再沒有人比我太太更了解我。我們在一起很多年了，也總是彼此分享心中的想法。我完全相信她知道我遇到各種情況會怎麼思考、作何反應，沒有人能比她對我的推測更準。但我要是有個萬一，又沒有留下明確的資訊讓她參考，在治療已經超過我能接受的範圍時，她會忍痛要求醫護人員停手嗎？她對我的愛，會不會反而讓她不願「放棄」，堅持將死神擋在門外？

運用代理人為病患做醫療決定的基本預設，是假定他們都善良無私。然而，「不是每個代理人都仁慈體貼，隨時把病患利益放在心上」，以西結・伊曼紐（Ezekiel Emmanuel）在回覆一篇重代理輕預囑的文章時寫道[18]。臨終治療過程裡時不時會冒出財務利益衝突，只是代理人通常會小心掩飾，盡量不讓這些問題在醫生面前浮上檯面[19]。不過，我的確親眼見過這種事。當時我負責照顧一位奄奄一息的病人，擔任他代理人的是他妹妹。他的心臟和肺部問題已藥石罔效，我們通知那位女士他顯然不想接受侵襲性治療，所以我們準備撤除他的維生設備。一切就緒之後，那位女士又匆匆出現，希望我們再給她一點時間，好像她還不能面對這個事實。這種情況我通常默許，畢竟對家屬來說，從精銳盡出到全面停火確實不好調適，雖說每天接收大量資訊、隨時警戒警鈴響起，絕對不是多好的經驗，看著醫護人員進進出出、舉目所及不是血液就是分泌物，也是折磨一場，可是這些刺激總讓人有「進步」的錯覺。當治療全部停止，病房裡只剩病人靜靜躺著，他們的親朋好友反而再也沒有分心的理由，只能眼睜睜等著最後一刻來臨，可以想見這的確難熬。所以，多給家屬一些時間調適也是人道之舉。

可是，日子一天天過去，那位妹妹雖然看起來頗能接受，卻繼續要求我們再給她一點時間。我留意到那幾天來造訪的只有一名中年人，每次來都西裝革履，手上提著公事包。我總算找到機會和他們兩個人同時碰面，這才知道那名訪客其實是律師，而那妹妹之所以一直拖時間，純粹是為了將哥哥的財產轉到自己名下。我毫不猶豫請她停手，告誡她這樣做既不合倫理，也嚴重違背病人意願，使他無端承受自己並不想要的醫療。

另一個病人應該自問的問題是：讓至親好友承擔醫療決定的重擔，對他們是否公平？我永遠也忘不了一位四十歲的病人，她因為多年酗酒導致胃部血管破裂，大量出血，緊急入院治療。由於她始終戒不了酒，所以也達不到列入移植名單的要求，於是她把全部希望都放在女兒身上，指望女兒捐一大片肝臟給她。她是單親媽媽，指定的醫療代理人也是女兒。我很想盡快跟她女兒談談治療方針，因為照情況來看，她的壽命剩不到幾個月了。可是她女兒現身醫院時，我驚訝得目瞪口呆——她只是個十五歲大的中學生，根本稱不上成年，現在卻不但得扛起母親重病的擔子，還被半推半就要冒不小的手術風險捐肝給母親。她們母女關係的很多層面簡直令人髮指，處理起來棘手萬分。

至少在理論上，病人越是接近死亡、越是無法參與醫療討論，醫療代理人和醫師的溝通就越是重要。因此，代理人理想上應該是了解病人夠深的人，能轉達病人的想法和偏好，能將病患的最佳利益常存於心，也能在必要時承擔高昂的情緒代價忍痛放手。這樣的人要能傾聽醫師的建議，也要能不遺餘力為病人發聲。此外也很重要的是：對於病患的病情、治療選項和預後，醫療代理人應有基本的醫學認識。然而，在美國和歐洲做的研究都顯示：即使是自認充分了解與病患相關的醫學課題的代理人，其實也有半數不夠了解病患病情和嚴重程度[20]。有趣的是，有大學學歷者未必更能客觀認識相關醫療議題。所以可以想見：要找到符合前述所有要求的代理人並非易事。

不過，代理人也很懂得應變：既然單靠自己無法面面俱到，不如集思廣益各取其長。醫療代理人很少孤軍奮戰，他們背後往往還有好幾個病患的至親好友，透過討論共同決定臨終醫療方案。代理人就像資源、情感與智慧的槓桿，集眾人之力推動醫療進程。只是每個家庭都不一樣，最能看出彼此分歧的時刻，莫過於協調其中一員該如何走完最後一程。

註釋

1 Kumar A, Aronow WS, Alexa M, Gothwal R, Jesmajian S, Bhushan B, et al. Prevalence of use of advance directives, health care proxy, legal guardian, and living will in 512 patients hospitalized in a cardiac care unit/intensive care unit in 2 community hospitals. *Arch Med Sci.* 2010;6(2):188–91.

2 Kirkpatrick JN, Guger CJ, Arnsdorf MF, Fedson SE. Advance directives in the cardiac care unit. *Am Heart J.* 2007;154(3):477–81.

3 Escher M, Perrier A, Rudaz S, Dayer P, Perneger TV. Doctors' decisions when faced with contradictory patient advance directives and health care proxy opinion: a randomized vignette-based study. *J Pain Symptom Manage.* 2014.

4 Escher et al., Doctors' decisions.

5 Diekema DS. Revisiting the best interest standard: uses and misuses. *J Clin Ethics.* 2011;22(2):128–33.

6 Himmelstein DU, Thorne D, Warren E, Woolhandler S. Medical bankruptcy in the United States, 2007: results of a national study. *Am J Med.* 2009;122(8):741–46.

7 Senelick R. Get your doctor to stop using medical jargon. Huffington Post. www .huffingtonpost.com/richard-c-senelick-md/medical-jargon_b_1450797.html. 2012.

8 Fagerlin A, Schneider CE. Enough. The failure of the living will. *Hastings Cent Rep.* 2004;34(2):30–42.

9 Brickman P, Coates D, Janoff-Bulman R. Lottery winners and accident victims: is happiness relative? *J Pers Soc Psychol.* 1978;36(8):917–27.
10 Silver RL. Coping with an Undesirable Life Event: A Study of Early Reactions to Physical Disability [dissertation]. Evanston, IL: Northwestern University; 1982.
11 Schkade DA, Kahneman, D. Does living in California make people happy? A focusing illusion in judgments of life satisfaction. *Psychological Science.* 1998;9(5): 340–46.
12 Shalowitz DI, Garrett-Mayer E, Wendler D. The accuracy of surrogate decision makers: a systematic review. *Arch Intern Med.* 2006;166(5):493–97.
13 Danis et al., Stability of choices [see "When Guardians Are Burdened," note 41].
14 Suhl J, Simons P, Reedy T, Garrick T. Myth of substituted judgment. Surrogate decision making regarding life support is unreliable. *Arch Intern Med.* 1994; 154(1):90–96.
15 Coppola KM, Ditto PH, Danks JH, Smucker WD. Accuracy of primary care and hospital-based physicians' predictions of elderly outpatients' treatment preferences with and without advance directives. *Arch Intern Med.* 2001;161(3):431–40.
16 Vig EK, Starks H, Taylor JS, Hopley EK, Fryer-Edwards K. Surviving surrogate decision-making: what helps and hampers the experience of making medical decisions for others. *J Gen Intern Med.* 2007;22(9):1274–79.
17 Watson A, Sheridan B, Rodriguez M, Seifi A. Biologically-related or emotionally-connected: who would be the better surrogate decision-maker? *Med Health Care Philos.* 2014.
18 Emanuel EJ. Living wills: are durable powers of attorney better? *Hastings Cent Rep.* 2004;34(6):5–6; author reply 7.
19 Wastila LJ, Farber NJ. Residents' perceptions about surrogate decision makers' financial conflicts of interest in ventilator withdrawal. *J Palliat Med.* 2014; 17(5):533–39.
20 Rodriguez RM, Navarrete E, Schwaber J, McKleroy W, Clouse A, Kerrigan SF, et al. A prospective study of primary surrogate decision makers' knowledge of intensive care," *Crit Care Med.* 2008;36(5):1633–6; Azoulay E, Chevret S, Leleu G, Pochard F, Barboteu M, Adrie C, et al. Half the families of intensive care unit patients experience inadequate communication with physicians. *Crit Care Med.* 2000;28(8):3044–49.

CHAPTER

10

家屬為何失措

Why Families Fall

每次有老年病人進了醫院，就代表有一大家子失去精神支柱。老人常常是家裡的靈魂人物，很多事少了他們就難以定奪。倒下的要是家中平時作主的人，家庭結構往往就在病榻旁重組。除了共同面對死亡之外，很少有什麼事能重塑家人關係，而至少在過去幾十年裡，死亡是在醫院中悄然來襲。

每當我踏進病房見到一群憂心忡忡的家屬，我總從相互介紹開始。我先自我介紹，接著請團隊成員一一介紹自己，然後再請病患家屬自我介紹。我會努力記住他們的名字，但我更留意的是他們的親屬關係。通常第一次和家屬會面，我就能看出誰是主要照顧者。如果病患是老年人，為他們徹夜不眠換尿片、餵藥、記約診時間的通常是配偶，後者往往也年紀不小，而且本身也有健康問題。雖然每天為病患記錄血糖值、血壓和其他數據的是照顧者，但他們未必了解病人最需要的是什麼。不過，因為他們習慣寸步不離地照顧病人，他們常常放心不下，不願將病人留給醫護人員照顧。對我來說，照顧者是無價之寶，因為他們往往能看出旁人不會留意到的照顧細節。

醫療代理人是正式的決定者，他們也各有獨特的決策風格。有的專斷獨行，有的廣納眾意；有的堅決果斷，有的舉棋不定；有的善於合作，有的自行其是；有的強勢主導，有的習於從眾。有些代理人會壟斷發言權，另一些則木訥低調，寧可多聽少說。看出每一家的發言人是誰非常重要，因為他們經常不是醫療代理人。會有這種落差，可能是因為個性，可能是因為家裡能言善道的不多，也可能是因為代理人不會說英文，所以由表達無礙的家人代為發言。

發言人是病患家屬中的重要角色，有些加護病房甚至會請家屬推派代表統一聯繫，除了方便溝通之外，也能加快通知親友相關資訊的速度。這種方式聽起來不錯，但我認為在執行上會有困難，因為不太可能有人能一整天陪著病人。家屬也需要休息，而且他們通常會自行輪班，所以只要有家屬想詢問病情，病人也同意將資訊透露給他們，我都會直接向他們說明。

家屬與病人的關係各自不同，當生命開始倒數，彼此的關係往往也更能看出。一生的歲月足以累積、交纏、加深種種情感，不論是關愛、怨懟、感恩或愧疚，全都揉雜成複雜而幽微的心思與情感，勾勒出病人和家人之間的關係。沒有人比外地子女更能凸顯親情之複雜，他們平時住得很遠，只有情況危急才匆匆趕回，而且很多時候會提出全然不同的新意見。部落格Crashingpatient.com說得犀利：「他們從天而降，攪和一池春水，然後拍拍屁股走人。」

我接觸過不少病患家屬，外地子女出現的頻率比我想像中高。他們的空間距離常常為溝通添入新的變數，他們與病人、家人甚至醫療團隊的關係也往往更為複雜。外地子女經常心存歉疚，為自己長期不會就近照料病人感到羞愧。於是，他們常因這股罪惡感而過度干涉，執意想趁此機會「將功贖罪」。這種心態連其他家人也看得出來，有位弟弟就說他姊姊「舉止表現都像個外地人，覺得自己非在回去之前把一切導回正軌。當然了，她沒有閒工夫耗著等，問題是陪病這種事就是耗著等[1]」。很多時候，為了等外地子女趕來見最後一面（通常是從加州飛來），全體家人和醫療團隊不得不勉強拖延時間，讓加護病房的病人接受最大程度的延命治療。外地子女也常既不聽醫師建議，也不管其他照顧病人更久的家人有何共識，極力要求大家接受自己的全新提案。有個妹妹當著醫療團隊的面說她姊姊：「你給我聽好：一直陪在媽身邊的是我，我知道她想要什麼。你一年只回來兩次，憑什麼說你懂嗎？」

另一種常出現的家屬是「醫學顧問」。嚴格來說他們未必精通醫學，就我遇過的家族專家來說，從醫學院院長到洗腎中心技工都有。「醫學顧問」的角色通常是把專業術語轉譯成白話英語（或是轉譯成西班牙語或其他語言），他們也常常是醫師和家屬之間溝通的橋梁。雖然這些顧問可能不是醫療代理人，但他們的意見對家人舉足輕重。很多時候，病人才送進醫院，家屬已忙不迭地把電話送到我耳邊，請我跟他們某個當醫師的遠親講話，而這些專家就開始遠距指導醫療團隊運作。有一次，我病人的媳婦剛好也是醫生，她大聲要求我們額外做非必要的檢查，對實習醫師頤指氣使，還大刺刺闖進我們辦公室，自告奮勇要幫她公公寫病歷。我耐著性子客氣拒絕，告訴她這嚴重侵犯病患隱私，也違反了好幾十條醫院守密規定。不過，病患家屬中如果有人有醫學背景，對病患來說的確是相當可貴的資源，也十分有助於醫師和家屬溝通。

雖然法規傾向醫療代理人由一人擔任，依病人過去表達過的價值觀或心願做替代決定，但病人本身似乎寧願由家人自行判斷該作何抉擇[2]。在相關議題最大規模的研究中，絕大多數的病人希望家人共同決定，也不一定要將自己的意願列入考慮[3]。其實很多時候醫療決定受制於現實問題，並不像倫理課上設定得那麼理想。即使我們不斷提醒家屬和醫療代理人：他們的主要任務是傳達病人意願，不是為病人做決定，可是對大多數家屬來說，他們很難不覺得自己思考的是人生中最重要的一個決定。就像宗教經典常被信徒扭曲，家屬也常隨己意重新詮釋病人的價值觀。舉例來說，如果病人發病前相當好動，在家裡一天也待不住，家人可能認為他絕不可能接受臥病在床，尤其又是得關在醫院裡頭。但換個角度想：既然病人非常活潑好動，搞不好他很願意接受更辛苦的療程，好讓自己恢復到又能成天往外跑？不論家屬往哪個方向詮釋，他們其實都已主動參與決定，不只是被動配合病人心願而已。此外，雖然倫理學家說得理直氣壯：在做替代判斷時，醫療代理人和家屬應該放下自己的價值觀。可是：要是家屬並不認同病患的價值觀，他們怎麼可能心安理得地以此標準做決定呢？這不是自欺欺人嗎？

臨終照顧之所以總是充滿爭議，不只是因為理論與現實有落差，或是家屬與醫療團隊未必能達成共識，事實上，即使是家人之間可能也各有堅持，甚至連醫療團隊都不見得意見一致，其他造成分歧的原因更數不勝數。正因諸多因素相互刺激，美國今日才會四處流行「加護病房內醫師—家屬衝突的傳染病」[4]。

✢ ✢ ✢

隨著死亡步步進逼，家屬的情緒往往也日益不穩。有人看到苦難結束的希望，但更多人湧現的是對未知的恐懼，不論未知的那頭是地獄的烈火還是虛無。對認真思索死亡的病患親友來說，這是百感交集的一段日子，誰也不知道下一刻生起的是悲痛、厭倦、絕望，還是希望。可是對醫生而言，這不過是另一個工作天而已。這樣的認知差距，經常是引發家屬和醫師衝突的導火線之一。

醫師—家屬衝突是相對晚近的問題，從某個面向來看，它甚至堪稱病患自主與共同決定革命的最大成就。在醫師尤如王侯的年代，他們的決定就是命令，幾乎沒有協調空間。很多社會直到今天仍是如此，但這種醫病關係往往造成嚴重後果。在中國，醫師的權力仍舊高高凌駕病患，他們的專斷也常引爆家屬的怨懟與怒火，病家攻擊或謀殺醫師的事件時有所聞。中國每間醫院每年平均遭受攻擊廿七次[5]，數字十分驚人。醫病關係之所以如此惡劣，權力高度不對等是原因之一。

在巴基斯坦行醫也風險極高。綁架犯經常以醫師為目標，因為他們可以勒索高額贖金，名醫更是如此。救治恐怖攻擊受害者的醫院經常被恐怖份子報復。由於塔利班認定疫苗是西方國家的陰謀，專門用來讓穆斯林兒童不孕。結果是為孩童注射疫苗的醫護人員即使有警方保護，有時還是難逃一劫[6]。在我就讀的醫學院裡，什葉派名醫還得自己雇用保鑣貼身保護，因為教派衝突一旦爆發，人數少的什葉派總是極端份子下手的對象。

在美國，醫師－家屬衝突完全是另一種形式，雖然人命損失並不常見，但在臨終照顧階段發生衝突的頻率還是高得驚人。有份研究以波士頓四所醫院加護病房的醫護人員為調查對象，詢問他們在照顧久住病患時是否遇過衝突[7]。這四所醫院都是哈佛醫學院的附設醫院，醫療品質享譽全球，但回答會與家屬發生衝突的醫師高達三分之一。值得注意的是：對照護理人員的回答，可以發現醫師其實還低估了衝突次數，顯見護理人員對醫師－家屬衝突的敏感度比醫師高得多。另一項研究則同時調查醫師和病人對衝突的認知，結果發現醫師意識到發生摩擦的比例僅有病患的一半。醫師和家屬的認知差距有多大呢？——在所有案例中，醫師和家屬都認為彼此發生衝突的只有兩成[8]。此外，病人越是接近臨終，衝突產生的頻率也越高，在杜克大學醫院進行的研究顯示：在開始考慮為病患撤除或停止治療的案例裡，百分之七十八的醫護人員認為有遭遇衝突[9]。

這些數據令人心驚。沒錯，面對死亡向來都如泰山壓頂，可是美國病院和加護病房出現衝突的頻率之高，還是代表當前醫療制度一定出了什麼問題。想進一步了解家屬和醫生為何經常彼此誤解，我們應該細加審視造成臨終照顧衝突的幾個主要原因。

在醫病之間種種扞格裡，很高比例的摩擦與應否採取維生治療有關。醫師－家屬衝突中有半數問題起於撤除治療決定：對於是否該讓病患接受更具「侵襲性」的治療，代理人傾向接受的比例是醫師的六倍[10]。這個結果相當值得注意，因為在預立醫囑的相關研究裡，我們明明發現絕大多數的病人不願接受侵襲性治療[11]。此外我也認為，臨終照顧問題的討論方式經常加深彼此的誤解。

有病患家屬說這種決定讓他左右為難：「我覺得自己像是謀殺案陪審團，作的決定事關生死……判人生死的擔子實在太重。」雖然這位家屬誤解也扭曲了代理人的角色，可是這種心情的確相當常見。如果重大問題只有「是」與「否」兩個選項，無怪乎代理人會覺得承受不了（對此，研究者們也已做了詳細調查[12]）。代理人其實經常偏離自己的角色，不以病患的心願為己任，反而用自己認定的最佳利益和價值觀來下判斷[13]。有位媽媽就曾這樣對醫生說：「她總說自己不想靠機器活下去，可是現在我說了算，我認為靠機器活著對她最好[14]。」

再來看看醫生的問題。醫生熟悉倫理原則，很清楚照理來說該怎麼做，而且他們不但從醫學院起就學習這些原則，每天行醫也都照這套規矩來，病患家屬對這些原則當然不比醫生熟。另一方面，醫生對病患通常沒有太多感情羈絆，所以理論上應該更為客觀。那麼，為什麼醫生還是時常提油救火激化衝突呢？主要原因常常是溝通技巧不足。我們雖然經年累月接受溝通技巧訓練，但很多醫生對人情世故相當遲鈍，偏偏又毫無自覺。此外，儘管醫生經常工作過量，病人和家屬卻還是嫌醫生和他們談話的時間太短。種種因素加總之後，病患家屬總顯得過度投入，而醫生也總像是不夠投入，於是稍有齟齬即擦槍走火爆發衝突，似乎也不太令人意外。

不過，不只有家屬和醫生會產生摩擦。醫療團隊也是人組成的，彼此之間意見不一是常有的事。不用看《醫院狂想曲》(*Scrubs*) 也能想像醫生各有門戶之見，外科和內科不合，內科和放射科不合，放射科和急診部不合，而急診部好像和誰都不合。醫療團隊對應否採用維生治療大多都有共識，但對於整體醫療計畫，團隊成員就可能各有主張。有個成見大多時候的確沒錯：如果不須親自動手，醫護人員大多傾向更具侵襲性的治療方式。因此，護理師會建議內科醫師多投藥，而內科醫師會擔心副作用；內科醫師會建議外科醫師動某種手術，而外科醫師會擔心那種手術太複雜；外科醫師會建議做造影檢查，放射科醫師則擔心那些檢查的潛在風險。難怪護理師常覺得醫生排擠他們參與醫療計畫，這樣想的確不是多心。

對病患家屬來說，最尷尬的情況大概莫過於看到醫療團隊鬩牆。他們每天接收的醫療訊息量已相當龐大，光是及時吸收都不容易，要是醫療團隊的建議又相互牴觸，可以想見他們會有多麼困擾。我最糟的一次醫病會談不是家屬翻臉，而是醫生們一言不合吵了起來。醫療團隊在醫病會談時必須全員到齊，這樣才能即時釐清所有疑問，不讓懸而未決的問題一拖再拖。為求周全，我在正式會談前會先請大家交換意見，讓每個人事先表明立場，並充分了解自己的任務。我也會指派一個人統整資訊、介紹團隊，並引導家屬和醫師的談話方向，一方面讓溝通更加順暢，另一方面也避免掛一漏萬，確保所有重大議題都討論到。

醫病之間可能有摩擦，醫療團隊內部可能有歧見，家屬之間可能也各有想法，每個家屬和病人的關係都不一樣，這增加了發生衝突的變數。有項研究發現：代理人和病人的偏好越是一致，家屬之間出現衝突的可能性也越低。配偶和病患的想法通常十分接近，長輩和病童的認知則常有落差，因此後一種情況發生衝突的風險比前者大[15]。另一項研究顯示：病患如果有配偶，往往能防止家中出現爭執，這很合理，因為維繫家庭凝聚的經常是病患的配偶[16]。有個醫生講過醫病會談時家屬內訌的事，堪稱這類問題的典型場面：「他們彼此之間心存芥蒂，來的時候已經有心結，結果從頭到尾摩擦不斷，好像每個人都想占上風使喚別人，都想趁這個機會證明自己更愛媽媽。每個人都有這種心眼，最後問題越滾越大[17]。」治療方針時常淪為病患家屬自我表現的秀場，好像越是要求侵襲性治療，就代表對病人越是「忠誠」[18]。

雖然家庭共識根本不是代理人需要考慮的問題，但代理人往往會極力尋求共識。其實，連病人都希望家人能達成一致決議，代理人更是如此。這種心態部分出於防衛機制——醫療決定事關重大，代理人當然想徵詢其他家人的建議，並藉此分擔責任。「我有五個姐妹，我不能一個人說了算。」有個代理人解釋他為什麼要幾個姐妹一起決定[19]：「我不想一個人擔責任，一個人發號施令說你該如何如何，她又該如何如何，我不打算一個人擔。我們要麼一起做決定，要麼就都不做決定。」

家人意見不合時最煩惱的就是代理人，即使他們有病人的意願做後盾，遇上家人爭執時還是會騎虎難下。有位病患的兒子說：「光是處理大家的情緒就夠難了……要是大家堅持要留住我媽，我媽會怎麼想呢？……我明明知道她不願意這樣活著。可是我們要是放手，我爸又怎麼辦呢？我知道他承受不了我媽去世，我弟弟恐怕也無法接受，唉……怎麼辦呢？……到底有沒有好一點的折衷辦法？還是根本沒有？真不好辦……」

遺憾的是，如果真的爆發衝突，知道該如何處理的醫生寥寥無幾。只要想想醫生多常遇上爭執、加護病房裡的衝突頻率又有多高，一定能明白缺乏這種訓練是多嚴重的疏忽。調解往往需要無利益糾葛的第三方主動介入，而調解者的主要任務是釐清各方立場（「他們要的是什麼？」），並了解各方利益何在（「他們為什麼想要這個？」）。要完成這項任務，調解者最需具備的特質無非是專注傾聽[20]。然而，雖然醫生通常都很在意家屬的立場（「他們希望全力救治」），卻不太善於深究家屬的利益（「他們其實只是不想背負『放棄』的罪惡感而已」）。事實上，有時光是釐清立場、闡明利益，便能為意見分歧的各方找到共識，爭執也可迎刃而解。

防患未然才是在死亡叩門時化解衝突的上策。對於有衝突紀錄的家屬、有語言隔閡的家庭，以及在統計上較可能發生爭執的族群[21]，我們應該預先注意。舉例來說，既然病患配偶能防止衝突，對於沒有配偶的病患我們就該多加留心。不過，因為臨終照顧問題原本就十分敏感，發生衝突有時在所難免。

在絕大多數案例中，家屬可以說是病患和醫生最重要的資源。在病患失能時，家屬能提醒醫師注意到病患的人性，也能讓醫師意識到他們面對的是有血有肉的人，而不是電腦螢幕上的一堆數據。與家屬對話是醫師以行醫為職志的重要原因，在替代判斷的倫理框架仍不完美的此刻，這種對話也有助於醫師保持客觀，避免太具價值判斷色彩的決定。正因如此，我最怕看到的不是病人輪椅後頭跟著一大群人，而是病人身邊只有一個坐等交班的醫院職員。在臨終時刻接近時，沒有家屬的病人是醫師的一大考驗。

✢ ✢ ✢

有一天我才踏進醫院辦公室，剛出爐的布朗尼香氣便撲鼻而來，這當然比消毒水和排泄物的氣味可親多了。我馬上伸手拿了一塊，濃濃的巧克力在口中化開。我這才想起該問問是誰帶來的，同事說是凌晨入院的老太太的家人。我走進病房，氣氛輕鬆熱鬧得很，她一家老小全都來了，像是家庭聚會一樣聊個不停，我不禁好奇她到底需不需要住院。正好是同一天，另一位女士也住進我這一科的病房，不過她是一個人來的。她的病房就跟其他病房差不多了：鴉雀無聲，一塵不染，了無生趣。她說她沒告訴別人她要入院治療，我問她有沒有醫療代理人，她說沒有；我又問有沒有人知道她的治療偏好，她也說沒有。她隻身一人，獨自面對一切，而這樣的人不只她一個。

人年紀越大，與死亡錯身而過的次數越多，身邊的親友也越少，猶如坐看秋葉落盡。據推測到二〇三〇年時，全美親友皆亡我獨存的人數將在兩百萬之譜[22]。此外，人際網絡在過去幾十年也大幅改變。現代美國人的實質社交圈縮小很多：從一九八〇年代到現在，每人平均擁有的知心好友人數從三人降到兩人[23]；更重要的是，幾乎四分之一的美國人連一個知心朋友都沒有。將這個數據與另一個現象對照尤其令人憂心：在護理之家，高達百分之四十四的住民不具行為能力。在生命耗盡、死亡叩門時，這樣的隱憂不容小覷[24]。

寂寞（loneliness）是極其主觀的感受，它無所不在，幾乎沒人未曾經歷，它也耐人尋味，經常成為研究主題。寂寞是孤獨（solitude）的孿生兄弟，只不過它名聲不佳。保持孤獨一百年能帶來永恆的滿足與真實的平靜，短短寂寞一秒則讓人空虛無助，甚至生不如死。由於寂寞的主觀性質讓它很難成為研究標的，即使研究者使出渾身解數，也很難找出衡量它的具體辦法。剛開始時，科學家是用「是否獨居」、「結婚與否」來測量寂寞程度，但二選一的方法難免失之簡化，所以，研究者逐漸把觀察重心轉往社交互動，著力調查一個人的社交網絡大小和社群參與程度。雖然衡量寂寞的方式還有很多環節有待討論，但目前已有的共識是：寂寞對人有害，甚至危及性命。綜觀樣本數超過三十萬人的一百四十八份研究，我們發現：寂寞足以讓死亡率遽增百分之五十[25]，比吸菸、缺乏運動、肥胖和酗酒等已獲證實的風險因子還危險。而且衡量寂寞的方式越是細膩（亦即從社交活躍程度切入，而不僅止於詢問獨居或結婚與否），寂寞與死亡率的相關性越是明顯。

不過，無論身邊有多少親友陪伴，房裡有多少花束祝福，貼文有多少臉友按讚，每一個人都得獨自面對死亡。世上再沒有什麼事比死亡更為決絕，可以完完全全地把我們和身邊的每個人分開。千百年來，死亡是觸動詩人的繆思，是啟發作家的靈感，也是音樂家一再譜寫的主題，然而這些創作不過是心理投射和臆測，因為唯獨死亡經驗無法與任何人分享。經歷過死亡的人，沒有一個能活著訴說他們的故事。

死亡是跨越不了的寂寞之川，讓我們成為與一切隔絕的孤島，無人相伴，無事相擾。說穿了，我們在人生中奮力追求的成就，都只是對這寂寞之川的徒勞吶喊，指望劃穿虛無的濃霧，在彼岸留下存在的回聲。家庭是我們阻擋虛無最重要的防線，它確實固若金湯，直到死亡施施到來[26]。

寂寞提高死亡率的確切原因沒人知道，研究者的看法大致分成兩種。第一種假設是人際互動能減輕壓力，而寂寞侵蝕了這層緩衝。不過第二種假設似乎更為合理：社交互動能鼓勵有益健康的行為。對大多數人來說，家人和朋友都是激勵自己活得更久也更好的重要因素。我父親要是隨心所欲過日子，很可能會一輩子菸抽個沒完、飲食毫無節制，也根本懶得運動。雖然我弟弟妹妹和我媽沒辦法讓他完全改掉這些壞習慣，但我相信，要不是我們成天盯著他吃藥、催他出去走走、嘮叨他注意飲食，他更不可能注意健康，也不會在當了四、五十年菸槍後終於戒菸。

看看我兩個病人的病房氣氛差距多大，很難不讓人感概萬千。雖然這種對比不算少見，可是見到她們病情如此相近，際遇卻如此懸殊，醫療團隊還是於心難忍。我的主治醫生隔天就試著表達善意，送了一束花和一份《紐約時報》給那位孤單的病人。相對於抗生素來說，這也許是我們能為她做的更有意義的事。

不過，那位女士還進不了孤寂排行榜。同一個樓層還有另一位老太太，白髮蒼蒼，面無血色，因為尿道感染入院。她不但沒有朋友、沒有家屬、也沒有認識的人，甚至連自己是誰都不記得了。她的失智情況非常嚴重，聽說好幾年來一句話都沒講過。她瘦得皮包骨，皮膚幾乎變成半透明狀。

雖然她眼睛總是睜得老大，實際上卻對一切視若無睹。沒有人有辦法引她注意，即使按壓她胸口或在她耳旁大喊，她也毫無反應。在病患失去行為能力、醫院不得不指定不在場的人為醫療代理人時，人選僅限於家庭成員，通常也會按配偶、子女、父母、兄弟姊妹的順序來指派。很多州也將不在場的同性伴侶列為第一順位代理人。由於大多數人身體健康時不會預先指定代理人，指定不在場家屬為代理人的情況其實相當常見[27]。不過，雖然最常被指定為不在場代理人的是配偶，研究顯示不是每個人都認為配偶適合擔任代理人，例如非裔和西裔族群都傾向指定女兒為代理人[28]。如果還不急著做醫療決定，家屬也沒人到場（或是家屬之間有爭執），就由法院指派代理人。

然而一旦時間緊迫，問題就複雜得多。不具行為能力也沒有代理人的病人往往是棘手難題，在加護病房去世的病人有四分之一是這種情形[29]。沒人知道該怎麼為這些病人作重大臨終決定，州政府對此也仍無共識，有些州甚至對醫師該如何處理都未置一詞。連醫療專業組織之間也看法不一：美國醫學會和美國內科醫師學會（American College of Physicians）建議轉交法庭裁定，美國老年醫學會（American Geriatrics Society）則傾向由醫師和機構中的委員會審議[30]。可是，這兩個選項其實都不合格：法庭裁定曠日費時，跟不上加護病房瞬息萬變的應變需求；醫院委員會則很少提得出解套辦法，因為成員多半是醫院員工和醫師，不太可能打破陳規找出新的方案。或許正因如此，醫生很少尋求法庭或委員會的建議。

於是，一旦遇上無法表達意願、沒有預立醫囑、也沒有代理人的病人，大多數醫師不是自己埋頭苦思，就是徵詢同事們的意見。表面上看來，這個選擇其實不壞，因為每個病人都有獨特而複雜之處，在接受治療的當下，恐怕沒有人比負責照顧的醫生更了解他們的情況。此外，醫生長期接受生命倫理訓練，對臨終病患的議題也相對熟悉。很多沒有代理人的病人都希望由醫生決定治療方式，而不是由法庭指定的代理人為他們做安排[31]。就結果而言，讓醫師做決定並不比醫病雙方共同決定不好，這樣做的病人其實還較不擔心健康問題[32]。

然而，不同醫師對特定情況的處理方式未必一致，這些分歧可能和病患的健康差異有關，但也可能與病患完全無關[33]。臨床證據固然是醫療決定的重要依據，但醫師的風格和價值觀也會深切影響治療方向。從經驗來看，如果醫療討論裡只有一種聲音，災難勢不可免，即使那個聲音出自照顧病人的醫生也是一樣。因此，在病人失去行為能力前指定好代理人十分重要。我工作過的一些加護病房甚至規定：收病人進來時一定要指定好醫療代理人。這種作法的確讓後續安排平順得多。

我和護理之家通過電話才發現：原來，那位罹患失智症的老太太有法院指派的法定監護人。眼看她病況日益嚴重，即使感染治好恐怕也過不了這關，我撥了護理之家給的號碼，話筒那頭是擔任她監護人的律師。我向他說明情況，告訴他老太太入院時已十分虛弱，現在更逐漸惡化，這樣下去即使命保住了也不可能康復。不料那個監護人的反應非常冷淡，而且很不進入狀況——這也難怪，他對那位老太太已經不聞不問好幾年了。無論如何，他並不打算多做什麼，只要求我們繼續盡一切可能救治。另外，因為他行程太滿，所以也擠不出時間來醫院一趟。

幾天過後的中午時分，我接到護理站呼叫：老太太血壓驟降，恐怕情況不妙。我不假思索找了加護病房團隊來做評估，但我站在床尾發號施令時，明顯感覺得出大家不以為然，醫生、護士個個面露猶豫：我們真的該把這樣一位病人轉到加護病房？真的要對她使出全套急救手段？光是想到那個畫面就讓人渾身不對勁，況且沒人知道她自己的意願到底是什麼。我這才想到：也許病房裡找不出答案，老太太的命運我得去別處扭轉。我請同事先接手照顧，自己趕去護理站撥電話給那位律師。

我還算運氣不錯，他立刻接了電話。我試著說服他時，護理師、社工師，還有我們之前徵詢過意見的倫理小組，全都神情緊張地圍在一旁，我覺得自己像是在劇場裡表演世紀外科秀。我對他說老太太情況危急，加護病房團隊也已就位，可是幾乎可以肯定急救無助於改善病情，手段也過於激烈。他似乎又想以拖待變，先推託他不認為自己有代簽DNR的法律權利，被我逼急了之後又講：「要是突然冒出哪個家屬不同意呢？」我耐著性子告訴他不太可能，而且以目前的情況來說，這也並不重要。最後他總算軟化，同意不予急救確實合乎病患最佳利益。幾分鐘後，簽好的DNR文件從傳真機裡緩緩吐出。

掛下電話時，每個人都還盯著我瞧。我們其實跟律師周旋好幾天了，但直到現在他才鬆口。法定監護人不是沒有利益衝突的時候——他們每年都有津貼可領，病人活得越久他們領得越久，病人的生命品質和津貼給付毫不相干[34]。在那當下我無比輕快，感覺比手術成功或報告過關還要欣慰。為病患爭取最佳利益、為無聲的人發聲、為最弱勢的人提供保護，是讓大家守在電話旁等待結果的唯一理由。對我和在場作我後盾的每一個人來說，那是深具意義的一刻。

✢ ✢ ✢

白天的醫院忙碌、步調快而充滿生機——儘管我們交手的恰恰是病與死。到了晚上，醫院彷彿換了一張面孔，變得寂靜、陰沉，深不可測。那股陰沉不但穿透牆壁、穿透樓層，更滲透裡頭的每一個人。晚上在醫院工作的人有種特殊氣質，例如總值晚班的護理師自主性特別高。醫院晚間的醫生人數可能只有白天的十分之一，而那少數留守醫院的醫生通常是最資淺的。我得說：我也未能對那股陰沉免疫。

有個晚上，大約有六十個病人歸我負責。我收到護理師的傳呼，說是有位骨髓移植的病人剛剛過世。這不太令人意外，因為那位老太太已經和淋巴癌纏鬥多年，家人最近才決定讓她「舒服一點」，除了不再做進一步的治療之外，也代她拒絕延命治療。實習醫生們知道她來日無多，連死亡證明都先幫我填好了。

病房裡伸手不見五指，我把鵝黃色的床頭燈打開，只見她兩頰凹陷，眉骨隆起，陰影蓋著大半張臉，皮膚蒼白有如裹著她的床單。她的臉頰極其消瘦，幾乎讓人懷疑兩腮在口中皮貼著皮。這是我第一次見她，而她才剛剛離去，這種感覺相當詭異。

宣告她死亡之後，我找出她丈夫的電話號碼，職責所在，我不得不撥他人生中最糟的一通電話。他聽起來很慌張——我想，他一看到來電顯示的是醫院的號碼，就已經做好迎接噩耗的心理準備。我簡短自我介紹，然後告訴他他太太剛剛過世。

我講完之後，電話那頭先是一陣沉默，接著冒出一句我始料未及的話：「謝謝醫生。謝謝你通知我。」我一時語塞，不知怎麼接口，只能擠出一句她走得安詳，沒有痛苦。掛上電話，我開始處理文書作業，寄電郵通知病人的醫生，也想了想需不需要請驗屍官覆核。我正忙著這些瑣事，病人的丈夫和兒子到了。他們都還身穿睡衣，臉上的表情像是驟然驚醒，卻發現一輛卡車迎面衝來。護理師們已經整理好病房，先我一步領他們過去。

我進房看著他們的背影，默默把手放在老先生肩上，輕聲告訴他我很遺憾。他身子一軟，喃喃說了句「我也是」便抱頭痛哭。護理師對這家人比我熟得多，她握住老先生的手，我也趕忙取來最近的一盒面紙。護理師拿出手機，找出一張老太太的照片給他看。那是一個星期前拍的，她身穿病人服，抱著她的貴賓狗躺在床上。為了把小狗送進醫院陪陪她，移植團隊當時可是煞費苦心。「她已經奮鬥好久了。看到狗狗之後，我想她覺得心願已了。」老先生對我說。

我正準備回話，呼叫器卻再度響起，我匆匆告退趕往下一間病房，從此再也沒見過這一家人。不久，護理師將死者送往太平間，俐落地清空病房，準備好收治下一位病人。早班醫護人員接班時，我告訴他們這位病人幾個小時前已經去世，實習醫師輕輕嘆了口氣，但也沒時間感慨，因為還有太多病人等著她照料。

醫學費盡心思預防、抵抗、拖延、甚至粉飾死亡，卻很少思考如何對待失去至親的家屬，這和我們之前提過的另一個因素有關：醫師對照顧者和家屬沒有法律責任。結果是醫生常給人留下個「冷血無情」的印象，好像他們明明看見病患家屬在風暴中載浮載沉，卻選擇冷眼旁觀，任由他們繼續漂向汪洋大海。

長久以來，醫護人員一旦意識到病人性命垂危，而且死亡過程可能慘不忍睹，他們便拉起布簾、關上房門，請病患家屬暫時離開，然後繼續進行他們與死亡的戰爭。對絕大多數希望醫生「盡一切努力」的病人來說，他們人生的最後一幕往往是醫護人員手肘打直、手掌緊握，用力按壓他們的胸部。這幅畫面著實令人震撼，可是昏迷瀕死的人感覺不到，就像他們對身上無數的針孔和臉上的氧氣罩也無動於衷。不必多加解釋，我們也能了解醫師何以不想讓家屬看到這一幕，這最後一搏充滿暴力、絕望以及慌亂，沒有醫生想讓家屬留下終生夢魘。

到目前為止，北美和歐洲仍有三分之二的醫師認為：實施心肺復甦術時不宜讓家屬旁觀[35]。概括來說，醫師反對家屬在場旁觀CPR的原因有二：第一，CPR本來就夠讓人手忙腳亂，家屬在旁可能更礙手礙腳；第二，醫生不想讓病患家屬留下心理創傷。

接受住院醫師訓練的那段日子，我也親眼看過不少可怕的事，可是恐怖到讓我忘不掉的其實很少。因為需要盡快處理的事情一件接著一件，再嚇人的畫面也很快就被蓋過了。不過，有幾次心肺復甦術的經驗我一直忘不了。

可是，我們在第四章裡也有提過：有項法國研究顯示，若是詢問病患家屬有沒有意願旁觀CPR過程，五分之四的家屬有意願；此外，與婉拒見證CPR的家屬相比，選擇見證CPR的家屬比較不焦慮，罹患創傷後壓力症候群的比例也低很多，即使在病人成功生還的案例裡，還是能在兩種類型的家屬身上看出差異[36]。有鑒於此，醫師現在逐漸願意讓病患家屬旁觀CPR過程。從CPR誕生開始，醫界一直認為不宜讓家屬旁觀CPR，所以乍看之下，這項研究似乎顛覆了這個行之有年的傳統。然而，旁觀親人接受CPR對家屬真的有益處嗎？這項研究恐怕還不能當作定論。有些學者特別檢討了這項研究的設計，他們發現：儘管CPR的效果十分有限（接受CPR的病人只有百分之三活過一個月），但參與這項研究的家屬有特殊待遇——他們接觸的都是受過完整訓練的醫師，這些醫師也都嚴格依照研究設計的流程行事，不但會有專人向家屬解釋CPR細節，CPR結束之後，醫師也會向家屬報告經過[37]。這和一般醫院的作風大相逕庭，我也認為這很值得我們好好思考。它點出了一件事：在傳授CPR技巧時，光是訓練醫護人員按壓胸骨的速度絕對不夠。但我也得承認：由於醫師負責的病人有日益增多的趨勢，如果沒有社工師和諮商人員從旁協助，要求醫師向每個病人詳加說明的確強人所難。

我以前學到的CPR要點是這樣：剛開始時，一般建議一分鐘按壓胸口一百下，差不多是比吉斯（Bee Gees）那首〈活下去〉（Stayin' Alive）的節拍，後續研究也發現，醫生邊想這首舞曲邊做CPR效果更好[38]。這是我受訓階段學到的訣竅，所以我每次去鬼門關前搶病患，兩隻手一邊按壓，腦子裡也會一邊冒出這首歌。最近的研究又有新發現：如果把按壓速度加到每分鐘一二五下，CPR的效果可以更好[39]——換言之，節奏約莫等於金屬製品（Metallica）的〈睡魔進來〉（Enter Sandman）或槍與玫瑰（Guns N' Roses）的〈歡迎來到叢林〉（Welcome to the Jungle）。這樣的伴奏合理多了——院外執行CPR的成功率只有百分之三，用《活下去》當操作時的背景音樂，實在顯得太過諷刺。

總之，我的確學到CPR的全套招式，也知道成功之後該怎麼做，可是要是失敗該怎麼辦呢？從來也沒人教過我，我只能一邊行醫一邊摸索。我在心臟科當實習醫生的時候，有位病人心臟病發，心臟缺血好幾個鐘頭。主治醫生為他做完心導管手術後陪著他回房，對家屬說手術很成功，心臟又充滿血了。主治醫生聽起來鬆了一大口氣，所以我當時沒想到接下來的事會永遠成為我的心頭之痛。那家人在病房陪病人聊天，個個眉飛色舞，興高采烈，但說時遲那時快，病人的血壓突然驟降。我發現情況不對，立刻呼叫支援，也馬上問病人的妻子想留下或是離開？她想留下，其他家屬則退至等候室。就在他最後一次心跳之前，有位醫師總算發現，他的心臟在病發時就破了個孔。

我那時總是負責按壓。兵荒馬亂之中，我不經意地和病人的妻子四目交會，她身邊都是醫院的人。我閃過幾分鐘前才發生的畫面：我們高高興興向她和其他家屬道喜，告訴他們手術很成功……那個瞬間宛如永恆，稍縱即逝。我接受的訓練只能帶我到這裡，接下來該怎麼辦？我完全不知道。

護理師們為病人蓋上白床單，我怔怔走向玻璃門，幾乎是無意識地將它推開。我朝他妻子走去，卻沒勇氣看她的眼。我結結巴巴地說我們很遺憾，沒能救回她丈夫……但沒等我講完，她告訴我：「你們已經盡力了。」我無言以對，大腦也彷彿斷訊，我順從腦幹的指示，與她相擁而泣。

註釋

1 Quinn JR, Schmitt M, Baggs JG, Norton SA, Dombeck MT, Sellers CR. Family members' informal roles in end-of-life decision making in adult intensive care units. *Am J Crit Care.* 2012;21(1):43–51.

2 Hawkins NA, Ditto PH, Danks JH, Smucker WD. Micromanaging death: process preferences, values, and goals in end-of-life medical decision making. *Gerontologist.* 2005;45(1):107–17.

3 Puchalski et al., Patients who want [see "When Guardians Are Burdened," note 47].

4 Long AC, Curtis JR. The epidemic of physician-family conflict in the ICU and what we should do about it. *Crit Care Med.* 2014;42(2):461–62.

5 Beam C. Under the knife. *New Yorker.* August 25, 2014.

6 Warraich H. Pakistan: the final frontier for a polio-free world. *Lancet.* 2011; 377(9761):207–8; Warraich HJ. Religious opposition to polio vaccination. *Emerg Infect Dis.* 2009;15(6):978.

7 Studdert DM, Mello MM, Burns JP, Puopolo AL, Galper BZ, Truog RD, et al. Conflict in the care of patients with prolonged stay in the ICU: types, sources, and predictors. *Intensive Care Med.* 2003;29(9):1489–97.

8 Schuster RA, Hong SY, Arnold RM, White DB. Investigating conflict in ICUs— is the clinicians' perspective enough? *Crit Care Med.* 2014;42(2):328–35.

9 Breen CM, Abernethy AP, Abbott KH, Tulsky JA. Conflict associated with decisions to limit life-sustaining treatment in intensive care units. *J Gen Intern Med.* 2001;16(5):283–89.

10 Studdert et al., Conflict.

11 Silveira MJ, Kim SY, Langa KM. Advance directives and outcomes of surrogate decision making before death. *N Engl J Med.* 2010;362(13):1211–18.

12 Majesko A, Hong SY, Weissfeld L, White DB. Identifying family members who may struggle in the role of surrogate decision maker. *Crit Care Med.* 2012; 40(8):2281–86.

13 Marks MA, Arkes HR. Patient and surrogate disagreement in end-of-life decisions: can surrogates accurately predict patients' preferences? *Med Decis Making.* 2008;28(4):524–31.

14 Schenker Y, Crowley-Matoka M, Dohan D, Tiver GA, Arnold RM, White DB. I don't want to be the one saying "we should just let him die": intrapersonal ten- sions experienced by surrogate decision makers in the ICU. *J Gen Intern Med.* 2012;27(12):1657–65.
15 Parks SM, Winter L, Santana AJ, Parker B, Diamond JJ, Rose M, et al. Family factors in end-of-life decision-making: family conflict and proxy relationship. *J Palliat Med.* 2011;14(2):179–84.
16 Studdert et al., Conflict.
17 Breen et al., Conflict.
18 Salam R. How La Crosse, Wisconsin slashed end-of-life medical expenditures. National Review. www.nationalreview.com/agenda/372501/how-la-crosse-wisconsin-slashed-end-life-medical-expenditures-reihan-salam. 2014.
19 Fritsch J, Petronio S, Helft PR, Torke AM. Making decisions for hospitalized older adults: ethical factors considered by family surrogates. *J Clin Ethics.* 2013; 24(2):125–34.
20 Knickle K, McNaughton N, Downar J. Beyond winning: mediation, conflict resolution, and non-rational sources of conflict in the ICU. *Crit Care.* 2012;16(3):308
21 Kramer BJ, Kavanaugh M, Trentham-Dietz A, Walsh M, Yonker JA. Predictors of family conflict at the end of life: the experience of spouses and adult children of persons with lung cancer. *Gerontologist.* 2010;50(2):215–25.
22 Sherer RA. Who will care for elder orphans. *Geriatric Times.* 2004;5(1). Available at www.cmellc.com/geriatrictimes/g040203.html.
23 McPherson M, Lynn, S., Brashears, M. Social isolation in America: changes in core discussion networks over two decades. *American Sociological Review.* 2006;71(3):353–75.
24 Sessums LL, Zembrzuska H, Jackson JL. Does this patient have medical decision- making capacity? *JAMA.* 2011;306(4):420–27.
25 Holt-Lunstad J, Smith TB, Layton JB. Social relationships and mortality risk: a meta-analytic review. *PLoS Med.* 2010;7(7):e1000316.
26 Ettema EJ, Derksen LD, van Leeuwen E. Existential loneliness and end-of-life care: a systematic review. *Theor Med Bioeth.*

2010;31(2):141–69.
27 Meisel A, Jennings B., Ethics, end-of-life care, and the law: overview. In: Doka KJ, ed. *Living with Grief: Ethical Dilemmas at the End of Life.* Washington, DC: Hospice Foundation of America; 2005:63–79.
28 Hornung CA, Eleazer GP, Strothers HS III, Wieland GD, Eng C, McCann R, et al. Ethnicity and decision-makers in a group of frail older people. *J Am Geriatr Soc.* 1998;46(3):280–86.
29 Meisel and Jennings, Ethics.
30 White DB, Curtis JR, Wolf LE, Prendergast TJ, Taichman DB, Kuniyoshi G, et al. Life support for patients without a surrogate decision maker: who decides? *Ann Intern Med.* 2007;147(1):34–40.
31 Norris WM, Nielsen EL, Engelberg RA, Curtis JR. Treatment preferences for resuscitation and critical care among homeless persons. *Chest.* 2005;127(6):2180–87.
32 Chawla N, Arora NK. Why do some patients prefer to leave decisions up to the doctor: lack of self-efficacy or a matter of trust? *J Cancer Surviv.* 2013;7(4):592– 601.
33 Alemayehu E, Molloy DW, Guyatt GH, Singer J, Penington G, Basile J, et al. Variability in physicians' decisions on caring for chronically ill elderly patients: an international study. *CMAJ.* 1991;144(9):1133–38.
34 Phillips C, O'Hagan M, Mayo J. Secrecy hides cozy ties in guardianship cases. *Seattle Times.* April 21, 2010.
35 Colbert JA, Adler JN. Clinical decisions. Family presence during cardiopulmonary resuscitation—polling results. *N Engl J Med.* 2013;368(26):e38.
36 Jabre et al., Family presence [see "How We Learned Not to Resuscitate," note 54]
37 Kramer DB, Mitchell SL. Weighing the benefits and burdens of witnessed resuscitation. *N Engl J Med.* 2013;368(11):1058–59.
38 Hafner JW, Sturgell JL, Matlock DL, Bockewitz EG, Barker LT. "Stayin' Alive": a novel mental metronome to maintain compression rates in simulated cardiac arrests. *J Emerg Med.* 2012;43(5):e373–77.
39 Idris AH, Guffey D, Aufderheide TP, Brown S, Morrison LJ, Nichols P, et al. Relationship between chest compression rates and outcomes from cardiac arrest. *Circulation.* 2012;125(24):3004–12.

CHAPTER 11

死之慾

When Death is Desired

聚會幾次之後，拉斐爾發給我們一人一張影印紙，開始大聲朗讀。那是《美國醫學會雜誌》一九八八年的文章，不長，只有一頁。拉斐爾．康柏（Rafael Campo）醫師能詩善文，答應在家為我們幾個住院醫師開寫作課。我們都想多多鍛煉文筆，期待有朝一日也能寫出有力動人的文章。拉斐爾總會挑選幾篇短文當範本，這次選的是〈結束了，黛比〉（It's Over, Debbie）。我們剛拿到時沒有多想，只覺得最特別的是作者欄印著「應要求撤名」[1]——至少在開始讀之前，我們以為最特殊的是那裡。

文章開頭普普，就像是醫學雜誌常見的醫生隨筆：一個睡眠不足的住院醫生，三更半夜接到呼叫趕去支援。作者在腸胃科接受訓練，而那擾人清夢的差事是有個病人「無法休息」。他原本以為需要幫忙的是個老太太，進了病房才發現是個二十歲的女孩，名叫黛比。她已是卵巢癌末期，從晚上開始就「嘔吐不止」和「呼吸困難」。一位黑髮護理師站在床邊緊握她的手，一邊安慰一邊等醫師過來。作者感嘆：「唉，看了真讓人難過。」

他所勾勒的場景在癌症病房屢見不鮮：「房裡似乎處處都是病人掙扎求生的痕跡……陰森猶如刑場，冷酷地嘲弄她的年輕和未能發揮的潛力」。不料作者至此筆鋒一轉，接下來的發展讓我寒毛直豎，一股寒意從後頸直竄腳底。

「她唯一說出口的話就是：『快結束這一切吧。』」作者心神不寧地回到護理站，一個念頭盤桓不去：「我沒辦法讓她康復，但我至少可以讓她安寧。」他拿出針筒，汲入二十毫克嗎啡，回到病房，將嗎啡注入她的血管。「四分鐘。就像時鐘一樣精準，四分鐘後她的呼吸慢慢遲緩、紊亂，最後停止。黑髮女子站得筆直，神情如釋重負。」作者寫道。

文章很短，字數只有五百出頭。拉斐爾讀得投入，也讀得神傷，而最沉重的莫過於最後一句話：「結束了，黛比。」

很少有什麼話能讓我感到如此絕望。我後來才知道，深受這篇文章震撼的不只是我。《美國醫學會雜誌》成了眾矢之的，在它半個多世紀的發行史上，從來沒有哪篇文章引起這麼多回應。醫界一面倒地抨擊這篇文章及其隱含的價值觀[2]。在〈結束了，黛比〉的後續討論裡，《美國醫學會雜誌》刊登的這篇投書也許最為誅心：

刊登這篇文章無異於故意宣揚罪行並藏匿罪犯。此人（按：雜誌編輯）不但刻意刊登這則嚴重醫療瀆職事件，還保護犯罪者不受專業調查與裁判，此舉不啻縱容犯罪者繼續執業，不受譴責，不被追究，甚至連病人被他偷偷殺害的醫生，都沒有辦法與他當面對質……正派人不會為引人注目故意挑起此等醜事，如奴隸制度，如通姦亂倫，如謀殺自己負責照顧的人……醫療精神正受嚴重考驗[3]。

風暴很快延燒到《美國醫學會雜誌》之外。紐約市長郭德華（Ed Koch）震怒，說這篇文章無異於「口供」，呼籲司法部長艾德溫・米斯三世（Edwin Meese III）下令調查，命令雜誌社呈交與該文相關的資料[4]。「這不是線報，而是殺手自白。」伊利諾州檢察長理查・戴利（Richard Daley）付諸行動，向總部在芝加哥的美國醫學會發出傳票，除了監視雜誌社之外，也要求交出與該文相關的所有文件，並公布作者姓名。庫克郡（Cook County）大陪審團則命令交出所有紀錄給州政府，以便起訴究責[5]。

陰謀論甚囂塵上，很多人甚至根本不相信文章所言屬實。鑑識專家質疑二十毫克的嗎啡不足以致人於死，更不可能像文章說的那樣四分鐘奪命[6]。臨床人員也懷疑它的真實性，有些人不太相信有哪個醫生會如此魯莽，膽敢對自己並不熟悉的病人做出如此重大的決定[7]。矛頭紛紛指向雜誌主編喬治・朗德伯格（George Lundberg），因為有些編輯事前已經反對刊登，但他還是一意孤行[8]。甚至有人猜測：為這篇文章捉刀的搞不好是朗德伯格的太座，一名英國文學教授[9]。

〈結束了，黛比〉刊出之後，各方壓力紛紛湧向美國醫學會，要求他們公布作者並撤下文章。然而支持之聲亦隨之而來，發言的正好是這場辯論中最重要的角色：病人及公眾。有位母親因肺癌過世的年輕女子寫道：「我非常支持這位醫生的決定。如果病人希望以嗎啡或其他藥物終結痛苦，他們就該有這份權利。相反地，沒有人有權利要他們受苦[10]。」也有人說他們「欣賞這位醫生，因為他真的在意病人痛苦，沒有被冷酷又過時的倫理和法律綁住」。最發人深省的一段話出自亞歷克斯・哈帝（Alex Hardy），一位癌症已經轉移的末期病人：

> 我已看盡這一路上的迴避推託、含糊其詞和道德偽善，大多數醫師不願面對病人即將去世的事實，願意討論死亡的醫生甚至更少。很多醫生說自己不能「扮演上帝」，不願撤除維生治療。可是。擅自決定給予病人維生治療，不也是在「扮演上帝」嗎？……我現在唯一在意的是：千萬不要有哪個醫生自作聰明，無視我的心願繼續讓我活著。所謂「活著」，絕不只是依靠機器

或大量藥物等死而已。人就是該在日常活動中發揮作用，去思考，去參與，即使這些活動很瑣碎也無所謂[11]。

寫完這篇投書後不到一個月，亞歷克斯．哈帝過世了。〈結束了，黛比〉所陳述的事，有人稱作醫師協助自殺（physician-assisted suicide），有人稱為安樂死（euthanasia），有人稱作憐憫之殺（mercy killing），也有人不假辭色地稱為冷血謀殺。但無可否認的是，不論給它冠上什麼名稱，它都是現代文化裡最敏感的議題之一。

✢ ✢ ✢

只要稍加回顧安樂死和醫師協助自殺爭論史，一定會發現敲邊鼓的有不少怪胎，芝加哥外科醫師哈利．海瑟敦（Harry J. Haiselden）就是一個。海瑟敦在二十世紀初紅極一時，他不但公開提倡安樂死和優生學，也說服一對家長放棄救治兒子，任罹患先天性梅毒的嬰兒約翰．包林格（John Bollinger）死亡，此舉引起舉國譁然，也讓他聲名大噪。雖然芝加哥醫學會以吊銷執照相脅，海瑟敦卻獲得大陪審團開釋，於是他繼續自行其是，任由患病兒童死去。

就像所有「急公好義」的優生學提倡者一樣，海瑟敦沒有畫地自限的打算，他進一步跨足電影，推出生涯巨作《黑色送子鳥》（*The Black Stork*），劇情完全以他的人生和事業為本，等於是他的半自傳電影。海瑟敦親自演出，把自己描繪成熱血良醫，以掃除全球人渣為己任。這部黑白電影是這樣開始的：鏡頭先對準一名一頭黑髮、臉色慘白、眼妝誇張的女性，身邊有個護士輕撫她的頭髮。她驚醒之後，赫然想起自己剛生了孩子，嬰兒半蓋著毯子，就擺在房間另一頭。

嬰兒旁邊站著一個身材修長、皮膚白皙的男人，他身穿深色西裝，一頭黑髮整齊油亮——這就是飾演自己的海瑟敦了。他用一雙大手撫摸嬰兒，一語不發，不過看他的表情和動作，似乎也不需要再多說什麼。那個嬰兒看起來頂多是營養不良，可是海瑟頓面露不耐，像翻布偶一樣把嬰兒的頭扭來扭去，沒有一般醫生為嬰兒檢查時的輕柔，反而像是在打量一塊肉。護士原本上前要為嬰兒蓋被，反倒被他喝斥了一句。那句話特地用字幕出現在螢幕上：「救命之罪有時甚於奪命。」

海瑟敦的影片讓他知名度大增，雖然醫學會不斷出言訓誡，可是始終沒有禁止他這樣做[12]。芝加哥醫學會一度投票將他開除會籍，但主要原因是他太張揚高調，而非無法容忍他的倫理立場[13]。海瑟敦在一九一九年去世，他的電影則是到一九四〇年代還在戲院放映，只不過片名換了好幾次（例如《你夠格成家嗎？》〔*Are You Fit to Marry?*〕），二十多年來「教化」了不少議員。

雖然「安樂死」和「醫師協助自殺」常被混用，但兩者之間有重大區別：安樂死是醫師親自造成病人死亡，醫師協助自殺則是醫師提供病人自戕工具（通常是開立致命劑量的鎮靜劑），由病人依其意願自我了斷。安樂死的歷史和傳統遠比醫師協助自殺古老，後者是相對晚近的產物，強調的是病人自主。

比安樂死更加悠久的是它的前身和近親——自殺。雖然自殺大多數時候被視為卑劣罪行（西方傳統尤其如此），可是有些文化不但寬容自殺，特定情況甚至鼓勵自殺，印度教的「娑提」（sati）就是如此。這項傳統起於吠陀時期（公元前一千五百年至公元前五百年），指的是遺孀投向火化丈夫的柴堆殉死[14]。英國殖民時曾明令禁止，不料在一八〇〇年代晚期引起極大反彈。雖然印度政府現在也禁止這項習俗，可是還是有婦女自願為之，在丈夫葬禮上赴死[15]。

西方傳統對自殺的態度，可以從古猶太經典中的相關敘述一窺端倪。分析猶太文獻裡所有自戕而死的案例後，可以發現自殺分為兩種：一種是參孫與敵人玉石俱焚，另一種是掃羅等人多行不義羞憤自殘。參孫是以色列士師，天生神力過人，被非利士人押至神廟之後，他推垮柱子，與強虜同歸於盡。參孫明知此計一出絕無生還可能，但除此之外別無殺敵之道，遂以身殉，聖經也認可這是義舉[16]。不過，聖經將絕大多數自殺視為墮落惡行，以色列很多暴君都是用這種方式了結生命（例如掃羅、心利、亞比米勒等等[17]）。但除此之外，聖經對自毀生命並未採取特定道德立場。

在古希臘社會，安樂死和醫師協助自殺首次成為主流。古希臘人雖然十分重視健康，但也相信病人若無特別要求，醫師沒有責任不計代價延長病人生命。公元前五世紀的斯巴達王保薩尼亞斯（Pausanias）甚至認為：最好的醫師是能讓病人速死，而非拖延他們的生命。二世紀哲學家瑟爾蘇斯（Celsus）觀察時人對絕症病患的態度，在經典之作《論醫學》（*De Medicina*）中寫道：「智者不醫其力有未逮之疾，遠藥石罔效之人——『庸醫殺人』之譏不可不避[18]。」

古希臘社會對自殺相當包容，有些醫師見病患飽受尿道結石或頭痛之苦，還會幫助他們放血自殺。在《自然史》（*The Natural History*）第七卷中，一世紀學者老普林尼（Pliny the Elder）寫到斐瑞的傑森（Jason of Pherae）的故事，頗具惡趣：此君胸口長出腫瘤，「群醫束手，公知在劫難逃，決意捐軀沙場。豈料當胸受敵一擊，膿瘡盡去，痼疾竟癒[19]」。

✢ ✢ ✢

很多人認為，希波克拉底誓詞是界定醫者情操的開山之作。它不但深深融入西方醫學教育之中，它也和授與白袍一樣，是全世界每一個醫學生的入門儀式。從表面上看，誓詞內容可以精煉為短短一句「不傷害」，但深究細節可以發現不少複雜議題。舉例來說，我們其實不太確定它是不是希波克拉底寫的，據推測，它大約是在公元前五世紀到公元前一世紀之間出現。

誓詞中與安樂死有關的名句是：「余必不以毒物藥品與他人，並不作此項之指導，雖人請求亦必不與之[20]」。值得一提的是，原版誓詞也禁止外科手術和墮胎。這顯示希波克拉底和希臘數學家畢達哥拉斯（Pythagoras）信念相近，後者及其門人深信靈魂轉世、生命神聖，而自願結束生命絕非正當之舉[21]，他們之所以反對外科治療也是基於此理。

雖然證據有限，但在羅馬帝國崛起之後，希臘醫師顯然沒把希波克拉底誓詞當一回事。隨著斯多葛學派（Stoicism）盛行，誓詞中的反安樂死宣示更不受重視。斯多葛學派是希臘化哲學的一支，他們主張以理性引導人生，探求統攝宇宙的秩序——邏各斯（logos），並奮力追求自由。對斯多葛學派來說，克服命定的死亡是終極目標。斯多葛哲人塞內卡（Seneca）說：「惡者，生有所賴也，惟有所賴之生非不能免……昊天有德，強人以生者未曾有之。[22]」斯多葛學派裡很多人的確將此信念貫徹到底，例如凱撒的死對頭馬庫斯・波希烏斯・加圖（Marcus Porcius Cato，95 BC–46 AD，又稱小加圖），《悲劇英雄加圖》（*Cato, a Tragedy*）的主角（名言「不自由，毋寧死」即出自此劇[23]），他在凱撒贏得塔普蘇戰役（Battle of Thapsus）後寧死不屈，揮劍自盡，不料僅受重傷未能喪命。然而加圖死意甚堅，執意動手扯開傷口，壯烈成仁[24]。斯多葛學派的開山祖師芝諾（Zeno，335 BC–265 BC）也以身作則：有天他講完課回家，絆了一跤弄傷腳趾，他認定這是宇宙給的暗示，遂閉氣至死[25]。

真正移風易俗的是君士坦丁大帝（Constantine the Great，274–337）。這位羅馬帝王不但皈依基督教，還讓基督教價值遍行歐陸。基督教向來相信人的生命為神所有，我們的義務是謹慎保管這份禮物。聖奧古斯丁（Saint Augustine，354–430）明確寫道：「律法有言：『汝不可殺人。』苟得其意，則知自戕干犯誡命[26]。」由於基督教對歐洲影響極深，曾受斯多葛推崇的理性自盡之風遂煙消雲散。在中世紀，聖多瑪斯・阿奎納（Thomas Aquinas，1225–1274）進一步貶抑自殺，譴責自殺違反天性、罪孽深重且有害社會[27]。於是，無論是自我了斷或助人自殺，近兩千年來不但被宗教權威目為瀆神之舉，也被世間政權課以重罰。自殺者的財產充公，遺體也遭到羞辱。

這種情況到文藝復興時代才被挑戰。文藝復興亟欲重估一切陳規舊俗，自然不能放過宗教對死亡權的干涉。一五一六年，湯瑪斯・摩爾（Thomas More）出版《烏托邦》（*Utopia*）。摩爾是亨利八世的大法官，也是天主教會的要角，但他在書中勾勒的完美社會有不少地方牴觸教會立場：不但司鐸可以結婚，而且不分男女都可擔任；每個宗教都該被寬容對待，無信仰者也應予尊重；容許離婚，而且門檻不應過高。《烏托邦》對死亡的看法也很前衛：「治療絕症病人的目標主要在減輕痛苦，來訪親友盡量陪伴病人聊天，安慰他們。但如果所患的病不僅治不好，而且引起極度且持續的痛苦，神父和官員們便會前來……勸他不要再讓疾病在他身上肆虐，既然活著只是折磨就不應苟且偷生，應該懷抱希望，了斷生死，脫離這個令他受苦受罪的軀殼，自己破牢而出或者讓旁人拯救脫離牢籠……贊同這種說法的人或者自願絕食死亡，或者由他人協助，沒有痛苦地死去。若不贊同則不強迫執行，病人仍然受到妥善照顧[28]。」

文藝復興不但重啟對於安樂死的討論，而且思考得更加細緻。一六〇五年，法蘭西斯・培根（Francis Bacon）將安樂死分為兩種：一種是內在安樂死（inward euthanasia），意謂靈魂安詳離去；另一種是外在安樂死（outward euthanasia），指的是身體無苦無痛死去[29]。培根認為：神職人員和家人能協助病人內在安樂死，醫生則應加緊努力幫助病人外在安樂死。不過，培根鼓勵的似乎不是積極安樂死（active euthanasia）（亦即以藥物或醫療手段加速病人死亡），而是以消極安樂死（passive euthanasia）減輕病患痛苦。

啟蒙運動有些哲學家也立場開明，例如經驗論大師大衛・休謨（David Hume，1711–1776）。休謨十分強調證據和經驗的重要性，他不但非常尊重個人決定，也立場堅定地支持自殺。他原本要在一七七五年發表〈論自殺〉（On Suicide）和〈論靈魂不朽〉（On the Immortality of the Soul），但為了避免爭議，他還是沒將這兩篇文章收入書中，它們到他死後才重新出版[30]。

雖然休謨的大作並未明確討論安樂死，可是雖不中亦不遠矣：「無庸置疑的是：如果一個人深受年老、病痛、不幸之苦，讓人生不但成了負擔，甚至活著還比死了更慘，這時自殺不僅符合自身利益，也是我們對自己的責任。」在此同時，休謨也很露骨地質疑人命是否真的那麼寶貴：「對宇宙來說，人的性命並不比牡蠣的性命重要……就算人很了不起，人命也很寶貴，有時光是一根毛髮、一隻蒼蠅、一個小蟲都能毀掉一個人……要是我有辦法讓尼羅河或多瑙河改道，我就算改了也不算犯罪——那麼，我從血管裡放出幾盎司血液，又何罪之有呢？」有些人的想法和休謨一樣，他們雖不贊成自殺，但強烈反對法律將自殺入罪。

反對安樂死的人仍不在少數，但他們的論點也不像中世紀時那麼嚴厲了，休謨的經驗論前輩約翰・洛克（John Locke，1632–1704）就是如此。洛克相信人是神的創作，而傷害自己就是侵犯神的財產，所以他不認同自我傷害，更不支持任何形式的自殺[31]。對洛克來說，人是身體的管家，有責任好好維護神所託付的產業，無權加以傷害。洛克反對自殺的態度也與他的反奴立場息息相關：「沒有人能行使超乎自己所擁有的權力，是故人不可奪去自己的生命，也不可擁有別人的生命[32]。」德國哲學家伊曼紐爾・康德（Immanuel Kant，1724–1804）的看法與洛克一致，他也認為「故意消滅人格」道德可議[33]。

文藝復興和啟蒙運動都擴大了對安樂死的討論，不過要到十九世紀之後，這項議題才真正從哲學家的講壇走向病榻。當時不但麻醉技術誕生、鴉片類止痛藥物普及，醫學各個領域也有長足進展，然而，關於死亡權的論辯也摻入另一個邪惡得多的概念——殺人權。

✢ ✢ ✢

「安樂死」(euthanasia)一詞取自希臘文的「好」(*eu*)和「死」(*thanatos*),換言之,這個詞的字面意義就是「好死」,可是一般人聽見這個詞十之八九要皺眉頭。事實上,「euthanasia」並不是一開始就讓人聞之色變,它會變得如此聲名狼籍,是因為十九世紀和二十世紀上半葉的一連串事件。

十九世紀初,日耳曼藥學家菲特列・瑟涂納(Friedrich Sertürner)成功從鴉片中萃取出嗎啡。嗎啡雖然隨即廣獲運用,但用於特定情況卻會引來批評,例如基督徒反對在生產時使用嗎啡(因為他們認為這違反了聖經的誡命:「我要大大增加你懷孕的痛苦,生產的陣痛[34]。」)不過,這些雜音漸漸平息,醫學也在十九世紀前半推陳出新,其中最大的成就或許是以乙醚進行全身麻醉。麻醉劑和止痛藥的發展讓醫生能控制疼痛和意識,不但外科手術深深受惠,這也是人類史上第一次能控制各種疼痛。

約翰・C・華倫(John C. Warren)出身醫師世家,他的父親於一七八二年創立哈佛醫學院,也在獨立戰爭時效命湯瑪斯・傑佛遜麾下,華倫自己則創辦了《新英格蘭醫學期刊》。讓華倫名垂青史的那次手術,就是公開示範將全身麻醉應用於手術過程。不過,華倫很清楚乙醚的應用遠早於外科。他出書暢談自己的麻醉經驗時,也建議為臨終病人使用乙醚,減輕死亡過程的痛苦:「自從使用乙醚成為手術常規後,我不由得想起它過去在緩和死亡痛苦上的作用,也開始思考能否擴大它的使用範圍,將它運用在更關鍵的時刻……我相信這項發現的價值會大幅提高,因為苦於生死掙扎的人，一定比必須承受手術之苦的人多[35]。」華倫相信以乙醚減緩死亡之苦更具意義，他說：「如果我們能找出預防或減緩死亡之苦的辦法，人們或許可以不再畏懼這個重大改變，甚至能淡然處之。」

事實上，華倫認為麻醉已經防止了一些人尋死：「病人知道自己得開膛剖腹才能治病時，心裡有多恐懼可想而知……難怪很多人寧可繼續生病也不接受手術，也難怪有些人為此憂心如焚，甚至乾脆自行尋短來逃避這場折磨。對手術刀的恐懼不容輕忽，城裡有位先生就是因為膀胱結石需要開刀，焦慮到自行了斷[36]。」

雖然華倫從未開立乙醚、氯仿或嗎啡供人結束生命，但敢於著手實行的人遲早會出現。而就像往後歷史一再顯示的——率先鼓吹積極安樂死的一直不是醫生。

伯明罕思辨社（Birmingham Speculative Club）是思想家和哲學家的小團體，總一起討論事關公眾利益的課題，他們的講座也常出版發行。其中影響最大的講座之一，是至今仍沒沒無聞的山繆·D·威廉斯（Samuel D. Williams）發表的，他說：「即將接受手術的病人，尚且知道自己有避開痛苦的辦法；即將承受大自然最重打擊的病人，為什麼反而絲毫得不到協助，甚至連得到協助的希望都沒有？[37]」威廉斯接著提出自己的主張：「如果病人已回天乏術又十分痛苦，只要他們提出要求，我們就該認可醫療人員有開立氯仿之責……一舉消滅意識，一舉讓受苦的病人解脫，一舉讓他們迎向迅速無痛的死亡。」不過，他也沒忘了同時提醒：「我們必須想好一切必要的預防措施，以免有人濫用這份責任；我們必須規劃萬無一失的辦法，確保這項治療只用於明確表達意願的病人身上。」

這次演講在舒適雅緻的禮堂裡發表，《普及科學月刊》（*Popular Science Monthly*）刊出之後引起熱烈迴響。在世紀之交發言支持積極安樂死的非醫療人士，還包括哈佛藝術教授查爾斯・艾略特・諾頓（Charles Eliot Norton），以及後來成為美國律師協會會長的名律師希勉・E・鮑德溫（Simeon E. Baldwin）[38]。俄亥俄州能首開先例提出安樂死合法化的法案，這些人的影響不容小覷。雖然這項法案遭到否決，但這只是美國民選議員第一次嘗試而已。

幾份直至今日仍聲譽卓著的醫療期刊則大表反對，它們對醫師協助病人死亡深深不以為然。《美國醫學會雜誌》和《英國醫學期刊》的社論不約而同用了「劊子手」一詞，指責安樂死合法化無異於逼迫醫生變成屠夫[39]。

另一方面，醫界固然同聲反對積極安樂死，他們卻同時進行一項更敗壞世風的勾當——優生計畫。在達爾文出版《物種源始》（*On the Origin of Species*）之後，優生概念大為風行，達爾文認為：「醫界竭盡所能拯救每一個人的性命到最後一刻……結果是讓文明社會裡的弱者獲得繁衍。只要養過家畜，一定知道這種做法對全體人類傷害多大。[40]」優生運動在一次戰後的德國和美國雷厲風行，尤其著力淘汰「弱智」或「智能異常」的兒童或個人。到一九二六年，全美已有二十三州通過合法絕育法案[41]，而且很多州雖以「自願絕育」為名，實際上卻根本不須取得被絕育者同意，所謂「自願絕育」其實是強制絕育[42]。此外，少數族群和外國人也更容易成為絕育對象[43]。到一九四四年，紀錄有案的被絕育者已超過四萬人；在一九四三到一九六三年之間，還會有兩萬兩千人被迫絕育[44]。

這些絕育行動並不是暗中進行，相反地，它們都獲得重量級醫學會和法院明確許可，甚至還得到鼓勵。一九三三年的《新英格蘭醫學期刊》社論寫道：「放任弱智者增加將對社會造成驚人負擔。

智能異常者向來是潛在罪犯……我們應該……體認這種危險，意識到弱智族群傾覆人口的威脅[45]。」在此同時，編輯群也盛讚納粹的優生計畫前景可期：「在限制不適者繁衍上，德國或許是最先進的國家……在更大的善之前，個人利益必須讓位[46]。」

法院的態度也不遑多讓，最具「典範」意義的莫過於巴克訴貝爾案（*Buck v. Bell*）（一九二七）[47]。嘉莉・巴克（Carrie Buck）的母親被控濫交而遭受拘留，嘉莉交由寄養家庭照顧。不料，她十七歲那年被養母的姪子強暴，並因此懷孕。寄養家庭為了掩蓋醜聞，將嘉莉送往維州癲癇者與弱智者收容所（Virginia State Colony for Epileptics and Feebleminded），所方依一九二四年《維吉尼亞絕育法》（Virginia Sterilization Act）將她絕育。大法官奧立佛・溫德爾・霍姆斯（Oliver Wendell Holmes）在判決書中寫道：「與其等不肖子孫犯罪再處決他們，或是坐視他們因為自己的愚蠢而挨餓受凍，不如防患於未然，阻止不適社會生存者繁衍後代。強制接種疫苗的道理也適用於剪斷輸卵管[48]。」直到一九七〇年代晚期，這項判決所依據的《維吉尼亞絕育法》才正式廢除。

雖然優生運動在二次戰後歸於沉寂，但這段歷史讓很多人難以釋懷，以致他們一聽「安樂死」就想起「優生計畫」。於是，關於安樂死的論辯時常變成宣傳戰，一方不斷給安樂死扣上「優生」、「催命」的帽子，另一方則千方百計撕下安樂死的標籤。想了解我們今天為何對此爭論不休、甚至各說各話，必須認知到光是「安樂死」一詞就足以挑起敏感神經。

✢ ✢ ✢

醫療技術在二戰結束後的幾十年裡突飛猛進，人工呼吸器、心肺復甦術和其他維生科技都在這段時間誕生，一時之間，人類似乎誤以為能靠它們長生不死。在凱倫．安．昆蘭案發生之前，社會大眾並沒有意識到這些新科技的寓意。昆蘭案無疑是場震撼教育，從結果看來，病患似乎奪回了部份自主權。不過，最高法院雖然力挺病患不受干擾的權利，對病患是否有死亡權其實未置一詞。

雖然昆蘭案判決為安樂死倡議團體注入強心針，但他們仍有很多挑戰需要面對。最迫切的問題是：光是「安樂死」這個名稱就讓很多人心生疑慮。社會大眾其實向來支持安樂死團體提倡的原則（如自主權、自由生活權、自我決定權等等），可是認同實務細節者少之又少。

這種弔詭迫使安樂死團體深思形象問題，斟酌用詞也成了推廣理念的必習之藝。於是，美國安樂死協會（Euthanasia Society of America）先是改名死亡權協會（Society for the Right to Die），後來又改名臨終抉擇權（Choice in Dying）。早期曾有支持者大剌剌地說安樂死是「無情解脫」（merciless release），到了一九八〇和九〇年代，同道中人紛紛改稱「臨終協助」（aid-in-dying）。一九九一年華盛頓州推動安樂死合法化失敗之後，「正名」之風尤其盛行[49]。不過，安樂死入法在華盛頓州和加州相繼被選民否決，代表支持者們必須深切反思，重新出發。經過安樂死研究指導組織（Euthanasia Research Guidance Organization）一番研究，如今最時髦的用語終於浮現——「尊嚴死」（death with dignity）[50]。這不但是潛在支持者最能接受的用語（當然，反對陣營會說這不過是話術而已），也暗示重度失能或接受激烈急救無效的病人死得沒有尊嚴[51]。

由於安樂死團體在用詞遣句上十分講究，以致「安樂死」的確切定義到目前為止仍莫衷一是。

「痛苦」、「無痛」、「解脫」等詞所隱含的道德判斷色彩，其實並不下於「憐憫之殺」和「自殺」。這些用詞不但對哲學家和社運人士很重要，給選民和病患的觀感更不容小覷。對此，我在癌症中心工作時有親身經驗：那間醫院有個術語叫「僅限舒適措施」(comfort measures only)，指的是病人或家屬不願接受進一步的維生治療，換句話說，指的是病人選擇接受安寧照護。不過，病人對這個術語各有解讀，大多數病人的理解是：無法直接減輕症狀的措施都不考慮，如實驗室檢查、生命跡象監控、使用抗生素或補充水分等等；可是有些病人認為，服用少量藥物讓心臟有力一些、讓肺部不要積水，也算是「舒適措施」的範圍。

我在那裡工作時曾負責照顧一位肺纖維化的病人。她是先天遺傳所致，和這個疾病共處了很多年，也眼睜睜看著兩個姊妹因為這種病去世。肺纖維化是肺部失去彈性，肺臟組織逐漸變成硬邦邦的纖維狀物質，無法再交換氧氣。肺纖維化的病人會越來越依賴氧氣筒呼吸，但病程終不可逆，病人遲早會因為無法呼吸或其他問題而死。我的病人的確還有「其他問題」——她得了肺癌。她原本打算奮力一搏，不但入院接受化療，還戴上一種大型呼吸器整整三週。最後，她決定放手。

知道她的意願之後，我撥電話請安寧療護團隊來一趟，幫我們把她轉過去。我對安寧療護專家說，我的病人可能想選擇「僅限舒適措施」，結果那位專家告訴我她不太喜歡這個術語，她覺得用「加強舒適措施」(intensive comfort measures)比較好，她說：「這樣病人才會覺得我們是更加盡心，而不是收回某些措施不做。」

用的術語很重要，呈現的形象也很重要，沒有人比傑克・凱沃基安(Jack Kevorkian)更了解這點。

凱沃基安是病理學家，也是二十世紀下半葉最有名的安樂死支持者。他坦然承認自己曾協助幾十位病人安樂死，在一九九四到九七年之間四度被告上法庭，但都全身而退。直到一九九八年他接受《六十分鐘》（*60 Minutes*）訪問時，將一段自己為病人注射致死藥物的影片公諸於世，他才因殺人罪入獄。凱沃基安應該非常清楚：影片公布等於證據確鑿，自己難逃牢獄之災。不過，他的確打贏了媒體戰：那名病人患有肌萎縮性側索硬化症（漸凍人症），凱沃基安為他注射多種致命藥劑結束生命。那名病人已經嚴重到沒辦法好好呼吸，可是注射藥物之後，他的表情不再痛苦扭曲，他的身體不再費力掙扎，他全身鬆軟癱在椅子上，死了。影片結束後，《六十分鐘》還播出一段病患妻子的訪談，她說：「我不認為這是謀殺，我覺得這才人道，我覺得事情本來就應該如此。」

有些人把凱沃基安當英雄[42]，其他人則視他如殺人惡棍[53]，連安樂死支持者都對他頗有微詞。例如支持安樂死的主持人比爾．馬厄（Bill Maher）就認為，凱沃基安不但不是安樂死的最佳代言人，還常常是這個運動最糟的豬隊友。但不可否認的是，凱沃基安的確把安樂死議題攤在陽光下，也為它爭取到支持者求之不得的新聞版面。他吸引的報導和播出的影片，某種程度上讓協助自殺像是正常程序。

儘管反對陣營（主要是醫師團體）態度堅決，始終不以為然，全美各地的安樂死支持者仍努力不懈，一心推動積極安樂死入法。他們最大的挫敗應該是一九九七年：在瓦科訴奎爾案（*Vacco v. Quill*）[54]和華盛頓州訴格拉克斯堡案（*Washington v. Glucksberg*）[55]裡，美國聯邦最高法院兩度裁定積極安樂死違法，明確宣告死亡權並非憲法權利。安樂死支持者尋求州級立法的努力，則是一開始就吃了閉門羹：一九九一和九二年在華盛頓州和加州舉辦的公民投票，雙雙否決將安樂死合法化。不過，他們終於在一九九四年見到轉機：就在這一年，奧勒岡州成為美國第一個公投通過醫師協助自殺合法化的州，美國安樂死爭議自此進入新的階段。

✢ ✢ ✢

雖然社會對於安樂死和醫師協助自殺的接受度一直在變，但它們在實務上已逐漸獲得法律認可。世界上第一個完全承認末期病患有權自盡的地方，不是相關對立始終不見妥協的美國，也不是向來接受人人終有一死的歐洲，而是澳洲遙遠的農業地區北領地（Northern Territory）。

北領地的立法機關認為：末期病患已為預後不佳痛苦萬分，沒有必要再加重他們的負擔。醫師的責任是確認病患為末期：目前沒有其他治療辦法，病人也將死於其所罹患的疾病。如果病人神智清明，可以充分了解並同意這種作法，另一名醫師也確認上述資訊無誤，醫師便可協助病人自殺。和美國很不一樣的是：在澳洲，醫師協助自殺的主要倡議者是醫生，名叫菲利浦・尼奇克（Philip Nitschke），北領地所有合法自殺都是他從旁協助的。他之所以立志成為醫師，原本是想克服自己的疑病症。雖然他終究沒能停止疑懼，卻在推動安樂死上找到人生目標[56]。

事實上，醫師協助自殺在北領地僅僅合法兩年，《末期病患權利法案》（Rights of the Terminally Ill Act）從一九九五年開始實施，到一九九七年就被澳洲國會推翻，這段時間有七個人正式申請協助自殺。仔細閱讀這七個案例的生命故事，有助於我們了解什麼樣的人會尋求安樂死[57]。

很多病人之所以要求安樂死，是因為飽受憂鬱之苦。北領地第一位申請醫師協助自殺的病患是位女性，患有乳癌。她與丈夫離婚，孩子也和她相當疏遠，一個人孤獨度日。她曾試圖自殺，但沒有成功，此時希望法案能助她一臂之力。她告訴媒體自己預後不樂觀，可是醫師們對此尚無共識。然而，她等不及申請通過便再度自殺，這次如願身亡。

第二位申請協助自殺的人同樣毫無親友和社會支援。他一個人住在澳洲內陸的小木屋裡，接受訪問時說：「我現在純粹只是活著而已，人生毫無意義。我知道自己來日無多，也準備好要睡上長長一覺。」他把一切打理好之後，開了三千公里的車到北領地首府達爾文港，我難以想像世上還有比這更漫長孤獨的旅程。不料，在目的地等待他的是另一次挫折：有議員串聯廢止這部法案，首席衛生官也表態反對醫師協助自殺。他失望而返，又一次踏上三千公里的漫長歸途，最後在當地醫院因癌症病逝。深感生無可戀之人經常缺乏人際連結，另一位尋求協助自殺的老人也是如此。他是英國移民，未曾結婚，在澳洲無親無故。申請通過之後，他在門窗緊閉的家中注射致命藥劑而死[58]。

第一位成功通過審核獲得協助自殺的病人，是位罹患前列腺癌的老年男性。癌細胞已嚴重侵害他的骨骼，有一次光是擁抱就讓他斷了一根肋骨。他不斷嘔吐，一再感染、腹瀉，也無法自行排尿。告別人世之時他有髮妻相伴，緊握著他的手。

雖然安樂死的討論時常圍繞減輕痛苦打轉（在美國尤其如此），但有些病人在意的是其他問題。例如有位大腸癌的女性必須以腸造口排便，臭味導致她的社交活動大為受限。可是，她下定決心尋求醫師協助自殺時，法案已經廢止。她轉而接受高劑量嗎啡注射，並在往後三天快速搭配其他藥物。最後，她總算見著了創造她的主，漫長坎坷的病程終於結束。

七個案例中最特殊的一位是珍內．邁爾斯（Janet Mills）[59]。邁爾斯一生艱苦，在篷車裡帶大三個孩子，過的日子有如遊牧民族。四十歲時她長出疹子，奇癢無比，後來確診是蕈狀肉芽腫（mycosis fungoides），一種非常罕見的淋巴瘤。為了止癢，她十年間接受了包括化療在內的各種治療，但全部無效。她搔癢時經常抓破皮膚引起感染，幾乎睡不著覺，對一切事物也完全失去興趣。她對精神科醫師說：「我從早到晚搔個沒完，手腳都起了水泡……我受不了了。怎麼做都沒用。我知道你想幫我，可是你幫不了。」她丈夫說她夜不成眠，每晚總要他助她速死。尼奇克用自動注射毒劑機幫她結束生命時，她的兒子和丈夫都陪在她身邊。

雖然澳洲是第一個（短暫）將醫師協助自殺入法的國家，然而對大多數人來說，荷蘭才是現代安樂死的聖地。技術上而言，荷蘭直到二〇〇二年才將安樂死合法化，在此之前，為人安樂死可判處十二年徒刑。可是至少從一九七〇年代開始，荷蘭即已公開進行安樂死。事實上，荷蘭醫學會還為安樂死和醫師協助自殺提供指引。荷蘭幾十年來的研究與調查，讓我們有機會一探普遍接受安樂死的社會是什麼樣子。不論對贊成或反對醫師協助自殺的人來說，荷蘭的經驗都彌足珍貴。

荷蘭既是別具個性的國家，也是獨樹一幟的醫療經濟體，在討論荷蘭的安樂死發展之前，我們或許應該先談談它的特色。荷蘭從文藝復興時代開始就是自由主義堡壘，笛卡爾（Descartes）等哲學家每次遭到打壓就往荷蘭跑，因為這裡容許他們自由表達看法。荷蘭人在納粹占領時期飽受迫害，但大戰結束後他們毫不畏縮，繼續堅持本色，熱切回復其自由傳統。他們與其他國家判然有別的面向之一，就是義無反顧地保障病人結束生命的權利。

涂煦．伯斯瑪（Truus Postma）和丈夫昂德里斯（Andries）就讀醫學院時相識，一九五〇年代在鄉下小鎮諾沃德（Noordwolde）開了間家庭診所[60]。他們服務熱忱，治療細心，沒人想得到他們會成為現代化國家的安樂死先鋒。在荷蘭摸索如何應對自願死亡的過程中，他們的切身之痛成為這條曲折小徑的路標。一九七一年時，涂煦的媽媽因腦出血而失去聽力、難以開口，甚至無法控制身體活動。她被限制在椅子上以防跌倒，但身體失能加上備受拘束，讓她痛苦萬分。她不斷要求女兒結束她的生命，涂煦原先不忍，後來也態度軟化。她為媽媽注射兩百毫克嗎啡，老太太不再躁動，呼吸也逐漸慢了下來，最後停止，死亡。涂煦通知護理之家的職員，後者又向上呈報，事件上了法庭。里瓦登（Leeuwarden）地方法院裁定涂煦應母親要求殺母有罪，但只輕判入監一週。在此同時，法院也提出容許醫師加速病患死亡的標準：病患必須身受無可治療末期疾病之痛苦，也必須正式提出安樂死要求。

伯斯瑪案和其他幾件著名案件，不僅引起社會大眾對安樂死的廣泛支持，也為有意為之的醫生解套，但因為沒有正式規定醫師事後報告，全國發生過多少次醫師協助自殺不得而知。直到一九九一年，雷莫林克委員會（Remmelink Commission）發布調查結果，世人才首次了解安樂死在荷蘭的實際情況。委員會對荷蘭醫師進行的匿名調查顯示：在一九九〇年，荷蘭總共有十三萬人去世，其中兩千三百名病人是安樂死（占死亡人數百分之一．八），四百名病人是醫師協助自殺（占死亡人數百分之零點三）[61]。雖然接受安樂死的病人人數並不算多，但另一項事實成了批判焦點：據報有一千名病人接受安樂死時不具行為能力。這一千名病人成了安樂死反對者求之不得的把柄，對他們來說，這代表荷蘭人已走下一條很滑、很陡的滑坡。安樂死反對者最常提出的論證之一是：今天許可安樂死，明天就會偷偷摸摸處決老年人和殘障人士，而且完全不顧他們是否自願[62]。滑坡論證認為醫生一旦走上這條路，親手結束病人生命的標準會越來越低。有位以色列醫生就說某位荷蘭同業跟他講過：「第一次總是比較難[63]。」

可是探究得更深，就會發現實情遠比表象複雜：這些病人先前多半已經表達過安樂死的意願，而且預期壽命不長。一九九五年的第二份調查發現：病患接受安樂死的比例趨緩，未明示同意即安樂死的病患人數還略為降低[64]。二〇〇一年的數據顯示：安樂死的比例更加平穩，無上升趨勢。在每年約九千七百名申請者中，通過審核並如願死去者約五千人[65]。值得注意的是，安寧緩和醫療也在這段時間裡持續改進，因難以忍痛苦而要求安樂死的病患日益減少。安樂死支持者為此士氣大振，認為這正好說明安樂死合法化方向正確，不但沒有迫害老人和殘障人士之虞，還能讓病人在最艱苦的處境中重獲自主。

比利時[66]和盧森堡[67]已隨荷蘭的腳步合法化安樂死，德國、瑞士和日本等國亦已將醫師協助自殺入法，美國國情則截然不同[68]。美國人的確保守得多，但除此之外，美國還有另一項因素讓比較研究幾無意義：前述國家的健康照顧都相當普及。以荷蘭為例，雖然一般認為他們的醫療收費「合理」或「高昂」，但病人不須自掏腰包。就討論安樂死議題而言，這當然具有深切意義。

雖然美國很多人將安樂死和醫師協助自殺等同於謀殺，但其中一州已經試著突破禁忌，為這個國家注入新的風氣。從人口來看，奧勒岡州在美國只排二十七名，但就死亡態度而言，它呈現了這個國家最新穎的一面。

註釋

1 A piece of my mind. It's over, Debbie. *JAMA*. 1988;259(2):272.

2 It's almost over—more letters on Debbie. *JAMA*. 1988;260(6):787–89.

3 Gaylin W, Kass LR, Pellegrino ED, Siegler M. "Doctors must not kill." *JAMA*. 1988;259(14):2139–40.

4 Parachini A. AMA journal death essay triggers flood of controversy. *Los Angeles Times*. February 19, 1988.

5 Wilkerson I. Essay on mercy killing reflects conflict on ethics for physicians and journalists. *New York Times*. February 23, 1988.

6 It's almost over—more letters on Debbie.

7 It's almost over—more letters on Debbie.

8 Lundberg GD. "It's over, Debbie" and the euthanasia debate. *JAMA*. 1988; 259(14):2142–43.

9 Lundberg G. Severed Trust: Why American Medicine Hasn't Been Fixed. Basic Books; 2002:228.

10 Lundberg, "It's over, Debbie" and the euthanasia debate.

11 Van Guilder S. My right to die: a cancer patient argues for voluntary euthanasia. *Los Angeles Times*. June 26, 1988.

12 Lombardo PA. Eugenics at the movies. *Hastings Cent Rep*. 1997;27(2):43; Surgeon lets baby, born to idiocy, die. *New York Times*. July 25, 1917:11.

13 Vote to oust Haiselden; medical society's committee against Bollinger baby's physician. *New York Times*. December 15, 1915:9.

14 Vijayakumar L. Altruistic suicide in India. *Arch Suicide Res*. 2004;8(1):73–80.

15 A Divya. Why sati is still a burning issue. *Times of India*. timesofindia.indiatimes.com/Why-sati-is-still-a-burning-issue/articleshow/4897797.cms. August 16, 2009.

16 Judges 16:28–30 (NASB).

17 Crone DM. Historical attitudes toward suicide. *Duquesne Law Rev*. 1996; 35(1):7–42.

18 Celsus. *De Medicina*. Book 5. 26:1. First century BC.

19 Pliny the Elder. *The Natural History*. Bostock J and Riley HT, trans. Book 7: Man, His Birth, His Organization, and the

Invention of the Arts. Chapter 50. 1855.
20 Hippocrates. Oath of Hippocrates. In: Chadwick J, Mann WN, trans. *Hippocratic Writings*. Penguin Books; 1950.
21 Papadimitriou JD, Skiadas P, Mavrantonis CS, Polimeropoulos V, Papadimitriou DJ, Papacostas KJ. Euthanasia and suicide in antiquity: viewpoint of the dramatists and philosophers. *J R Soc Med*. 2007;100(1):25–28.
22 Koop CE. Introduction (to a symposium on assisted suicide). *Duquesne Law Rev*. 1996;35(1):1–5.
23 Frum D. Who was the real Cato? *Daily Beast*. December 20, 2012.
24 Thorne MA. *Lucan's Cato, the Defeat of Victory, the Triumph of Memory* [dissertation]. University of Iowa. ir.uiowa.edu/etd/749. 2010.
25 Kaplan KJ, Schwartz MB. Zeno vs. Job: The Biblical Case against "Rational Suicide." In: *A Psychology of Hope: A Biblical Response to Tragedy and Suicide*. Revised and expanded ed. Wm B Eerdmans Publishing Co; 2008.
26 Crone, Historical attitudes.
27 Eberl JT. Aquinas on euthanasia, suffering, and palliative care. *Natl Cathol Bioeth Q*. 2003;3(2):331–54.
28 More T. *Utopia and Other Writings*. New York: New American Library; 1984.
29 Baker R, reviewer. Bulletin of the History of Medicine. 2006;80(4):789–90. Review of: Dowbiggin I. A Concise History of Euthanasia: Life, Death, God, and Medicine.
30 Hume D. Essays on Suicide and the Immortality of the Soul: The Complete Unauthorized Edition. 1783.
31 Paterson C. Assisted Suicide and Euthanasia: A Natural Law Ethics Approach. Ashgate Publishing; 2012:23.
32 Locke J. *Two Treatises of Government*. Book II, chapter IV, section 23. 1689.
33 Brassington I. Killing people: what Kant could have said about suicide and euthanasia but did not. *J Med Ethics*. 2006;32(10):571–74.
34 〈創世記〉3: 16。
35 Warren JC. *Etherization with Surgical Remarks*. Boston: William D Ticknor & Co; 1848:36, 69–71.
36 Warren, Etherization.
37 Euthanasia. Popular Science Monthly. 1873;3:90–96.

38 Emmanuel L. Regulating How We Die: The Ethical, Medical, and Legal Issues Surrounding Physician-Assisted Suicide. Harvard University Press; 1998:185.
39 The moral side of euthanasia. Journal of the American Medical Association. 1885;5:382–83; Euthanasia. British Medical Journal. 1906;1:638–39.
40 Darwin C. *The Descent of Man, and Selection in Relation to Sex.* Volume 1, chapter 5, part 1. D Appleton; 1872:162.
41 Sofair AN, Kaldjian LC. Eugenic sterilization and a qualified Nazi analogy: the United States and Germany, 1930–1945. *Ann Intern Med.* 2000;132(4):312–19.
42 Gauvey SK, Shuger NB. The permissibility of involuntary sterilization under the parens patriae and police power authority of the state: In re Sterilization of Moore. *Univ Md Law Forum.* 1976;6(3):109–28.
43 Spriggs EJ. Involuntary sterilization: an unconstitutional menace to minorities and the poor. *Rev Law Soc Change.* 1974;4(2):127–51.
44 Sofair and Kaldjian, Eugenic sterilization.
45 Feeble-mindedness and the future [editorial]. *New Engl J Med.* 1933;208:852–53.
46 Sterilization and its possible accomplishments [editorial]. *New Engl J Med.* 1934;211:379–80.
47 Carrie Buck v. John Hendren Bell, Superintendent of State Colony for Epileptics and Feeble Minded. 274 US 200. 1927.
48 Carrie Buck v. John Hendren Bell.
49 Marker RL, Smith WJ. The art of verbal engineering. *Duquesne Law Rev.* 1996;35(1):81–107.
50 Humphry D. *What's in a Word? The Results of a Roper Poll of Americans on How They View the Importance of Language in the Debate Over the Right to Choose to Die.* Junction City, OR: Euthanasia Research and Guidance Organization; 1993:1–3.
51 Marker and Smith, The art of verbal engineering.
52 Roberts J, Kjellstrand C. Jack Kevorkian: a medical hero. *BMJ.*1996;312(7044):1434.
53 Davis A. Jack Kevorkian: a medical hero? His actions are the antithesis of heroism. *BMJ.* 1996;313(7051):228.
54 Vacco, Attorney General of New York, et al. v. Quill et al. 521 US 793. 1997.
55 Washington, et al., Petitioners v. Harold Glucksberg, et al. 521 US 702. 1997.

56 Simons M. Between Life and Death. The Age; 2013.

57 Kissane DW, Street A, Nitschke P. Seven deaths in Darwin: case studies under the Rights of the Terminally Ill Act, Northern Territory, Australia. *Lancet.* 1998; 352(9134):1097–102.

58 譯註：雖然此時醫師協助自殺免責，但為提高病人自主，減少醫師參與程度，尼奇克醫師特別設計1種機器，將點滴連至電腦。病人若死意堅決，1連串問題皆予肯定答覆，藥劑即自動注入。資料來源：(1)goo.gl/1LDXQk；(2)goo.gl/eGDnCp。

59 Kissane DW. Case presentation: a case of euthanasia, the Northern Territory, Australia. *J Pain Symptom Manage.* 2000;19(6):472–73.

60 Sheldon T. Obituary: Andries Postma. *British Medical Journal.* 2007;334:320.

61 Van Der Maas PJ, Van Delden JJ, Pijnenborg L, Looman CW. Euthanasia and other medical decisions concerning the end of life. *Lancet.* 1991;338(8768):669–74.

62 Green K. Physician-assisted suicide and euthanasia: safeguarding against the "slippery slope"—The Netherlands versus the United States. *Indiana Int Comp Law Rev.* 2003;13(2):639–81.

63 Glick S. Euthanasia in The Netherlands. *J Med Ethics.* 1999;25(1):60.

64 van der Maas PJ, van der Wal G, Haverkate I, de Graaff CL, Kester JG, Onwuteaka-Philipsen BD, et al. Euthanasia, physician-assisted suicide, and other medical practices involving the end of life in the Netherlands, 1990–1995. *N Engl J Med.* 1996;335(22):1699–705.

65 Onwuteaka-Philipsen BD, van der Heide A, Koper D, Keij-Deerenberg I, Rietjens JA, Rurup ML, et al. Euthanasia and other end-of-life decisions in the Netherlands in 1990, 1995, and 2001. *Lancet.* 2003;362(9381):395–99.

66 Bilsen J, Cohen J, Chambaere K, Pousset G, Onwuteaka-Philipsen BD, Mortier F, et al. Medical end-of-life practices under the euthanasia law in Belgium. *N Engl J Med.* 2009;361(11):1119–21.

67 Watson R. Luxembourg is to allow euthanasia from 1 April. *BMJ.* 2009;338:b1248.

68 Steck N, Egger M, Maessen M, Reisch T, Zwahlen M. Euthanasia and assisted suicide in selected European countries and US states: systematic literature review. *Med Care.* 2013;51(10):938–44.

CHAPTER 12

拔插頭
When the Plug Is Pulled

布蘭妮．梅納德（Brittany Maynard）開始頭痛時才結婚沒多久。頭痛無疑是最常見的症狀，一個人不太可能一輩子從不頭痛，有些人光是沒喝茶或咖啡都覺得腦袋發疼。雖然很多人終其一生從沒中風或心臟病發，甚至從未遇上泌尿道感染（男性尤其可能），但幾乎每一個人都頭痛過。美國每年將近有四千萬名病患經常頭痛，但只有極少數人是因為罹患癌症。布蘭妮做了一番檢查也照了腦部斷層之後，赫然得知自己也是其中一員。

布蘭妮住在舊金山灣區，她像其他腦瘤患者一樣接受神經外科手術，也移除了一部分顱骨。可是癌症再度復發，發現時已是第四期，無論接不接受治療都活不過一年。「研究了幾個月後，我和家人做出沉痛的決定。」布蘭妮寫道：「任何治療都救不了我的命，而醫生建議的治療會毀了我剩下的時間[1]。」她考慮過接受傳統安寧療護，但她覺得自己「可能會遇上連嗎啡也減輕不了的疼痛，可能個性大變，也可能失去語言、認知和行動能力」。所以，她決定不將剩餘的時光交付疾病或醫師之手。她和家人收拾行囊，舉家搬往奧勒岡州。

「我要照自己的方式死。」

從一九九〇年代開始，奧勒岡州即開風氣之先，爭取成為全美第一個容許醫師協助自殺的州。死亡權運動當時沸沸揚揚，卻也暗潮處處。隨著〈結束了，黛比〉在一九八八年發表、傑克．凱沃基安在一九九〇年首次協助自殺，安樂死和醫師協助自殺成了熱門話題，無論是醫學會議、議會、法庭或其他公共討論場合，都可看到各方積極表態，為自己的信念參與辯論。一九九四年，奧勒岡州選民以百分之二・點六的些微差距通過法案，成為美國第一個讓末期病患能獲得醫師協助自殺的州。只是它還來不及實施，聯邦地區法庭便立刻頒布禁令，理由是它未能一體提供「反自殺保護」，對申請協助自殺者的保障不及於對一般人的保障。不過這項禁令在一九九七年撤銷，醫師協助自殺終於在美國實現。

奧勒岡州的規定和世界其他地方的相關法規十分類似：申請人必須是年滿十八的奧勒岡州成年居民，具備醫療決定之行為能力，患有末期疾病，而且預估壽命少於六個月。符合上述條件的病患若希望醫師開立致命處方，必須提出書面要求並獲得兩名見證人附署，並兩次以口頭方式告知開立處方的醫師。得知病人意願後，開立處方的醫師必須和另一位醫師商議，共同確認病患的確罹患末期疾病，預期壽命也不超過六個月。只要其中一位醫師認為病患不具行為能力或有精神疾患，就必須再找一位精神科醫師參與評估。即使病人合乎一切條件，醫師還是要向病人說明其他治療辦法，並詢問病患是否想要知會家人。

對這場雙方毫無共識的爭議來說，《尊嚴死法案》（Death with Dignity Act）無疑是重磅炸彈。一九九〇年代進行的幾項調查顯示：大多數的醫師都反對醫師協助自殺和安樂死[2]。雖然某些宗派的醫師對安樂死的態度較為開放（如猶太教和部分小宗派），但多數醫師仍持反對立場[3]；奧勒岡州的醫師較能接受安樂死[4]，其他各州的醫師則深表疑慮。這些調查也發現：美國其實已有病人會請醫師幫助他們安樂死，儘管這仍屬違法，少部分醫師還是配合了病人的要求。全國性調查顯示：在美國，曾開立致命劑量的醫師約占百分之五，奧勒岡州曾這樣做過的醫師則是百分之七[5]。對加護病房護理師所做的調查也發現：若病人明確表達死意，五分之一的護理師會順應病患要求，給他們致死劑量的藥品[6]。值得注意的是，由於安樂死之類的措施仍屬違法，實施者仍會被控謀殺，因此會配合病人要求的醫護人員未必會如實以告，所以這種情況的普遍程度可能比調查數字更高。儘管如此，「五分之二」這樣的比例已讓大多數人心驚[7]。

社會大眾對安樂死的態度比醫界開放得多，只是正反兩方似乎沒有妥協跡象[8]。最支持安樂死或醫師協助自殺合法化的人，其實一直都是與這些措施最直接相關的族群——絕症末期病患[9]。對我來說，他們才應該是這場辯論的主角，無奈他們常常不得不缺席：一來與一般大眾和醫師相比，末期病患的人數本來就少得多；二來受制於健康情況，他們往往只能困守醫院、護理之家或安寧療護中心，不太可能積極投入相關活動。

醫師協助自殺在奧勒岡州合法化之後，很多人以為會有大批病人去那裡「安享天年」，為人生最後一段路奪回主導權。有些人的疑慮也確實有理：他們擔心此例一開，受害最大的會是經濟弱勢病患（例如少數族群或沒有保險的患者）——要是有人因為負擔不起醫療費用而「自願」赴死，這部法案豈不成了幫凶？荷蘭人人都有醫療保險，美國可不一樣，在奧勒岡州，法案通過時沒有保險的州民有五十萬人。

一九九七年《尊嚴死法案》通過後，奧勒岡州衛生部持續進行調查，嚴謹收集數據，十六年後發現：當初的很多疑慮實屬多心[10]。十六年裡總共有一一七三名病患申請死亡處方箋，通過審核也使用藥物的有七五二名。就每年數以萬計的死亡人數來說，透過《尊嚴死法案》赴死的人其實很少。這些患者平均七十一歲，其中七成七的病患在五十五到八十五歲之間，像布蘭妮．梅納德那樣小於卅五歲的只有六人。絕大多數的病患是白種人（百分之九十七・三）、有保險（百分之九十八・三）、在家中過世（百分之九十五・三）、有接受安寧療護（百分之九十・一）、有高中學歷（百分之九十四・一）、罹患癌症（百分之七十九・八）。約莫只有半數病人是男性（百分之五十二・七）、已婚（百分之四十六・二）、有大學以上學位（百分之四十五・六）、死時沒有醫師在側（百分之四十四・七）。尤其值得注意的是：自一九九七年法案實施以來，在醫院去世的申請者只有一名。雖然有人擔心弱勢族群比較容易走向協助自殺[11]，但在奧勒岡州選擇尊嚴死的死者中，非裔美人只有一名，沒有保險的也只有十二名。

那麼，罹患絕症的奧勒岡人為什麼想以這種方式赴死呢？前三大原因分別是失去自主性（百分之九十一・四）、無法從事享受人生的活動（百分之八十八・九），以及喪失尊嚴（百分之八十・九）。提及「疼痛控制不良」的病人只有百分之廿三・七——這一點相當令人意外，因為六成五到八成五的癌末病患都有疼痛問題[12]。很多反對醫師協助自殺的人常說：病人之所以尋求醫師協助自殺，是因為緩和醫療和疼痛控制失敗所致。然而從這項數據看來，事實顯非如此。荷蘭的經驗也是這樣[13]：安樂死合法化後，臨終照顧反而更受重視，醫師也比以前更意識到自己對臨終病人的責任。

另一個過去想當然耳的假設是：會想自行結束生命的病人多半飽受憂鬱之苦。可是照奧勒岡州的調查看來，病人很少是因為憂鬱而選擇協助自殺[14]。耐人尋味的是：病人之所以沒有深陷憂鬱，部分原因可能正是取得死亡處方。「現在我拿到處方箋了，藥是我的了[15]，」布蘭妮寫道：「我覺得大大地鬆了口氣。」根據調查，獲得處方的病人有三分之一沒有用上；在真正用上的人裡，從他們第一次提出要求到實際使用，相隔時間從十五天到一〇〇九天不等[16]。

奧勒岡州剛通過醫師協助自殺時，抨擊此舉有如納粹復辟者比比皆是。然而如今事實證明：很少有地方比奧勒岡州更適合告別人世，不僅對決意自行了斷之人是如此，對其他人來說也是如此。曾有人將《尊嚴死法案》視作一記警鐘，宣告通往優生運動的滑坡近在眼前，但現在，奧勒岡模式已經成為其他各州師法的典範。二〇〇八年，華盛頓州選民通過類似法案，向醫師協助自殺合法化敞開大門[17]。蒙大拿州於二〇〇九年跟進，州最高法院裁定：沒有法律禁止醫師協助病患刻意加速死亡[18]。二〇一三年，佛蒙特州州議會通過《臨終病人選擇與主導法案》（Patient Choice and Control at End of Life bill）[19]，內容與奧勒岡州和蒙大拿州的法案大同小異。本書寫作期間的最新發展是：加州於二〇一六年通過醫師協助自殺；在美國之外，加拿大也通過了協助死亡法案。

布蘭妮．梅納德去世幾天前似乎改變心意。在二〇一四年十月廿九日發布的影片裡，她說：「我和家人朋友又說又笑，時候似乎還沒到[20]。」我聽說後馬上寫信給她，想知道她的想法，可是終究沒能得到回音——十一月二日的新聞說，她已在前一天依原定計畫結束生命。「再見了，世界。散播善的力量。把愛傳下去。」她在臉書上留下這句遺言[21]。

醫師協助自殺雖然已在五個州獲得合法，但在其他四十五州仍屬非法，而即使是在已經合法的州，透過這種途徑求死的病人仍是少數。不過，能加速死亡的手段所在多有，其中一些和積極安樂死已相去不遠，可是完全合法，在醫院裡也不算少見。很多夜晚，聽著病人咬牙懇求加倍嗎啡劑量，我默默完成了他們的心願，隨著嗎啡一滴一滴進入靜脈，心電圖上的曲線也越來越平，越來越平……

✢
✢
✢

對於見識過愛滋病大流行的很多醫師來說，不論他們當時仍在受訓或已執業行醫，那場風暴都讓他們更明白自己不只是醫師，更是凡人[22]。一九九〇年代早期，詩人醫生拉斐爾・康柏身處愛滋病戰爭前線，在加州大學舊金山分校擔任住院醫師。有一天他和我談起那段日子，感慨萬千地說：「愛滋病給我好好上了一課，讓我知道醫生不是萬能，我們能力有限。」

他和很多人一樣，受訓期間最難忘的一次經驗發生在三更半夜。那名病人是位變裝皇后，不但身上劇痛，還「幾乎被自己的分泌物淹死」。她罹患了卡波西氏肉瘤（Kaposi sarcoma），一種在皮膚上發作的癌症。不過，最令拉斐爾難過的是她呼吸困難，他說：「我看過各式各樣症狀，無法呼吸是最恐怖的之一。」

看到別人受到這種折磨，恐怕沒有人能不質疑自己的信念。「我們都鄭重其事念過希波克拉底誓詞，都隆隆重重穿上白袍，都保證自己絕不違反不傷害原則……可是，冷眼旁觀別人受苦怎麼叫『不傷害』？……看人受苦卻不幫忙減輕就是傷害。」拉斐爾說。

他很同情病人受苦，也覺得自己「和她產生一種深厚的關係」。既然無法為她安樂死，拉斐爾決定盡可能讓她舒服，但他也知道：這份舒適代價高昂。他開給病人大量嗎啡，劑量能夠消除痛苦，但也足以致人於死。他後來以這段往事作詩〈她最後一場秀〉（Her Final Show），最後一句是「我為她謝幕，四下死寂，了無掌聲[23]」。

如果你覺得這個臨終鎮靜（terminal sedation）的例子和安樂死像得詭異，我毫不意外，因為你不是唯一一個這樣想的人。所謂「臨終鎮靜」，指的是給病人苯二氮類（benzodiazepines）或鴉片類藥物，讓他們在臨終時失去意識，從而減緩疼痛及其他不適。臨終鎮靜雖然看起來和安樂死很像，但兩者之間有個重大區別——臨終鎮靜完全合法。

雖然醫療進展已能減緩不少臨終症狀（如疼痛、呼吸困難、譫妄、噁心、嘔吐、焦慮、恐懼等），但還是有很多病人未能從中受益[24]。除了身體不適之外，很多病人在面對死亡時也心情焦灼，憂懼交加。根據調查，最常見的心理問題包括無意義感、羞愧自己成為別人的負擔，以及死亡焦慮[25]。雖然每個病人情況不同，但若病人或他們的醫療代理人提出要求，醫師可能會酌情提供臨終鎮靜。

臨終鎮靜依據的倫理原則是雙果律（double effect）。雙果律源於中世紀基督教傳統，大意是說：如果某項行為是出於善意，即使結果不佳也可以接受，重點在於動機必須是善的[26]。換句話說：如果醫師為減輕病人痛苦而開立藥物（如嗎啡），只要醫師開藥的目的是緩和症狀，藥物引發的副作用（如呼吸減緩）便可以接受。

臨終鎮靜在一九九七年獲得兩項指標性判例認可：華盛頓州訴格拉克斯堡案和瓦科訴奎爾案[27]。在這兩個案件裡，聯邦最高法院雖然始終反對醫師協助自殺，卻也了解很多臨終病患承受了難以緩和的痛苦。此外，美國醫學會在大力反對醫師協助自殺的同時，也提出一份專業意見陳述，裡頭寫道：「即使不使用高劑量鎮靜劑或麻醉劑，大多數末期病患臨終時的痛苦亦可獲得控制……然而對極少數病患而言，以鎮靜劑讓他們在生命最後數日或數週進入類似睡眠的狀態，或許是防止他們承受嚴重痛苦的必要之舉[28]。」由於這份建議，法院提供了要求醫師協助自殺的臨終病患另一種選擇——雖然這個選擇在很多面向上與安樂死十分類似。

為避免「臨終」一詞讓人觀感不佳，支持臨終鎮靜的人一度想改變用語，把這種死前深層睡眠狀態改稱為「緩和鎮靜」（palliative sedation）。可是反對這樣做的人不在少數，不但很多醫師提出批評，連深知死亡議題敏感性的安寧療護專家也不甚贊同。例如黛娜．法博癌症中心（Dana Farber Cancer Institute）的安寧療護專家蘇珊．布洛克（Susan Block），就直白地將臨終階段給予高劑量嗎啡的作法稱為「慢速安樂死」（slow euthanasia）[29]。然而，儘管她和合寫這篇文章的安德魯．畢林斯（Andrew Billings）做了這個類比，他們的目的並不是反對臨終鎮靜，相反地，他們認為：不以拐彎抹角的方式委婉陳述臨終鎮靜，或許有助於大眾和醫師突破禁忌，讓我們能更開放、也更妥切地正視安樂死和醫師協助自殺。

這場辯論中的另一個要角是提摩西．奎爾（Timothy Quill），紐約州羅徹斯特（Rochester）安寧療護專家。一九九一年，他在《新英格蘭醫學期刊》上語出驚人，親口「招認」他為病人開立致命劑量的巴比妥鹽（barbiturates）[30]，一時全美輿論譁然。他那位病人名叫黛安（Diane），診斷出血癌後拒絕化療，也不願接受安寧療護——她想用別的方式走完最後一程。「她認識一些所謂『相對舒適』但拖很久的人，她完全不想如此。」奎爾寫道：「如果時候到了，她希望能用最不痛苦的方式結束生命。」黛安請奎爾幫她自殺，奎爾考慮再三後決定配合，以治療失眠的名義開藥給她。幾個月後的一天清晨，黛安在沙發上仰藥自盡，身上蓋著她最喜歡的披肩。奎爾的文章立刻引起廣大迴響，他對我說：「遇過類似情況的病人家屬熱烈支持，贊成的聲音遠遠大過反對的聲音。」

雖然在某些情況之下，雙果律認可醫師為臨終病患開立超量止痛劑和鎮靜劑，但奎爾毫不留情地點出雙果律的問題：人心幽微難測，「醫學倫理學家口口聲聲說的『動機』，其實是美化過的理想概念，我們最好慎之又慎，多多留意醫師和病人的實際經驗[31]」。我對這句話心有戚戚。我還在一般病房和加護病房當實習醫生時，就遇過幾位照顧目標是不計代價讓他們舒適的病人。我為他們增加鎮靜劑劑量，直到他們陷入昏迷。每次我請護理師調整劑量，心裡都很清楚這讓他們離死亡又近了一步。我不禁會想：也許在潛意識裡，我也希望加快他們最後一程吧。

聯邦最高法院關上醫師協助自殺的門，卻開了臨終鎮靜的窗，至少在一位評論者看來，判決許可的行為其實更接近安樂死。為什麼呢？因為若是選擇醫師協助自殺，醫師並不會直接參與注射或吞服藥物，因此病患擁有完全的自主權。可是臨終鎮靜不一樣，需要接受臨終鎮靜的病患多半病得更重，常常也沒有行為能力作決定或指定代理人。如此一來，臨終鎮靜的權力等於在醫療照顧提供者之手，病患本人反而無法掌控。從這個角度來看，臨終鎮靜確實更接近安樂死[32]。

更具爭議性的是：應否使用臨終鎮靜來減輕死亡引起的心理焦慮，而非緩和生理上的不適[33]？研究顯示：非為生理症狀而尋求臨終鎮靜或安樂死的人，比例越來越高。為難以控制的症狀而尋求相關處置的人之所以變少，可能代表我們為臨終病患緩和症狀的能力已有進步。可是，如果提供鴉片類或其他藥物的目的不是減緩症狀，而是降低心理壓力（如死亡焦慮），還具不具備醫療正當性呢？醫界目前還不太能接受這種做法，美國醫學會的看法是：「處理社會孤立與寂寞所造成的痛苦，不屬緩和鎮靜處理範圍[34]。」

另一方面，研究已經證實：提供鎮靜劑或鴉片類藥物，其實並不會降低末期病患的存活率[35]。一般而言，接受這些藥物的病人已命懸一線，其他因素對病程影響不大[36]。此外，醫師之所以還能在與痛苦的戰鬥中保持一絲平靜，不必多慮緩和藥物對病人究竟是好是壞，最重要的原因之一就是有雙果律護身。雖然它似乎粉飾了安樂死，但轉化用詞的效果有目共睹。有兩名醫師就曾投書表示：雙果律有助於他們為病患提供舒適的臨終照顧。他們說，「我們每天照顧的都是重病和臨終的病人，雙果律對我們的工作功不可沒[37]。」在其他情況下，臨終鎮靜可能被視為冷酷的憐憫之殺，它之所以還能保有一絲溫情，那也是雙果律賦予它的。

有位護理師說：「如果你有疼痛問題，我們可以開些藥幫你解決，」但她也強調：「這種方法百分之九十九奏效。問題是，你有時候就是會遇上那百分之一無效的病人，然後你就知道沒有什麼治療萬無一失、人人有效[38]。」所有關於安樂死、醫師協助自殺和臨終鎮靜的討論，其實都只涉及這百分之一面臨痛苦死亡的病人。現在，醫師已逐漸能把臨終過程處理得平和順暢，之所以會有這項改變，很大一部分是因為：對安樂死等議題的關注，已逐漸轉向如何幫助病人好走。

不過，大多數病人不是死於增加治療（例如服用止痛藥和鎮靜劑），而是因為主動撤除維生治療而死。這些「維生治療」有時是先進的人工呼吸器或強心針，有時則是維持生存最基本的事物——食物和水。維生治療和現代死亡的關係有多深呢？這樣說吧：我們已經提過，即使在積極安樂死合法的地區，因安樂死而結束生命的人仍少之又少；但很少人注意到的是：在醫院過世的人裡，沒有撤除維生治療便去世的人更屬鳳毛麟角。

✢ ✢ ✢

科技進展遠遠超乎我們想像，雖然很多病人因此獲得減輕痛苦的希望，但許多過去根本不須考慮的倫理問題也隨之而起。凱倫．昆蘭案確實開風氣之先，讓大眾首次看到如果病人曾經表達拒絕延命治療之意，監護人可以如何代表他們實現心願。不過，真正給民眾當頭棒喝的終究不是判決，而是一位持槍闖入醫院的絕望父親——一九八九年四月，魯迪．里納瑞（Rudy Linares）帶著左輪手槍衝進兒童加護病房，一心想要讓他受盡折磨的兒子獲得解脫。

悲劇起於八個月前。魯迪那天帶著十五個月大的兒子山繆（Samuel）參加生日派對，不料山繆誤吞氣球，開始呼吸困難。魯迪原本試著自行急救，可是山繆漸漸失去血色。魯迪連忙抱起山繆直奔最近的消防隊，大喊：「救命！救命！我兒子快死了！[39]」最後山繆雖然保住一命，大腦卻再也沒有恢復功能，他成了植物人。

百般煎熬幾個月後，魯迪請求醫生移除山繆的維生設備。醫生原本已經同意，醫院的律師卻要他們住手，警告此舉可能惹上殺人官司。時間就這樣一天拖過一天，魯迪的失望和挫折逐漸轉為怒火。他在這時又偏偏聽到醫院留言：他們準備把山繆轉送護理之家。這個消息不啻火上澆油，魯迪的滿腔悲憤終於爆發。他拿起左輪手槍直衝醫院，到加護病房揮槍大喊：「我不想傷人！我只要我兒子死！[40]」

魯迪把管子從山繆喉嚨抽出，沒過多久，山繆就一動也不動了。可是魯迪繼續把他抱在懷裡搖，搖了起碼二十分鐘。一位醫生把聽診器放在地上滑過去，讓他確認山繆已經沒有心跳。魯迪放下手槍束手就擒，被以謀殺罪起訴。

在公眾輿論的法庭上，魯迪成了英雄：《芝加哥論壇報》（*Chicago Tribune*）民調中心接了六千通電話，支持和譴責魯迪的人數是十三比一[41]。他一腳踩進法律上的灰色地帶，無論是醫院或法庭都不打算窮追猛打，甚至陪審團也不想追究，直接放他開釋。嚴格說來，魯迪實在不適合當撤除維生治療的倫理代言人——他因為打架鬧事被捕多次，而且才剛從這件謀殺案脫身兩個禮拜，就又因為吸食天使塵（PCP）、古柯鹼和酗酒被捕[42]。不過，他對提醒大眾臨終照顧議題重要性的貢獻，可能遠遠超過大多數生命倫理學家。

像魯迪．里納瑞這般戲劇性的事件，在八〇年代晚期屢見不鮮，那是革命的年代，但美國人起身反抗的不是政府，而是能讓自己在醫院或護理之家永生不死的機器。有位醫師的話精準點出了時代氛圍：「『維持生命』成了『延長死亡』，病人康復不了也死不成，他們成了科技的囚徒[43]。」沒過多久，病人撤除或拒絕維生治療的權利再度鬧上最高法院。接下凱倫．昆蘭棒子的又是一位年輕女子——南希．克魯森（Nancy Cruzan），在失去自我之後，她連生死抉擇都得交由全民議論。

南希第一次死亡是在一九八三年一月，那天她在一條人煙罕至的路上失速，倒栽到有水的溝渠。急救人員立刻趕到現場，為她施行心肺復甦術。她的脈搏在停止十五分鐘後重新恢復，可是她再也沒能清醒，從此陷入永久植物人狀態。南希在密蘇里州的護理之家活了下來，但身體一日不如一日。四年之後，南希的父母不忍見愛女日益憔悴，決定請求移除餵食管，然而遭到拒絕。據南希的父母說，南希曾在對話間透露不願以人工方式維持生命，可是州政府要求他們提出更具體的證據。雖然初審法院同意他們的訴求，但密蘇里州最高法院駁回裁定。法院認為：南希的確有撤回治療的權利，然而這項權利不得由其他人代為行使。法院也認同州政府有要求書面紀錄的權利，可是在那個時期，只有密蘇里和紐約兩州嚴格要求書面紀錄（大多是預立醫囑）。同情克魯森家的人數以百萬，其中一名父親的女兒也是陷入昏迷，他在投書裡寫道：「女兒從小到大，我為她做了很多決定，也給了她很多建議，現在她沒辦法幫自己做決定了，州政府卻打算取代我當她父親。」他還說：「走進她的病房就像走進靈堂……我不禁想起闖進芝加哥醫院的那個魯迪·里納瑞，他得拿把槍在身上才嚇得退醫院的人和警察，才能把他奄奄一息的孩子從呼吸器上『救』下來，搞不好他比我們的法院更明事理[44]。」

另一方面，法院還是提出了新的見解：法院認定人工供給營養和水分屬於醫療行為，與醫療組織和生命倫理機構的普遍立場一致。然而反對者認為：提供食物和水不是醫療行為，反而撤除營養和水分無異於安樂死，形同謀殺。亞特蘭大維護生命團體的約瑟夫·佛曼（Joseph Foreman）牧師說：「在密蘇里州，連餓死條狗都不該合法[45]。」這些反對者不僅多次在法庭上抗議裁定，在克魯森家獲准移除餵食管後，他們還企圖闖入安置南希的醫療機構，打算把餵食管接回去。

最後，法院認定南希·克魯森同事的證詞有效（根據證詞，南希曾經表達不願以植物人狀態存活），並授權克魯森家移除餵食管。餵食管移除兩週後，南希終於結束了漫長、痛苦、將近八年的垂死生活。稍堪欣慰的是，這項判決的效應擴大得很快。加州大學舊金山分校的研究顯示：在一九八七和八八年，死於加護病房者只有半數撤除（或拒絕）維生治療，但到一九九二和九三年，死前撤除維生治療者已達九成[46]。這反映了現代醫療的一項事實：如果醫師堅決不容病人死去，病人的確很難離開人間。有一位很資深的重症醫學主治醫師曾對我講過：「沒有（撤除維生治療）醫囑，加護病房就沒有人能死。」

由於醫師協助自殺和安樂死爭議不斷，不少人開始另謀他途，臨終脫水（terminal dehydration）也成了廣受關注的選項。大衛・艾迪（David Eddy）醫師受母親之託，寫下媽媽絕食求死的過程。老媽媽對他說：「大衛啊，把這事寫下來，讓別人知道這對我多有用，就算是我給大家的遺贈吧[47]。」艾迪的母親維吉妮亞（Virginia）八十四歲，身體硬朗，年齡對她來說只是個數字。她向來活躍，七十歲那年隻身環遊非洲，八十二歲還去懷俄明州蛇河（Snake River）泛舟（雖然船翻了，但幸好人沒事），然而老伴過世之後，她對生命的看法也隨之一變：「我知道他們有辦法讓我活上很久，可是這是幹什麼呢？要是活得根本沒樂趣，狀況也一天不如一天，為什麼非要我拖著不走，非要等到癌症、心臟病或中風來『救』我解脫？……生命的意義就只是能活多久算多久嗎？也許生命的意義深遠得多，根本不需要長命百歲來證明？」

再三思考之後，維吉妮亞下定決心。她想過醫師協助自殺，但因為還不合法，她很快打消這個念頭。她想來想去終於靈機一動，家人們也都贊成她的主意。於是，過了八十五歲生日那天，「她享受完人生最後一片巧克力，開始不吃不喝」。六天之後，她的家人再也喚她不醒，她離開了。

雖然艾迪對臨終脫水評價極高，但大多數人未必適合這種方式。臨終脫水而死的時間不好掌握，可能只需幾天，也可能得花上好幾個星期，不論病人或家屬都得懸著面對不確定感[48]。另一方面，選擇臨終脫水的病人得自行完成任務，別人完全幫不上忙——對已經痛苦萬分的人來說，把自己活活餓死實在太過辛苦。

雖然我們現在對撤除治療已習以為常，但它其實仍有爭議，否則也不會有「拔插頭」這個渾名。這種描述方式正反映出撤除治療的主動面向：要是病人必須依賴維生治療才能活著（比方說，接著人工呼吸器），撤除維生治療幾乎會立刻導致死亡。

舉例來說：有個病人已末期心臟衰竭，他厭倦了併發症，於是要求醫生關掉他的左心室輔助器。可是，他正是因為心臟衰竭才需要裝這個儀器，不然心臟根本無法把血液送往全身。最後，醫生依他的心願關閉左心室輔助器，他也立刻死了。照學者一般的看法，安樂死和撤除治療的區別在於：安樂死是「作為」(commission)，撤除治療則是「不作為」(omission)。我不得不說：這個論證實在站不住腳，因為很多時候，撤除治療就和注射致命藥物一樣明知故意[49]。

另一種常見的反安樂死論證訴諸希波克拉底誓詞，因為誓詞裡說醫師的主要任務是延長生命。問題是：這種論調完全沒把病人意願考慮進去。如果末期病患決意拒絕延命藥物、處置和急救措施，他們等於已明確聲明不願以醫療手段維持生命。面對這種情形，我們為什麼能容許病人用不確定、缺乏自主又痛苦的方式結束生命，卻不能用別的辦法讓他們完成心願呢？就算防止自殺是不容挑戰的鐵則，但請問：要是一個人決心自殺，我們真的有辦法成功阻止嗎？事實上，重度憂鬱或有自殺傾向的病人，即使過不了醫師協助自殺的審核，只要他們選擇以後不再接受治療、或是停止目前進行的治療，我們還是一點辦法也沒有[50]。

雖然我們的社會、法院和醫師對撤除治療皆無異議，但看看消極安樂死（或半積極安樂死）和積極安樂死之間的界線有多模糊，還是發人深省。身為醫師，我們都已在腦中畫下明確的界線，好讓自己能安心工作，然而實際情況遠比我們認定的曖昧。在寫這本書的過程裡，我對自己的認識也更深一層，最令我意外的是，在認清我現在終於了解的癥結之後，我的結論是：有行為能力的末期病人有權要求醫師協助自己結束痛苦，也有權獲得結束痛苦的方法或工具。我們必須更著力討論這項議題，更用心支持他們的這份權利。

✢ ✢ ✢

每個生命各有不同，死亡則一以貫之地消沉、慘澹，更重要的是毫不令人神往。自殺求死之人多半是為了終結生命，而非追求死亡，臨終病患也是如此。到目前為止，我還沒遇過為了死亡本身而求死的病人。事實上，越是千方百計想掙脫生命的人，往往也越是看重生命的意義。

有些人說現代醫學在拖延死亡上花了太多精神，反而不夠用心增長有品質的生命。我不同意這種看法，但我得承認：很多病人在去世之前，虛弱和痛苦的日子的確拖得太久。不過，護理師和醫師對這些病人生命品質的評估，往往遠低於病人本身的感受。這其實並不奇怪，因為病人往往能逐漸適應疾病帶來的不便，而絕大多數的病人都願意以合理的方式活久一點。

可是，還是有少數案例過於悲苦艱辛，彷彿存活本身就是煎熬與絕望。不論折磨病人的是癌症、敗血症還是肝硬化，它們都已侵蝕病人生命的本質。

醫生現在已能減輕很多症狀，鴉片類藥物止痛，苯二氮平抗焦慮，止吐劑治反胃，專精臨終照護的醫師或護理師隨手就能找到對應的藥物。可是這些藥物不甚完美，例如鴉片類藥物讓人倦怠、昏沉、神智不清，雖然它們的確能有效止痛，但也令人委靡不振。此外，鴉片類藥物需索無度，身體一旦嘗過鴉片的滋味，神經元便會大量增生受體，下次若想達到同樣的止痛效果，就只有提高劑量一途。

越是接近生命盡頭，接受醫療介入的頻率也越是暴增。以美國老人為例，在人生最後一年會入院接受外科處置的達三分之一，在最後一個月曾接受外科處置的則有五分之一[51]。看看醫療處置的時間與死亡多麼接近，我們也許應該好好思考這些治療是否真的有益。同樣地，在生命最後半年，曾接受插管、CPR和管灌餵食等維生治療的病人也有五分之一[52]。隨著人生將盡，看診、接受治療和服藥的次數往往越來越多、越來越多、越來越多，一連串的折騰似乎漫無止境，直到有一天你恍然大悟：這場風暴能摧毀的東西其實已所剩無幾。此時，大多數的病人或家屬會決定撤除維生治療，迎接他們死命拖延的結局。

在以前，臨終過程通常是病倒、病情迅速惡化、死亡；但現在，一般人的死亡過程往往是：生病，好轉，可是再也沒法恢復原本的健康水準，接著再病倒，再好轉，診斷和治療不斷增加，最後病人終於明白做得再多恐怕也無力回天——但通常為時已晚。大多數病人都是如此，他們的心理也確實可以理解，可是少數病人不是這樣，他們不願從俗，堅持要走自己的路。有些地方也果真為他們另闢蹊徑、訂立新法，讓這些有主見的人能忠於自我，選擇一條雖不圓滿、但他們可以接受的不歸路。

回顧這段歷史，也許有人想問：為什麼最反對協助自殺的總是醫師？正如軍人出操是為了作戰，水手見習是為了航行，政客跑攤是為了弄權，醫師之所以對嚴格訓練甘之如飴，也就是為了治療。不論「治療」的內容是消除症狀、導正電解質不平衡、切除腫瘤或疏通血管，醫師年復一年不分晝夜隨時待命、緊繃神經，就是為了在收到病人時知道自己該做什麼。要醫生體悟什麼時候該適可而止，就像要病人和家屬放下期待一樣困難。

對很多醫生來說，將協助自殺加進業務範圍還有另一個風險：破壞醫病關係。醫生們認為信任是醫病關係的基礎，賦予醫師殺人的權力可能平添病人疑懼——知道醫師也有協助自殺之責，病人三更半夜見到醫師來床邊檢查點滴，心裡會做何聯想呢？

其實，現在無論是一般人或醫護人員，在很大程度上都已接受近似安樂死的處置（如果這些處置真的和安樂死有區別的話）。臨終鎮靜、臨終脫水，以及撤除或停止各式各樣的維生治療或急救措施，對醫師來說當然和安樂死判然有別，可是對沒受過醫學和倫理訓練的一般人來說，它們之間的區別是很模糊的[53]。混淆這個議題的結果，是硬生生從病人手上奪走選擇如何死亡的權力，將死生大權交給醫療代理人和醫師，但不論是代理人還是醫師，詮釋病人心意的能力都出了名地差勁。

在我接受醫學訓練的過程裡，我學到的是：醫學倫理的根本是以病人為首要顧念。為了寫這本書，我除了查閱資料之外，也徵詢病人、醫師、護理師、照顧者和研究者的看法，並重新思考過去以為並無疑義的例行工作，我慢慢發現：現在被當成臨終照顧標準的那些原則，其實都是為了便宜行事；推動討論的其實是醫療技術的演進，病人和醫師只是拚命跟上而已。

相關討論中極其重要、卻還沒有解決的問題是：我們該如何界定「傷害」？反對協助自殺的人動輒抬出「不傷害」的神主牌，可是到底什麼是「傷害」？病人被迫接受自己不想要的治療算「傷害」嗎？過度又沒有益處的處置是「傷害」嗎？不能在自己眷戀的地方去世是不是「傷害」？最重要的或許是：無法以自己希望的方式死去算不算「傷害」？

古希臘人造出「euthanasia」這個字時，也許已經開始思索我們現在苦苦追問的問題：什麼是「好死」？這或許是人世間最重要、也最困難的問題——生命中最嚴重的一次損失，怎麼可能是「好」的呢？有醫學這個活像治療機械的巨獸擋在眼前，病人的聖戰好像不是阻擋死亡，而是能以合理的方式迎接死亡。《紐約時報》曾以頭版報導約瑟夫．蘭德瑞（Joseph Landry）的故事，詳述醫療體系為何無能完成他向來的心願——在家去世。報導提到約瑟夫的女兒在這段時間怎麼幫助她父親，標題下得感傷：「父親的遺願，女兒的傷痛」[54]。病人希望如何結束人生？我們又該怎麼幫助他們完成心願？這都是我們這個時代極為迫切的問題，然而儘管我們在很多方面已有長足進步，這些問題仍懸而未決。

註釋

1 Maynard B. My right to death with dignity at 29. CNN.com. www.cnn.com/2014 /10/07/opinion/maynard-assisted-suicide-cancer-dignity/. 2014.

2 Willems DL, Daniels ER, van der Wal G, van der Maas PJ, Emanuel EJ. Attitudes and practices concerning the end of life: a comparison between physicians from the United States and from The Netherlands. *Arch Intern Med.* 2000;160(1):63– 8; Meier DE, Emmons CA, Wallenstein S, Quill T, Morrison RS, Cassel CK. A national survey of physician-assisted suicide and euthanasia in the United States. *N Engl J Med.* 1998;338(17):1193–201.

3 Meier DE, Emmons CA, Wallenstein S, Quill T, Morrison RS, Cassel CK A national survey of physician-assisted suicide and euthanasia in the United States. *N Engl J Med.* 1998;338(17):1193–201.

4 Lee MA, Nelson HD, Tilden VP, Ganzini L, Schmidt TA, Tolle SW. Legalizing assisted suicide—views of physicians in Oregon. *N Engl J Med.* 1996;334(5):310–15.

5 Meier et al., A national survey.

6 Asch DA. The role of critical care nurses in euthanasia and assisted suicide. *N Engl J Med.* 1996;334(21):1374–79.

7 Kolata G. 1 in 5 nurses tell survey they helped patients die. *New York Times.* May 23, 1996

8 Emanuel EJ, Fairclough DL, Daniels ER, Clarridge BR. Euthanasia and physician-assisted suicide: attitudes and experiences of oncology patients, oncologists, and the public. *Lancet.* 1996;347(9018):1805–10.

9 Wilson KG, Scott JF, Graham ID, Kozak JF, Chater S, Viola RA, et al. Attitudes of terminally ill patients toward euthanasia and physician-assisted suicide. *Arch Intern Med.* 2000;160(16):2454–60.

10 Oregon Public Health Division, *Death with Dignity Annual Report—2013.* public.health.oregon.gov/ProviderPartnerResources/EvaluationResearch/DeathwithDignityAct/Documents/year16.pdf. January 28, 2014.

11 Battin MP, van der Heide A, Ganzini L, van der Wal G, Onwuteaka-Philipsen BD. Legal physician-assisted dying in Oregon and the Netherlands: evidence concerning the impact on patients in "vulnerable" groups. *J Med Ethics.* 2007; 33(10):591–97.

12 Levy MH. Pharmacologic treatment of cancer pain. *N Engl J Med.* 1996;335 (15):1124–32.

13 Marquet RL, Bartelds A, Visser GJ, Spreeuwenberg P, Peters L. Twenty five years of requests for euthanasia and physician

assisted suicide in Dutch general practice: trend analysis. *BMJ.* 2003;327(7408):201–2.
14 Ganzini L, Goy ER, Dobscha SK. Why Oregon patients request assisted death: family members' views. *J Gen Intern Med.* 2008;23(2):154–57.
15 Maynard, My right.
16 Oregon Public Health Division, *Death with Dignity Annual Report.*
17 Tucker KL. State of Washington, third state to permit aid in dying. *J Palliat Med.* 2009;12(7):583–4; discussion 5.
18 Rich BA. Baxter v. Montana: what the Montana Supreme Court said about dying, dignity, and palliative options of last resort. *Palliat Support Care.* 2011;9(3):233–37.
19 McCarthy M. Vermont governor agrees to sign bill on physician assisted suicide. *BMJ.* 2013;346:f3210.
20 Angell M. The Brittany Maynard effect: how she is changing the debate on assisted dying. *Washington Post.* October 31, 2014.
21 Bever L. Brittany Maynard, as promised, ends her life at 29. *Washington Post.* November 2, 2014.
22 Glass RM. AIDS and suicide. *JAMA.* 1988;259(9):1369–70.
23 Campo R. The Final Show: What the Body Told. Duke University Press; 1996.
24 Hermann C, Looney S. The effectiveness of symptom management in hospice patients during the last seven days of life. *J Hosp Palliat Nurs.* 2001;3(3); Georges JJ, Onwuteaka-Philipsen BD, van der Heide A, van der Wal G, van der Maas PJ. Symptoms, treatment and "dying peacefully" in terminally ill cancer patients: a prospective study. *Support Care Cancer.* 2005;13(3):160–68.
25 Morita T, Inoue S, Chihara S. Sedation for symptom control in Japan: the importance of intermittent use and communication with family members. *J Pain Symptom Manage.* 1996;12(1):32–38.
26 Mangan JT. An historical analysis of the principle of double effect. *Theol Studies.* 1949;10:41–61; Quill TE, Dresser R, Brock DW. The rule of double effect—a critique of its role in end-of-life decision making *N Engl J Med.* 1997;337(24):1768–71.
27 Vacco, Attorney General of New York, et al. v. Quill et al. 521 US 793. 1997; Washington, et al., Petitioners v. Harold Glucksberg, et al. 521 US 702. 1997.

28 Brief of the American Medical Association, et al., as amici curiae in support of petitioners, at 6, *Washington v. Glucksberg,* 117 S. Ct. 2258 (No. 96–110). 1997.
29 Billings JA, Block SD. Slow euthanasia. *J Palliat Care.* 1996;12(4):21–30.
30 Quill, TE. Death and dignity. A case of individualized decision making *N Engl J Med.* 1991;324(10):691–94.
31 Quill TE. The ambiguity of clinical intentions. *N Engl J Med.* 1993;329(14):1039–40.
32 Orentlicher D. The Supreme Court and terminal sedation: rejecting assisted suicide, embracing euthanasia. *Hastings Constit Law Q.* 1997;24(4):947–68.
33 Bruce A, Boston P. Relieving existential suffering through palliative sedation: discussion of an uneasy practice. *J Adv Nurs.* 2011;67(12):2732–40.
34 AMA. Opinion 2.201—Sedation to Unconsciousness in End-of-Life Care. 2008.
35 Sykes N, Thorns A. Sedative use in the last week of life and the implications for end-of-life decision making. *Arch Intern Med.* 2003;163(3):341–4; Thorns A, Sykes N. Opioid use in last week of life and implications for end-of-life decision-making. *Lancet.* 2000;356(9227):398–99.
36 Claessens P, Menten J, Schotsmans P, Broeckaert B. Palliative sedation: a review of the research literature. *J Pain Symptom Manage.* 2008;36(3):310–33.
37 Patterson JR, Hodges MO. The rule of double effect. *N Engl J Med.* 1998; 338(19):1389; author reply 90.
38 Lo B, Rubenfeld G. Palliative sedation in dying patients: "we turn to it when everything else hasn't worked." *JAMA.* 2005;294(14):1810–16.
39 Johnson D. Questions of law live on after father helps son die. *New York Times.* May 7, 1989.
40 Johnson, Questions of law.
41 Mitchell C. On heroes and villains in the Linares drama. *Law Med Health Care.* 1989;17(4):339–46.
42 Man who unplugged son takes PCP. *Los Angeles Times.* June 2, 1989.
43 Fairman RP. Withdrawing life-sustaining treatment. Lessons from Nancy Cruzan. *Arch Intern Med.* 1992;152(1):25–27.
44 Busalacchi P. Cruzan: clear and convincing? How can they? *Hastings Cent Rep.* 1990;20(5):6–7.

45 Lewin T. Nancy Cruzan dies, outlived by a debate over the right to die. *New York Times*. December 27, 1990.

46 Prendergast TJ, Luce JM. Increasing incidence of withholding and withdrawal of life support from the critically ill. *Am J Respir Crit Care Med*. 1997;155(1):15–20.

47 Eddy DM. A piece of my mind. A conversation with my mother. *JAMA*. 1994; 272(3):179–81.

48 Miller FG, Meier DE. Voluntary death: a comparison of terminal dehydration and physician-assisted suicide. *Ann Intern Med*. 1998;128(7):559–62.

49 Orentlicher D. The alleged distinction between euthanasia and the withdrawal of life-sustaining treatment: conceptually incoherent and impossible to maintain. *Univ Ill Law Rev*. 1998;1998(3):837–59.

50 Sontheimer D. Suicide by advance directive? *J Med Ethics*. 2008;34(9):e4.

51 Kwok AC, Semel ME, Lipsitz SR, Bader AM, Barnato AE, Gawande AA, et al. The intensity and variation of surgical care at the end of life: a retrospective cohort study. *Lancet*. 2011;378(9800):1408–13.

52 Tschirhart EC, Du Q, Kelley AS. Factors influencing the use of intensive procedures at the end of life. *J Am Geriatr Soc*. 2014;62(11):2088–94.

53 Battin MP. Terminal sedation: pulling the sheet over our eyes. *Hastings Cent Rep*. 2008;38(5):27–30.

54 Bernstein N. A father's last wish, and a daughter's anguish. *New York Times*. September 25, 2014.

CHAPTER 13

#上網談死
#WhenDeathIsShared

現代人的死亡路上總有許多不速之客，寂寞是其中之一。年齡像是一座金字塔，爬得越高空氣越稀，越是接近頂峰，還在身邊的朋友和親人也越少。目前已年近百歲的老作家羅傑・安格爾（Roger Angell）幾年前在《紐約客》寫道：「我們這些老不死只有通訊錄的厚度差堪傲人，裡頭全是先走一步的老公老婆、兒子女兒、老爸老媽、前任情人、兄弟姊妹、牙醫、精神科醫生、辦公室助理、度假認識的朋友、老同學、前老闆，全都是以前熟得要死，好像人生中不能沒有的人[1]。」

這種境況泰半是人類壽命大幅延長的副作用，不過臨終病患之所以孤寂，主要是醫療體系演化所造成的結果。大多數人一旦病重，不是住進醫院、護理之家，就是被送進安養中心，然後在那裡度過餘生，只有極少數人例外。

死前失能讓人無法選擇自己的生活方式，沒辦法興之所至打打保齡球、逛逛公園、混混酒吧、和老朋友聊聊天，也沒辦法交新朋友。

不過，情況已開始改變，不太令人意外的是，這種變化是病人自行推動的。越來越多人開始記錄自己罹病、好轉、復發的過程，但用的不是紙筆，而是網路。不論是部落格、臉書、推特或是影片分享網站，都鼓舞了面臨生死關頭的病人上網分享想法。我以前照顧過一位年輕病人，年紀才二十出頭，卻診斷出一種相當罕見的惡性腫瘤。我每天早上巡房他都恍神，和我說話有一搭沒一搭，大多數時候死盯著筆電，有一次跟我說他實在不適合早起。有一天真是奇了：我七點進房，他已直挺挺坐在床上，笑盈盈地跟我打招呼。我實在意外，問他發生了什麼事心情這麼好？他說晚一點他得離開醫院外出一趟。我一下子反應不過來，因為他還有感染，正在用點滴注射抗生素，腹部還接了根管子引流膽囊膿液。純就治療角度來說，這時外出實在不是好主意。他也許看出我的遲疑，沒等我開口就把筆電一轉，把螢幕往我眼前一捧——原來他開了個網站。網頁上有張他穿病人服的照片，不但豎起兩根大拇指比讚，臉上那快活樣更是我想都想不到的。那是個募資網站，他也安排好了那天要辦個活動。我了解他的心情，現在沒別的事能比離開醫院走走更讓他開心，畢竟他在這裡只能不斷挨針、發燒，跟醫師或護理師討價還價要止痛藥。

我得想出辦法讓他順利參加活動。我們決定調整一下他注射抗生素的時間，好為他挪出空檔當天來回醫院。

現在，網路成為不計其數性命垂危的病人的心靈寄託，他們在上頭記錄疼痛、訴說煎熬，當然也抒發心情，娓娓道來所有的希望、低潮、欣喜與逃避。其中一位部落客是名二十多歲的女子，以懷才不遇的俄國小說家奧勃洛莫夫（Oblomov）為筆名。她把自己確診、緩解、復發的歷程發表在網路上。其中一篇貼文標題是〈又一個無名小卒的日記〉（The Diary of Another Nobody），裡頭寫道：「寫部落格和這些紀錄是為了……賦權，我想展露反抗的姿態，反抗時間的碾壓，反抗眾人的健忘，反抗宇宙的冷漠[2]。」她的部落格讓她不再是無名小卒——作家克里夫．詹姆斯（Clive James）在接受《紐約時報》訪問時提到了她[3]，她一下子多了很多追蹤者，不少粉絲像為馬拉松選手助陣般地給她鼓勵，一路上搖旗吶喊，遞水歡呼。她的真名是希卡．卡布拉（Shikha Chabra），我想要聯絡她的時候，她已停止更新部落格，離開人世。

網路的出現，讓病患和家屬能以前所未有的方式談論死亡，相關議題的討論群體頓時擴大。但說來慚愧，最不以為然的正是醫界。我曾為《紐約時報》寫過一篇文章，內容描述人在醫院裡的最後時刻[4]，結果一名醫師在留言欄寫道：「身為腫瘤科醫生，我覺得在公共論壇裡討論這種事有點奇怪（嗯，我知道自己現在也在做一模一樣的事，所以這樣講是有點諷刺）。如果死亡是神聖的，臨終是私密的，為什麼還要出書渲染這些事呢？更何況這並不新鮮，每年見識這些事的醫護人員起碼成千上萬。」另一位讀者馬上回文：「為什麼要出書？當然是因為死亡一．點．也．不『神聖』，人人都有一死。偏偏我們美國人閉口不談，不想清楚就讓臨終病人接受殘酷又無效的醫療。為什麼不好好想清楚呢？還不是因為偉大的現代醫學所向無敵！可是現代醫學沒．辦．法改變人的最終結局，最多只能拖延。病人和家屬都應該了解深愛的人死前會發生什麼、又能做些什麼。他們應該知道到底會發生什麼事，知道讓病人再活下去於事無補，知道病人的生命品質才是重點。」

死亡到目前為止仍罩著一層神祕面紗，部分原因是人們無從了解，部分原因是大家不願了解。大多數文化忌諱談死，覺得討論這個話題太觸霉頭。但現在，死亡以前所未見的方式成為熱門話題，行將就木的人願意談，風華正茂的人也願意聽。文化上的轉變，也許比任何科技進展更有益於改善死亡過程。

✢ ✢ ✢

現在，我們已開始用全新的工具——社群媒體和網路——分享自己對死亡最私密、最個人的看法。二〇一三年七月廿九日星期一，晚上七點廿七分，史考特・西蒙（Scott Simon）在推特上寫下：「心率下降，心臟惡化」。頓時，他的百萬名追蹤者都置身芝加哥的一所機構，來到他垂死母親的床前。雖然他原本就是公眾人物，長期在全國公共廣播電台擔任記者，但他在推特上直播母親死亡的這個鐘頭，或許是他一生裡最受矚目的時刻。他的推文時而輕鬆（「我知道時候到了。畢竟，這是我長大後唯一一次她沒念我：『你這衣服是怎麼穿的？』」），時而沉重（「聽護士說，人最後的知覺是聽覺，所以我打算一直唱歌說笑話」），晚上八點十七分，最後時刻終於到來，他寫道：「芝加哥的天開了，派翠西亞・里昂斯・西蒙・紐曼（Patricia Lyons Simon Newman）榮登舞台。」

大限將至的病人以往常常被邊緣化，他們現在開始反撲，重新成為舞台焦點。雖然我不再可能與希卡・卡布拉直接交流，但我還是聯絡上她的知交克莉媞（Kriti），當初就是她鼓勵希卡開部落格的。「希卡本來對社群媒體完全沒有興趣，」克莉媞告訴我：「可是生病後她很迷臉書。部分原因是為了分享她部落格上的文章，但最主要還是和朋友保持聯絡，因為很多人都見不了面了。」

希卡開始在部落格談死亡的時候，很多家人朋友手足無措，不知如何回應，「大多數人不擅長談這種事。」克莉媞說。隨著希卡的病越來越重，社群媒體成了她接觸外在世界的唯一管道。「我最後一次跟她聊天是在WhatsApp上……我的訊息好幾天都是未讀，最後她總算回了，說她人不太舒服，過幾天再聊。那是我們最後一次對話。」希卡在臉書上的最後一則貼文是搞笑影片，剪接《星艦迷航記》的場景配上惡女凱莎（Ke$ha）的歌。「她最後一段日子很難熬，但我想她有用WhatsApp跟一些人道別，她媽也說她一有精神總會逛逛臉書。」

醫生們不知道的是，很多病人都喜歡用社群媒體「直面死神」。在英國，有個三十歲的男性零售商先是頭痛，後來又不良於行，做了磁振造影才發現腦瘤，而且來勢洶洶，治療毫無效果。他失去說話能力，右半邊的身子也完全失能，只能困在醫院床上，和別人溝通的方式極其有限。他買了一台iPad，在部落格上寫下自己的心路歷程。他很難過沒辦法陪一歲大的兒子成長，於是勤奮寫作，希望兒子將來能從部落格認識他。他在部落格寫了不少東西，醫生們也相當關注，畢竟深入了解臨終病患情緒起伏的機會不多。他的醫生們在報告裡說：「他前一天還在規劃自己的葬禮，後一天又想轉到重症醫院做進一步化療[5]。」醫療團隊肯定這個部落格能幫助他宣洩情緒，但也不禁想問：「如果醫生認為裡頭寫的對他們並不公允，有沒有權利更正或回應呢？……醫生真的有權利回覆嗎？」他們在文章結尾問道：「以電子方式散布這類紀錄可能成為常態。我們準備好面對這股風潮了嗎？」

死亡與臨終議題結合社群媒體之後，在某些層面也帶來新的問題。病人的死散落在臉書的每個角落，時不時便跳出來戳親朋好友一記，毫無預警地揭開他們的創傷。有個家庭甚至遇過這樣的事：年輕爸爸因腦瘤去世後，他的朋友沒先知會家人，就為他開臉書專頁，還把他幾個孩子的照片也貼了上去，號召網友樂捐教育基金[6]。病人家屬知道後大為光火，對於應接不暇的訊息也不堪其擾，其中很多來自死者失聯多年的朋友，而且他們是看到專頁之後才知道他的死訊。對於並不習慣使用社群媒體的家庭來說，這種舉動帶來的刺激尤其嚴重。

社群媒體雖是社會運動的利器，卻也是難以掌握的雙面刃，操作稍有不慎即兩敗俱傷。約書亞・哈蒂（Joshua Hardy）剛出生即患有罕見癌症，年僅七歲便性命垂危。他接受骨髓移植之後發生病毒感染，在免疫系統已經十分脆弱的情況下，這幾乎是致命一擊。他的家人亟欲讓他接受實驗性療法，可是那種藥物尚未獲得臨床許可。於是，他們運用社群媒體向藥廠施壓，一下子就得到幾千份連署。最後，他們雖然如願取得藥物，卻也引起輿論反彈。很多人認為有違公平原則，因為不是每個人都有辦法藉由社群媒體使力，讓自己獲得同樣的待遇[7]。

我們即使離開人世，還是會在社群媒體「活」上好一段時間。前陣子我有個老同學不幸游泳溺斃，幾天後我打開臉書，竟赫然見到他的貼文。那是一張他和家人的照片，似乎是他姊姊代發的。這實在有點怪，他姊姊照說正在撫平喪失至親之痛，這會兒卻用他的帳號發文，說她做夢夢到他還活著、直到現在還無法接受他已去世等等。我死去的朋友的照片就這樣掛在塗鴉牆上，上面頂著小貓的影片，下頭踩著度假狂歡的照片，說有多突兀就有多突兀。我盯著「他的」貼文，心裡五味雜陳，後來越看越不是滋味，乾脆封鎖掉他的帳號。

已經過世的臉書用戶將近一百萬名，於是現在也出現「臉書幽靈」（Facebook ghosts）這個稱呼[8]。臉書設定可以把個人帳號轉成紀念帳號，讓更多人能過來追悼。

社群媒體也能為人留下想法、感受和值得紀念的時刻，以文字、圖片和影片的形式昭告後人，原則上能永久留存。在過去，只有極少數人有本事讓自己的生平傳諸後世，而現在，每個人都能透過社群媒體詳細記錄自己的人生。有些公司已經開發出新的方法，讓社群媒體能在曲終人散後繼續經營一個人的人生。Deadsocial.org就是如此，它能在會員身故後以他們的社群媒體帳號更新訊息。

入會免費，會員可以預先設定排程，在身後透過臉書或推特發布影音訊息。據網站介紹，這能讓用戶「持續發揮遺澤」。

我們幾乎可以確定：社群媒體不會只有三分鐘熱度，而且這股風潮很可能比我們活得都久。人年紀越大，行動越受限制，身心越是被疾病孤立，網路對他們的人際交流就越是重要。電腦系統智慧化程度更高之後，我們可能光用想的就能傳播觀點。不論怎麼評價數位連結對社交生活的影響，無可否認的是，數位科技對臨終者具有潛在益處。至少我的看法是：與目前研發的許多尖端醫療相比，網路也許更能舒緩面對死亡時的存在焦慮。

醫生向來有很多盲點，但其中最大的一個，或許就是對病人在醫院外的人生一無所知。對醫生來說，把病人當病人看待的確十分重要，但如果能認知到病人也有自己的人生、現在只不過是困在他們完全不想待的地方，對了解病人一定非常有幫助。醫界目前才剛剛開始感受到社群媒體的好處，也逐漸發現這種新媒介有益於協助末期病人。我們提出了一些新的計劃，打算不只運用社群媒體強化病人的人際連結，也把它應用在實際醫療照顧上[9]。

舉例來說，Skype和其他影音通訊軟體已非常普遍，我們既然能用它們和親朋好友視訊，病人當然也能用它們和醫療照顧者溝通。線上論壇如今也比比皆是（如癌症經驗登錄中心〔Cancer Experience Registry〕），大量搜集病人反饋，記錄化療病患的情緒問題。我們著手創新的機會無窮無盡。

✛ ✛ ✛

科學發展已大幅重塑醫療面貌，但我們必須謹記：醫界使用的很多技術還是相當老派，甚至遠遠落後時代。舉例來說，醫生是少數幾種還在用呼叫器聯絡的職業之一；像聽診器、心電儀這些我們每天使用的工具，也都有超過百年歷史。即使是看似尖端的醫學突破，很多也是以更古老的療法為基礎，例如二〇一五年贏得諾貝爾生理醫學獎的瘧疾療法，其實早在五百年前便已出現[10]。事實上，連讓現代醫院獲益良多的電子病歷，以當前科技標準看來也顯得笨拙、龐雜而過時。醫學教育、行醫技巧以及醫生和病人互動的方式，很多仍因循傳統規矩。

所以毫不令人意外的是：雖然醫生私下也會使用社群媒體，但很少有人把新媒介用在工作上。這種現象不難理解：很多醫師唯恐跨越病人隱私的紅線，畢竟相關規定近年越來越嚴。可是，如果醫生不在社群媒體上積極發聲，真空地帶很容易被江湖郎中填補。健康議題向來深受關注，時日無多的病人尤其希望能獲得指引，只不過他們更常在網路論壇裡搜尋資訊，而不是在短短的看診時間裡向醫師提出問題。如果醫師不重視網路話語權，摩拳擦掌準備帶風向的名嘴多如過江之鯽。為了出名，他們樂得利用獵奇心理散播不實資訊，甚至故意挑起恐懼。

民眾渴求專業意見，醫師選擇沉默噤聲，兩者之間的空白，目前是由少數身兼兩種身份的人填補——罹患絕症的醫師。凱特．葛蘭傑（Kate Granger）醫生原本專攻老年醫學，行醫生涯被迫中斷時才二十九歲。她和夫婿克里斯（Chris）住在英國約克夏（Yorkshire），二〇一一年，夫婦兩人興致沖沖飛了幾千哩來加州度假。不料凱特突然病倒，克里斯趕忙將她送到當地急診，結果發現兩顆腎臟皆已衰竭。進一步的檢查發現：凱特腹部有個東西阻擋尿液排出腎臟，而那「東西」是極為罕見的惡性腫瘤——兩百萬人裡只有一人會得。剛開始時，醫院以為癌症限於腹部，應該可以手術切除。但凱特接下來的經驗和得知的事，也許很多人並不陌生。

「我那時在邊間，外面的事都聽得見。我覺得又難過又寂寞。」凱特對《每日郵報》（*Daily Mail*）說[11]：「有個資淺醫生來看我，跟我講那禮拜做的磁振造影結果。我之前沒見過那個醫生，他走進來坐在我旁邊的椅子，看也沒看我一眼，沒寒暄，也沒先問需不需要有個人陪我，開口就說：『你癌症擴散了。』」

凱特現在三十出頭，仍在與疾病頑抗[12]。她顯然不打算孤軍奮戰，不但開始寫部落格，也開了推特，吸引三萬五千多名追蹤者。她發起「#hellomynameis」行動[13]，鼓勵醫護人員向病人及家屬介紹自己，以建立關係。雖然化療將她從鬼門關前搶回，但她的癌症仍無藥可治，也隨時可能復發。凱特已經想過人生該如何謝幕：她打算用推特直播臨終過程。「我會在推特裡講出我的症狀、治療、恐懼、焦慮、期盼，還有克里斯的反應，然後全標上#deathbedlive。」凱特寫信告訴我：「我希望把人生好好想過一遍，回憶美好時光，也感謝每一個人為我做的每一件事。我希望#deathbedlive能成為契機，鼓勵我們社會討論死亡，也讓家人之間更願意講出臨終心願。」

從醫生的立場出發，凱特認為：如果醫生能看到病人在社群媒體抒發的想法，一定能獲益良多。「我對病人的貼文很感興趣，那能讓我更了解他們的臨終經驗……要是病人沒有得到夠好的照顧，即時反饋也可以讓醫生馬上掌握情況，改善問題。」

雖然凱特已將病情公諸於世，也打算在推特上直播自己的臨終時刻，可是她開始有些猶豫，不確定到時該不該上網分享：「我覺得死亡是非常私密的經驗，也許應該隔絕外人，只讓本人和至親參與。推特上的眼光可能讓我分享得有壓力，也許我該全心專注在自己、克里斯和家人身上。」被網路酸民騷擾之後，她原本的想法起了變化，有一次還有人留言教訓她：「你不配當醫生。」

醫生現在比較願意公開談自己的死。我們這個時代最偉大的作家之一——奧立佛．薩克斯（Oliver Sacks）——確認癌症轉移後發表了一系列文章。二〇一五年七月廿四日，薩克斯醫師去世一個月前，《紐時雜誌》（*New York Times Magazine*）刊出他凝望壯麗夜空的感觸：「恢宏的蒼穹霎時讓我領悟：我剩下的光陰和生命，是何等短暫啊！我忘情於天空之美，震懾於永恆之耀，揉雜著白雲蒼狗的感懷，死之將至的惆悵。」

雖然整體說來，醫生還不太會用新媒體增進病人的利益，但有些人已經開始試著改變。倫敦大學學院（University College London）人類學教授丹．米勒（Dan Miller）正投入心血，負責主持一項多年期計劃，研究社群媒體對安寧療護可能發揮的效果[14]。米勒的其中一個目標是打破思考框架，不再將臉書、推特、Skype等互動方式分開看待。「我們必須擴大視野，不獨專於特定媒體形式。」他在電郵裡告訴我：「有人特別愛用簡訊，你可以跟他們通電話、見面或約診，可是一定要先用簡訊講好。也有人和醫生面對面就講不出話，可是能三更半夜寫上一長篇電郵。」米勒也在研究過程中發現：對於用什麼方式和病人溝通最好，醫生的態度尤其僵化，「很多醫生根本不想聽相關建議，只是很堅持哪些媒體可以用、哪些媒體不能用。這對病人來說是個問題。」

社群媒體為臨終之人開啟了新的溝通方式。現在，如果我聽說有人用Skype之類的媒介直播去世過程，我覺得我不會驚訝。對米勒來說，直播死亡並不驚世駭俗：「傳統上，很多文化不也要求親人過世時該『隨侍在側』嗎？用Skype『隨侍在側』有什麼不一樣嗎？這只是讓無法到場的人也能參與而已。」

我的想法是：只要新方法能為我們的社會撥開禁忌，就值得一試；只要能讓死亡與臨終的暗室透一道光，就應該歡迎；只要能提供病人和家屬更多溝通管道，就是往正確方向踏出了一步。我們醫界的人總在嘗試新器具、新處置和新藥，可是對新溝通方式一直卻步不前，結果就是：病人能徵詢醫生的唯一管道就是掛號求診，甚至更糟——等到病重了才被送進醫院。

如果死亡是人類的大敵，它的攻擊力在黑暗裡發揮得最好，諱莫如深是它求之不得的掩護。很多人以為藥物和科技是擊敗死亡的利器，殊不知它們只能推遲死亡，甚至只能拖延死亡的過程。在我看來，死亡最忌憚的武器就是暴露面目，如果我們想擊敗它，最好的方式或許就是不斷討論，至死方休。

✢ ✢ ✢

現在，我們的死敵在光天化日之下遭逢前所未有的挑戰。我們開了死亡咖啡[15]和死亡沙龍[16]，翹著二郎腿邊吃邊喝邊聊死亡。喬治·卡林（George Carlin）這樣的人大開死亡玩笑，這是過去想都想不到的事。在大學裡，關於死亡的課程變得越來越紅[17]。你甚至買得到一種叫Tikker的錶，上面顯示你預計還剩多少壽命。在日本，有些年輕人還會先躺進棺材裡照相，看看時候到了選哪個棺材比較好。這些行動都算是「笑看死亡」運動（"death positive" movement）的一部分，不但讓實際面臨死亡的人看穿它，也讓還不需面對它的年輕世代做好準備[18]。

意識到自己必有一死，不僅能不再對死亡望而生畏，還能讓我們更加仁慈。有項研究顯示：越常思索死亡的人，越樂於參加利他無私的行動（如捐血）[19]。另一項研究也發現：思索死亡能讓人更願意樂捐，並增加感恩之心。最後，有點出乎我們意料的是：思索死亡居然能減輕壓力[20]，而研究證明壓力減輕能讓人更健康、更長壽[21]。

醫生們也會討論死亡，而且和自己人談起來常常坦率得多。我們受的訓練基本上把死亡當成最大的失敗。我在加護病房工作時遇過一位病人，他病得很重，可是似乎有好轉跡象。我的住院醫師朋友檢查過後想幫他裝餵食管，不料裝到一半，他突然反應全失，監視器顯示他惡性心律不整。我朋友拚命找他脈搏，可是完全量不到。她立刻做了CPR，可是病人終究救不回來。

我朋友情緒決堤，躲到角落哭泣。我過去拍拍她的肩膀，帶她走向外頭等著的住院醫師夥伴，大家紛紛安慰擁抱她。我了解她的感受：她覺得自己失敗了。直到今天，我仍清楚記得當時的情景。

在醫學領域，死亡是決定研究成敗和治療價值的唯一判準。即使治療能讓病人較為舒適，只要無法阻擋死亡，就只有打入冷宮的命運。

思及自身之死，醫生其實並不認為那是最壞的結果。研究發現：醫生不分老少，願意在必要時接受CPR的都是少數[22]，顯見醫生多半在意生命品質遠勝於壽命長短。在醫生思考自己的生死問題時，顯然寧可速死也不願拖延死亡。

雖然口頭說說永遠比做的容易，但現在，醫生也許應該向他們的一些病人看齊，開始坦誠而開放地討論死亡。死亡在美國已變得高度政治化，而政客總愛利用大眾的恐懼操弄人心。醫生曾經高高在上對著病人發號施令，但風向改變之後卻矯枉過正，在病人最需要醫生提供建議時緘默不語。

我們總愛誇誇其談「征服」死亡，而且似乎以為閃躲死亡便是征服了它，我的想法不是如此。我認為：死亡之所以能橫行霸道，正是因為我們噤口不言，是我們的沉默給了它力量。如果我們能恢復失落已久的死亡傳統，必能獲益良多——我們過世的地方應該離家更近，去世之前應該更不寂寞，也不需長期忍受嚴重失能。不過，有項關於死亡的舊習必須革新，這個面向改變之前，我們還不算將死亡帶入新的時代：我們應該讓平和、知性的死亡對話成為常態，在課堂討論裡，在觥籌交錯中，在共享天倫時，在談笑風生間，而當然，也在醫病溝通裡。

註釋

1 Angell R. The old man. *New Yorker*. February 17 & 24, 2014.
2 Chabra S. The diary of another nobody. *Oblomov's Sofa*. September 2014.
3 Erlanger S. A writer whose pen never rests, even facing death. *New York Times*. October 31, 2014.
4 Warraich H. The rituals of modern death. *New York Times*. September 16, 2015.
5 Lowney AC, O'Brien T. The landscape of blogging in palliative care. *Palliat Med*. 2012;26(6):858–59.
6 Smith B. Dying in the social media: when palliative care meets Facebook. *Palliat Support Care*. 2011;9(4):429–30.
7 Cha AE. Crowdsourcing medical decisions: ethicists worry Josh Hardy case may set bad precedent. *Washington Post*. March 23, 2014.
8 Wernick A. Social media is transforming the way we view death and grieving. PRI.org. www.pri.org/stories/2014-12-11/social-media-transforming-way-we-view -death-and-grieving. December 2014.
9 Miller D. Hospices—the potential for new media. www.ucl.ac.uk/anthropology /people/academic_staff/d_miller/mil-28. 2015.
10 Johnson I. Nobel renews debate on Chinese medicine. *New York Times*. October 10, 2015.
11 Borland S. How NHS dehumanises patients, by doctor, 32, who is dying of rare form of cancer. *Daily Mail*. June 6, 2014.
12 譯註：凱特・葛蘭傑醫師已於二〇一六年七月廿三日去世，得年卅五歲。
13 譯註：作者筆誤為「#mynameis」，查證後改正（#mynameis是反臉書實名制的活動）。
14 Miller, Hospices.
15 Davies C. The death café. Aeon. aeon.co/magazine/philosophy/death-has-become-too-sanitised/. September 11, 2013.
16 Hayasaki E. Death is having a moment. *Atlantic*. October 25, 2013.
17 Reese H. The college course that's all about death. *Atlantic*. January 14, 2014.
18 O'Connor K. The death-positive movement. *Pacific Standard Magazine*. May 16, 2013.
19 Blackie LE, Cozzolino PJ. Of blood and death: a test of dual-existential systems in the context of prosocial intentions. *Psychol Sci*. 2011;22(8):998–1000.

20 Vail KE III, Juhl J, Arndt J, Vess M, Routledge C, Rutjens BT. When death is good for life: considering the positive trajectories of terror management. *Pers Soc Psychol Rev.* 2012;16(4):303–29.
21 Aldwin CM, Molitor NT, Avron S III, Levenson MR, Molitor J, Igarashi H. Do stress trajectories predict mortality in older men? Longitudinal findings from the VA Normative Aging Study. *J Aging Res.* 2011;2011:896109.
22 Periyakoil VS, Neri E, Fong A, Kraemer H. Do unto others: doctors' personal end-of-life resuscitation preferences and their attitudes toward advance directives. *PLoS ONE.* 2014;9(5):e98246; Gallo JJ, Straton JB, Klag MJ, Meoni LA, Sulmasy DP, Wang NY, et al. Life-sustaining treatments: what do physicians want and do they express their wishes to others? *J Am Geriatr Soc.* 2003;51(7):961–69.

FOCUS 9

二十一世紀生死課

Modern Death: How Medicine Changed the End of Life

作　　者　海德・沃瑞棋（Haider Warraich）
選　　書　朱怡康
譯　　者　朱怡康
責任編輯　林慧雯
封面設計　蔡佳豪

編輯出版　行　路
總 編 輯　林慧雯
副總編輯　賴譽夫

社　　長　郭重興
發行人兼出版總監　曾大福
編輯出版　行　路
發　　行　遠足文化事業股份有限公司　代表號：（02）2218-1417
23141新北市新店區民權路108之4號8樓
客服專線：0800-221-029　傳真：（02）8667-1065
郵政劃撥帳號：19504465　戶名：遠足文化事業股份有限公司

法律顧問　華洋法律事務所　蘇文生律師
印　　製　韋懋實業有限公司
初版一刷　2018年12月

定　　價　500元
I S B N　978-986-96348-4-7

國家圖書館預行編目資料

二十一世紀生死課
海德・沃瑞棋（Haider Warraich）作；朱怡康譯
一初版一新北市　行路出版：遠足發行，2018年12月
面；公分　（Focus；1WFO0009）
譯自：Modern Death: How Medicine Changed the End of Life
ISBN　978-986-96348-4-7（平裝）
1.生死學　2.生命終期照護　3.死亡
197.1　107018744